石油が国家を作るとき

天然資源と脱植民地化

向山直佑

慶應義塾大学出版会

序章

今日われわれが暮らしているこの世界は、主権国家という存在によって覆い尽くされている。ごくわずかな例外を除いて、地球上のあらゆる土地は、明確な国境を有する国家の支配下にあり、海や空にさえ、領海や領空を画定するための目に見えない線が引かれている。すなわち主権国家は、現代の国際秩序の基盤であると言ってよい。

現在を起点に考えれば、これは至極当然のことのように思えるかもしれない。私たちの多くは、国家のない世界に生きたこともなければ、日常生活においてそれを想像することもない。当たり前のように国籍を持ち、オリンピックで自国を応援し、パスポートを用いて他の国へと旅行する人々にとって、「国家以前」の世界を考えることは難しい。しかし歴史的に見れば、主権国家という存在が世界全体にくまなく行き渡ったのは、ようやく二〇世紀後半になってからのことなのである。第二次世界大戦が勃発したとき、ヨーロッパ以外の世界の大半は植民地支配の下にあった。ヨーロッパ諸国を中心とする帝国主義勢力が過去数百年のあいだに世界各地に進出し、その植民地帝国が二度の世界大戦の余波で崩壊して初めて、今日存在する二〇〇近い国家の大半が誕生したのである。すなわち、ほとんどの主権国家の起源に植民地支配が関わっており、植民地時代を理解することなくして、主権国家の歴史を語ることはできないことになる。

植民地化の最も重要な動機の一つとなったのは、天然資源に対する渇望であった。資源の存在やその発見への期待は、ヨーロッパ列強が他地域に進出し、現地の政治秩序を根本から作り変えて新たな支配体制を打ち立てるうえでの、欠くことのできない原動力になった。たとえばスペインは、ペルーとボリビアにおいて、自らの利益を最大化しコストを最小化するために、「ミタ」と名づけられた強制採掘労働システムを作り上げ、現地社会を完全に破壊した。その負の影響は現在も残存していると言われている。[*1] また、第一次世界大戦前夜にイギリス海軍が石炭から石油への転換を決定したことは、中東の油田を掌握しようとする動きを生み、それがその後数十年にわたってこの地域におけるイギリスの戦略を規定した。[*2] そしてイギリス、オーストラリア、ニュージーランドの三国は、太平洋に浮かぶナウルを委任統治領として支配したが、この期間に同地でリン鉱石を大量に採掘し、枯渇の可能性を認識しながらも自らの利益のためにこれを利用し続けた。その結果、案の定ナウルのリン鉱石は独立後ほどなくして底をつき、同国は最貧国に転落することとなる。[*3]

注目すべきことに、このような植民地主義と資源探求の密接な関係は、ヨーロッパ人の世界進出の最初の瞬間に、すでにはっきりと表れていた。というのも、クリストファー・コロンブスが一四九二年に「新大陸」の「発見」につながる航海に出たとき、キリスト教の伝道と並んで彼の主な動機となっていたのは、金の探求だったのである。「インド」に最初の島を発見してから帰路につくまでの約三ヶ月のあいだに、彼は少なくとも六五回、日記のなかで金について触れている。[*4]

植民地支配が主権国家秩序を理解するうえできわめて重要であり、天然資源が植民地事業の主要な原動力の一つであったとすれば、その天然資源が旧植民地の国家形成にも一役買っていたと考えるのは、的外れではないだろう。それは一体どのような影響だったのだろうか？　もし天然資源がなかったら、現在の世界地図は違うものになっていたのだろうか？　だとすれば、どのように違っていたのだろうか？　本書はこのような疑問に答えを与えようとする試みである。

こうした疑問に回答するにあたって、本書はまず石油に焦点を当てる。なぜなら、石油は「国際的に取引される最大のコモディティであり、近代経済の不可欠な構成要素」[*5]であって、現代世界で最も重要な天然資源となっているからである。本書は、脱植民地化という重大な局面において、植民地が周辺地域との合併を求める宗主国や地域大国の圧力を受けたとき、石油がこれに対抗する力を当該植民地に与え、結果として本来存在しないはずの国家の誕生へとつながったことを明らかにする。つまり石油は、植民地が周辺地域から離れて単独で独立を果たすための推進力となったのである。このような結果が生じたのは、石油の商業的価値や発見のタイミングの特殊性に起因する部分が大きく、他の天然資源と比較すると、これらの要素の組み合わせによっては、単独独立の他にも植民地の統合や脱植民地化後の分離主義の台頭といった、いくつかの異なる結果も生じうることがわかる。

本書は、脱植民地化の過程における一つのパズルを解くことを目的としている。国際関係論や政治学においてよく見られる思い込みとは異なり、植民地支配の終焉、すなわち脱植民地化は、植民地から主権国家への単純な移行ではなかった。つまり、それまで植民地であったものが、ある日を境にそのまま国家になった、というような事例ばかりではないということである。実際には、脱植民地化はしばしば領土の再編成、より具体的には合併を意味するものだった。宗主国は、帝国と主権国家のあいだにあるオプションとして、「連邦」という枠組みを模索した[*6]。何らかのかたちでの脱植民地化は避けられないと判断しながらも、影響力を維持し、反西側的なナショナリズムの台頭を回避するために、自らの主導で友好的な連邦という新しい政治的単位を創設しようとしたのである。宗主国はまた、脆弱な小国家の独立を許した結果、これが共産主義者の手に落ちることも恐れていた。そのため、「合併させて撤退する」というのが、植民地帝国、とりわけ最大の版図を誇ったイギリスの支配的な戦略となったのである。このような宗主国の動きに加えて、地域大国も、自国の領土拡大のためにしばしば近隣の地域を併合しようとした。

こうした脱植民地化政策の結果、実際に多くの合併事例が生まれた。植民地時代には、植民地、保護領、委任統治領などを含めて、最大で約七〇〇もの植民地行政単位が世界に存在したが、脱植民地化によって生まれた主権国家は一五〇にも満たない。インドの藩王国、マレーのスルタン国、南アラビアの首長国など、何百もの植民地がより大きな国家のなかへと併呑されたためである。しかし少数ながら、宗主国や地域大国からの圧力にもかかわらず、合併を拒否し、独立国家としての地位を獲得することができた植民地もあった。なぜ一部の事例においてだけ、そのようなことが可能だったのだろうか。単独では存続不可能とみなされ、宗主国や地域大国よりもはるかに力が弱かったからこそ合併計画に組み込まれたことを考えると、これらの植民地が単独で国家として独立を果たすというのは、予想外のことであり、不可解とすら言える。本書では、この「単独独立」の過程に、石油が影響していたことを明らかにする。

本書の中心的な主張は、石油をめぐる植民地時代の政治によって、単独独立の事例のうち、特に重要な一部の事例を説明できるというものである。植民地時代の石油生産と「保護領制度」(内的主権を持つ現地支配者を通じた間接支配と宗主国による内外の脅威からの保護)という二つの要因が、「本来存在しなかったはずの国家」の誕生につながった。本書では東南アジアのブルネイ、ならびに中東のカタールとバーレーンをこうした単独独立の成功例として取り上げ、それぞれについて事例内分析を行うとともに、周辺地域との比較事例分析を行うことで、新しい理論を構築する。さらにクウェートと西インド諸島、南アラビアの植民地に関する追加的な事例研究によって、この理論の検証と裏付けを行う。

本書の説明は、主権と国家形成に関する既存の研究に依拠しながらも、それらとは一線を画すものになっている。ヨーロッパにおける主権国家の台頭、[7]国際システムの拡大、[8]国際法における主権[9]など、関連する問題については国際関係論分野において多くの研究がすでに存在する。これらの研究によって、ヨーロッパにおける国家形成の過程や、国際システム全体が形成されていく過程については理解が進んできた。しかし、ヨーロッパ以外での国家形成についての研究は、それらに比べてはるかに少ない。植民地時代の政治と脱植民地化の歴史は、主権国家の起源を理解するうえで不可欠であるにもかかわらず、国家形成に関する国際関係論分野の支配的な理論の多くは、植民地支配を考慮に入れていないのだ。植民地期を分析に含んでいる場合でも、植民地時代の境界が独立後の国境を規定したという、単線的で連続的な理解を前提としていることが多いのが現状である。[10]たしかに、植民地時代の境界を引き継いだ事例が多いのは事実だが、それが必ずしもスムーズに国家の境界へと転化したわけではない。実際には、宗主国、地域勢力、現地アクターの相互作用によって、植民地が主権国家へと再編成されたのである。国際関係論分野の研究とは異なり、脱植民地化に関する歴史学の研究はこの点を十分認識しているが、一方でこの分野の研究のほとんどは個別の事例に焦点を当てており、理論的な主張を行うことを目的とはしていない。[11]こうした不足を補うため、本書は既存研究によっては説明できないような、特定の条件下における植民地行政単位の再編成に理論的な説明を与える。

もちろん、資源政治についても多くの研究がすでに存在する。主権や国家形成との関係では、分離独立運動が中心的に扱われてきた。[12]既存研究は、天然資源が分離主義につながる可能性を実証的に示している。しかしながら、実証分析に使用するデータセットの特性のため、こうした研究の多くは、すでにある主権国家からの分離独立運動に主眼を置いており、分離独立を主張する地域は植民地やその他の属領ではなく、すでに主権国家の一部になっているという仮定を置いている。そのため、まだいずれの国家にも包含されていない地域が独立するか否かを議論することはできず、その結果、脱植民地化が見落とされることになる。第二次世界大戦後には分離独立の成功例が乏しいため、[13]分離主義に関する既存研究は、結局のところ天然資源は分離独立「運動」を引き起こすことはあっても、実際の独立にはつながらないと結論づけがちである。しかし本書は、対象を拡大して脱植民地化の事例にも注目すれば、石油に起因する「分離独立」が成功した事例を見つけることができることを示す。

パズルとしての単独独立

現在ある約二〇〇の主権国家の大半は、脱植民地化を通じて誕生した。国際秩序の形成におけるその重要性から、脱植民地化は「二〇世紀で最も重要な歴史的プロセス」とも評される。[14]植民地から主権国家への再編成を通じて、今日われわれが生きている世界のほとんどの部分が形作られたのである。

しかしながら、政治学や国際関係論の世界では、脱植民地化は植民地から主権国家への自動的な移行であったという思い込みがいまだに広く共有されている。たしかに、旧植民地の政治指導者たちは、自らの政治的利益のために、植民地時代の境界線を国境としてそのまま受け入れることも多かった。新しく生まれる国家が、数え切れない民族集団に分裂し、自分の権力が失われることを恐れたためである。[15]実際、行政単位としての歴史を持つ地域は、そのまま主権国家になる可能性が高いという研究結果も発表されている。[16]しかし、植民地時代の境界がいつもスムーズに国境になるとはかぎらない。ヤンセンとオスターハメルは、そのような思い込みに注意を促している。

競合する複数の選択肢が検討され、交渉の対象となり、突発的な出来事に見舞われ、時にはすぐに忘れ去られた。このことは、今日の歴史家に大きな課題を突きつけている。それは、当時の人々にとって将来はオープンであったということを、後から振り返って矮小化し、すべてが起こるべくして起こったという表面的な印象に変えてしまうことをいかに避けるか、ということである。[*17]

今日私たちが知っている主権国家を所与のものと考えない、ということは非常に重要である。現在存在する国家の多くは、歴史的な偶発性から生まれたのであり、決して事前に誕生することが決まっていたわけではないのだ。

脱植民地化は、領域の再編成を伴うこともしばしばであった。政治的・経済的・社会的なもろもろの要因が、新国家のあり方に影響を与え、その「地理的身体[*18]」を作り変えた。スミスが指摘するように、宗主国にとっては、脱植民地化するかどうかよりも、「どのように」脱植民地化するかの方がむしろ重要な問題であった。

振り返ってみると、一九四五年以降にパリとロンドンが下すことになる本当に重要な政治的決定は、植民地が自由になるかどうかではなく、むしろ現地のどのナショナリスト勢力を支持するか、そして新しい政治エリートがどの領土を支配することを許すかというものだった。何が連邦化され、何が分割され、誰がどのような手続きで統治するかというのが、ヨーロッパ人たちがかなりの影響力を行使し続けた決定的な問題であった。[*19]

ここで言う再編成とは、具体的にはいかなるものだったのだろうか。前述のとおり、脱植民地化によって誕生した国家の数は、もともとあった植民地の数よりもはるかに少なかった。どう定義するかにもよるが、植民地支

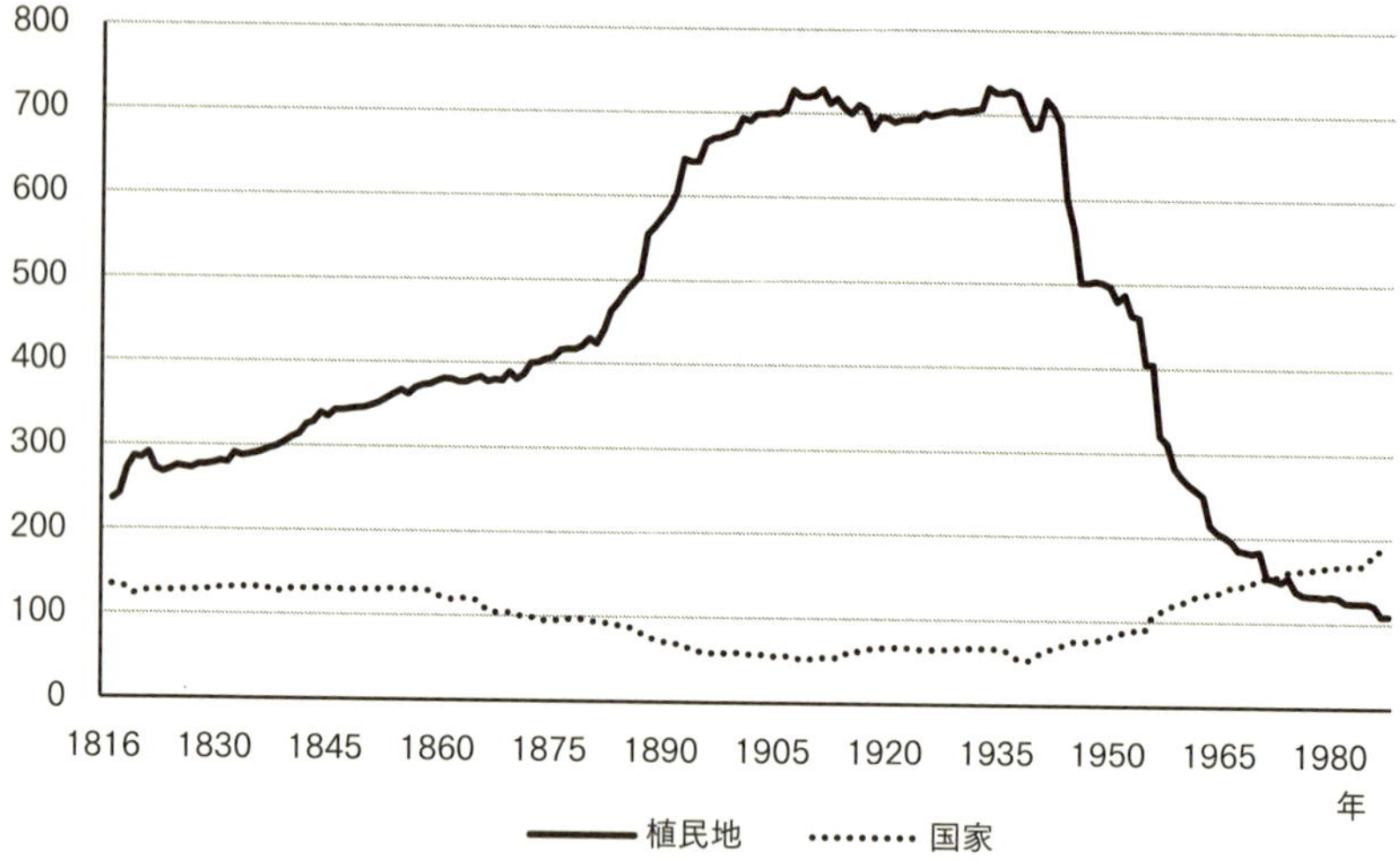

図0–1　国家と植民地の数（1816–1993年）

出典：植民地についてはCorrelates of War Project, Colonial Contiguity Dataset (Version 3.1)、国家についてはInternational Systems(s) Dataset. Griffiths and Butcher.

配の絶頂期には、世界全体で約七〇〇の植民地が存在した。しかし、脱植民地化によって誕生した国家は一五〇弱しかない[20]（図0－1）。多くの植民地、特に小規模な植民地は、より大きな単位へと統合されて初めて主権を獲得することができた。植民地の大きさと独立年度とのあいだには負の相関関係があり、つまり領土が大きければ大きいほど、より早く、より容易に独立を達成することができる傾向にあった[21]。小さな植民地は多くの場合、脱植民地化の過程で宗主国や地域大国によって合併を余儀なくされた。特に脱植民地化の最初の数十年間、宗主国は「弱小な『疑似国家』の一団が出現し、国際システムにとって経済的・政治的な負債となる」ことを強く恐れた[22]。主権国家は「経済的に存続可能で、自らの利益を守ることができる」べきだと考えた宗主国は、小規模な植民地をそのまま独立させるよりも、合併によって生まれるより安定した後継国家に主権が確実に移譲されることを目指したのである[23]。その結果、脱植民地化の歴史に「連邦の時代」と呼ばれる時期が出現することとなった。特に一九五〇年代から六〇年代にかけて、多くの宗主国が単独では存続不能とみなした小さな植民地を合併させ、主権国家として存続可能な連邦を樹立しようと試みたのである。[*24]

世界最大の植民地大国であったイギリスは、特に連邦の創設に熱心だった。[*25] スミスによれば、一九世紀後半にカナダ、オーストラリア、南アフリカが設立されて以来、連邦化はイギリスの脱植民地化への標準的なアプローチになったのだという。[*26] その結果、西インド連邦（一九五八年）、中央アフリカ連邦（一九五三年）、南アラビア連邦（一九六二年）、マラヤ連邦（一九四八年、一九六三年からマレーシア）、アラブ首長国連邦（UAE）（一九七一年）といった連邦が相次いで設立された。イギリスほどではないにせよ、他の帝国の支配下にあった地域も似たような道をたどった。フランス領スーダンとセネガルの合併によって誕生したマリ連邦や、リオ・ムニとフェルナンド・ポーの合併によって誕生した旧スペイン植民地の赤道ギニアなどがその好例である。帝国をまたいだ合併の例もあり、たとえばリビア、モロッコ、カメルーン、トーゴ、ソマリアなどは、異なる宗主国の植民地が一緒になって国家を形成した事例である。[*27]

宗主国が植民地の独立後の安定を実際に案じていたのは確かだが、こうした懸念は、同時に自らの世界的影響力の保持への意欲とも密接に絡み合っていた。従来の形態での植民地支配の維持に無理があることを悟った宗主国は、帝国を「アップデート」し、主要な権益を維持しながらも新たな国際秩序に適応する方策として、連邦制を推進したのである。第二次世界大戦後、世界各地で脱植民地化の圧力が高まり、ナショナリズムが台頭してはいたが、これはただちに帝国の終焉を意味するものではなかった。ギャラガーが言うように、「帝国を終わらせたのが何であれ、それは第二次世界大戦ではなかった」のである。[*28] 伝統的な帝国の構造を維持すること自体は戦後不可能になったかもしれないが、だからといって帝国の居場所が完全になくなったわけではなく、帝国主義勢力は新しい支配形態を作り出すことで、旧植民地に対する影響力を維持しようとした。脱植民地化を迫る人々を納得させ、同時に自分たちの利益にもなるような新しい政治形態を求めた結果生まれたのが、連邦だった。

コリンズによれば、連邦とは「ネイションを軸とした主権国家の論理に抵抗する、帝国主義的な支配の代替案」であり、脱植民地化後の主権と政治秩序に関して、国民国家とも帝国とも異なるあり方を提供するものであった。[*29] 彼は、戦後イギリスが連邦制を推進した動機を次のようにまとめている。

植民地ナショナリズムは、必然的にドミニオン〔自治領〕とインドを越えて拡大し、植民地におけるイギリスの支配と影響力を脅かすことになる。同時に、イギリスとその帝国との結びつきの強さが、イギリスの世界的役割を維持するための基盤を成すことは明らかであった。コモンウェルスはその中心であり、このことがナショナリズムに対するイギリスのアプローチを形作ることになる。連邦はもはや、本国と植民地の関係を形式的に構成する帝国の事業ではなく、帝国の各所におけるイギリスの影響力を維持するための方法として、また主権領域国家をフェティシズム化するナショナリズムの論理に逆らい、イギリスの重要な勢力圏が維持できるような協力的な政治関係を再構成する方法として捉えられていた。[*30]

宗主国は戦後、ただ植民地から撤退したわけではなかった。旧植民地への影響力を行使し続けることを希求し、そのために国民国家の代替案として連邦の形成を後押しした。結果として、各地で先を争うように連邦が樹立されることになる。

さらに、地域大国も近隣の植民地を併合することに熱心であった。たとえば、かつての英領インドでは、五〇〇以上も存在した藩王国が個別に独立することを許されず、インドかパキスタンのどちらかに入ることを余儀なくされた。オランダ領東インドにはかつて数多くのスルタン国があり、オランダは当初それぞれに自治を許していた。しかし、植民地支配の締め付けが厳しくなるにしたがってこうしたスルタン国は自治を失い、東インドのなかのたんなる一地域へと没落して、最終的には新しい主権国家インドネシアに統合された。また、東ティモールのケースは、強大な隣国によって小さな植民地が強制的に併合された代表的な例である。

こうした流れのなかで多くの合併が実現し、政治的単位の数は減少していった。しかし、このような小規模植民地にとってきわめて厳しい環境にもかかわらず、合併を拒否して単独で独立を果たした植民地が存在した。これはきわめて異例のことである。というのも、小さな政治的単位にとって、より強い国家が推し進める政策を拒否することは一般的に非常に困難だからである。[*31] 前述のように、図0－1を見ればこのことがわかるだろう。第二次世界大戦後に脱植民地化を経験した六〇〇の植民地的単位からは、約一五〇の国家しか誕生していない。つまり、少なくとも四五〇の植民地が個別の地位を失い、より大きな国家の一部となったことになる。したがって、本国も地域大国も望んでいた合併を拒否できる可能性は非常に低く、それができるということは、大変に稀なことだったのである。

本書は、そのような事例のうち、ブルネイ、カタール、バーレーンの三つをそれぞれの近隣地域と比較しながら詳細に分析していく。この三つの植民地的単位は、単独で独立するには小さすぎると宗主国であるイギリスが考えたため、当初はより大きな国家の一部になることが想定されていた。[*32] ブルネイはボルネオ島に存在する三つのイギリス保護領の一つであったが、残りの二つであるサラワクと北ボルネオが一九六三年にマラヤと合併してマレーシアの一部となったのに対し、ブルネイは連邦への加盟を拒否して保護領の地位にとどまり、最終的に一九八四年に単独で独立した。カタールとバーレーンは、湾岸南部[*33]の九つのイギリス保護領のうちの二つであった。残りの七首長国は一九七一年にＵＡＥの設立に参加したが、両者はこの連邦に加盟することを拒否し、単独で独立した。

これらの国々は、連邦の崩壊によって否応なしに誕生した国々や、脱植民地化の最後の段階で、合併の計画なしに宗主国が一方的に撤退したような地域とは異なる。三国は現に存在した合併の圧力に抵抗し、単独独立を達成したのであって、これはたんなる偶然や宗主国による放棄では説明できない。たしかに、カリブ海や太平洋の島々で脱植民地化が始まった一九七〇年代以降、宗主国は小さな植民地にも独立を認めるようになったが、ブルネイ、カタール、バーレーンを含む連邦計画は、それよりも早く一九六〇年代からすでに始まっていた。これらの地域は、極小国の脆弱性を懸念した宗主国から、より大きな国家に参加するよう強い圧力を受けた。宗主国であったイギリスは、これらの地域の単独独立に強く反対し、その点では地域大国も同様であった。そのように考えれば、これらの国々は世界で最も「予想外」の国家だと言っても過言ではない。ブルネイ、カタール、バーレーンは、いわば「本来存在しないはずの国家」なのである。では、そのように困難な状況にもかかわらず、なぜ単独独立を成し遂げることができたのか。より一般的に言えば、合併や併合の圧力に直面したとき、なぜある地域は近隣地域とは別個に独立を達成し、他の地域はより大きな国家の一部となったのか。本書は、石油をめぐる植民地政治に焦点を当てることで、こうした疑問に回答する。

本書の主張

本書の中心的な主張は、石油をめぐる植民地政治によって、産油地域が周辺から切り離され、「本来存在しないはずの国家」が誕生したというものである。合併プロジェクトに組み込まれた植民地は、①植民地時代の石油生産、②保護領制度という二つの条件を満たせば、合併を拒否し、単独で独立国家となることができた。

このようなかたちでの単独独立は、宗主国が他のヨーロッパ列強の参入を防ぐためだけに支配し、経済的に開発することを考えていなかったような帝国の周縁部で起こった。行政コストを最小限に抑えるため、宗主国はこれらの地域を直轄植民地ではなく保護領とし、現地の支配者を通じて統治することを好んだ。現地支配者の側にとっても、宗主国が自らの地位を保証して保護を与えてくれるという意味で、この取り決めには権力強化と安全保障という十分な旨味があった。また、これらの保護領は個別に宗主国と条約を結んだため、周辺地域からは独立した地位を得ることになる。

これらの保護領で（予想外にも）石油が発見されると、突如として当該地域は本国にとって経済的に重要な存在となった。石油生産を通じて大量の収入が現地支配者の手に渡り、彼らは石油収入を活用することで権力基盤の強化に成功する。一方で宗主国の側も、石油権益の関係から、これらの地域の保護に一層力を入れるようになる。宗主国にとって石油が重要であるために、宗主国に対する現地支配者の交渉力は強まっていく。

脱植民地化を前に、宗主国はこれらの植民地が個々に独立するのは不可能だと考え、周辺地域と合併させて連邦を作ることを企図する。しかし、石油と保護領制度を持つ植民地はそうした圧力をはねのけ、単独で独立を果たすことができた。それは次章で詳しく説明するように、石油と保護領という二つの要因が、独立のための物質的・政治的インセンティブ、財政的自立や安全保障を含む主権国家としての生存可能性、そして宗主国に対する交渉力を与えたからであった。石油資源に恵まれた保護領は、合併すれば他地域に富を吸い取られることになるため、より大きな国家を形成することを避けたがる傾向にある。また、現地支配者はより大きな国家に入ることで権力を失うことを恐れるため、独立を維持する強い政治的動機を持つ。石油収入は植民地が財政的に自立するのを助け、保護領制度は当該植民地に保護を提供することを本国に義務づけ、その保護は石油の存在によってさらに強化される。そして宗主国にとって石油が死活的に重要であることが、交渉において植民地をより強い立場に立たせた。現地支配者は内的主権を有していたため、宗主国は脱植民地化にあたって彼らの意見を聞かざるをえなかった。その結果、単独独立に至ったというわけである。

本書の説明における被説明変数である単独独立とは、植民地が近隣地域との合併を経験することなく、主権国家としての独立を単独で達成する状況を指す。したがって、その逆は合併ということになる。[*34] なお、本書では保護領、委任統治領、その他植民地支配下にあったあらゆる種類の属領を含む総称として、「植民地的単位」あるいはたんに「植民地」という言葉を用いている。

本書で言う独立とはどういう意味だろうか。独立とは、ここでは主権の獲得と定義されるが、主権には複数の意味がある。クラズナーは主権の四つのモデルを提唱している。すなわち、「国家内の公権力の組織と、権限を持つ者が行使する実効支配のレベル」を意味する国内主権、「公権力が国境を越えた動きを管理する能力」を意味する相互依存的主権、「国家の相互承認」を意味する国際法的主権、そして「国内の権限構成から外部のアクターを排除すること」を意味するウェストファリア的主権である。[*35] この四つの類型のうち、本書で主権の定義として採用しているのは、三番目の国際法的主権である。つまり、国家が主権国家であるためには、国際社会からそのように認められている必要はあるが、必ずしも国内社会や国境を越える動きを効果的に管理したり、外部のアクターを排除したりする必要はないということになる。したがって、統治のおぼつかないいわゆる「疑似国家」[*36] であっても、本書では主権国家とみなす。戦後の国際社会においては、このような主権は実質的に国際連合（UN）への加盟と同一視することができる。[*37] そこで本書では基本的に、国連加盟をもって植民地の独立とみなしている。[*38]

本書の理論における第一の説明要因である植民地時代の石油生産とは、脱植民地化の動きに大きく先行して行われていた、本国と現地の政治的アクターが相当量だと考える量の石油生産である。ここでは、あえて石油の生産量の正確な数値や、最初の石油生産から独立までの正確な年数を設定していない。というのも、石油生産の持つ影響力は、時代、その地域における他の大規模な石油生産者の有無、現地や本国のアクターの認識など、個別の文脈に依存する諸要素に左右されるからである。一九〇〇年の石油は、宗主国や現地の人々にとって、一九五〇年と同じ価値を持っていたわけではない。近隣にはるかに大きな産油国がある植民地での石油生産は、その地域で唯一の産油地域での生産と同じようには、脱植民地化の結果に影響を与えない。したがって、機械的に閾値を設定するのではなく、より解釈的なアプローチで、各植民地における石油生産を関係者が相当量とみなしていたかどうか、また石油収入が経済、政治、社会に影響を与えるのに十分な時間が脱植民地化までにあったかどうかを評価することとする。

石油生産は、生産地に収入が入るまでに、コンセッション契約、調査、発見、生産、輸出という段階を踏む必要がある。石油発見の見込みがあると判断した企業は、まず石油採掘の許可を得るために契約を結び、次に調査を開始し、石油を発見する。そして商業生産が可能な量が見つかれば生産を開始し、さらに石油を必要とする国々に輸送するためのパイプラインを建設した後、ようやく石油を売ることができ、収益が産出地域に還元される。

石油が実際に政治的な影響力を持ち始めるのは、どの段階からだろうか。もちろん当初は小さなものにすぎないものの、石油の効果はその発見前からすでに生じている。石油が出るという見込みだけでも、宗主国や現地のアクターの将来認識に影響を与えうるのだ。しかし実際に石油が発見されなければ、当然ながらいずれその影響は失われることになる。上記の段階が先に進むにつれて影響力は増大し、最終的に脱植民地化の結果に決定的な影響を与えるには、石油は発見され、生産され、相当量が輸出される必要がある。

第二の説明要因である保護領制度については、より詳細な説明が必要であろう。この概念の定義は、「保護領」

の国際法的定義にかなりの程度一致している。国際法学者による定義に共通しているのは、内的主権、すなわち国内統治に排他的な権利を有するという意味での主権と、外的主権、すなわち対外的に他の国家に従属しないという意味での主権を区別しているということだ。保護領は前者を保持しながら、後者を宗主国に委ねている。[*39] 内的主権を有していることは、本書が定義する保護領制度の重要な要素でもある。

しかしこれは、宗主国側が保護領と呼んだものを、無条件に本書で言う保護領制度を持つ植民地とみなすという意味ではない。というのも、保護領という地位が何を意味するかは場合によって異なり、また時代とともに変化することも多かったからである。ソマリランド、セランゴール、チュニジアにおける保護領の意味内容は異なっていたし、一九〇〇年のチュニジアと一九五〇年のチュニジアの扱いも同じではなかった。ある場合では植民地時代を通じて現地支配者が相当な国内権限を保持しており、他の場合では当初からあまり自治権がなかったり、あるいは宗主国が徐々に現地支配者の権限を形骸化していったりした事例もある。法的な定義だけでは植民地支配の性格を必ずしも捉えることはできないのである。さらに、そもそも植民地関係を定義することが容易でない場合もあった。たとえば、湾岸首長国の植民地としての地位はつねに曖昧であった。フォン・ビスマルクによれば、首長国は「イギリスの公式な帝国を構成する憲法的従属関係のカテゴリーのどれにも当てはまらなかった」という。[*40] 現在ではたんに保護領や保護国と呼ばれるが、一九六〇年代にはイギリスはこれらの国を「イギリスと特別な条約関係にある独立国」と呼んでおり、保護領とは呼んでいなかったのである。

したがって、たんに宗主国が用いた名前に頼るのではなく、本書で言う保護領制度とは何を意味するのかをさらに明確にする必要がある。本書で定義する保護領制度には、二つの核となる要素がある。第一に内的主権を持つ現地支配者の存在、第二に宗主国による保護である。まず、保護領制度の下にある植民地的単位は、厳密な意味での植民地ではない。というのは、植民地官僚によって直接的に統治されたり、現地エリートが中間支配階級としてのみ統治に関わったりするのではなく、内的主権を有する現地支配者が政治体制の頂点に立っているためである。どんな形態であれ、植民地統治の下にあるということは、むろん一定程度の宗主国の影響を受けることを意味するわけではあるが、保護領制度の下における支配者は、直接統治下の現地エリートよりも多大な自立性を有している。この関係における支配者の権限の程度はさまざまだが、本書では、現地支配者のいない地域は保護領制度の必要条件を満たさないとみなす。

保護領制度は、階層的な社会契約の下でのパトロン・クライアント関係として理解することができる。[*41] 宗主国と現地支配者とのあいだには大きな力の不均衡があるが、それでも前者は「属領から託された権威を濫用できない、あるいは濫用するつもりがないことを示す」必要があった。[*42] さもなければ、競争相手の他の植民地帝国と関係を結ばれてしまう可能性があったからである。植民地とは異なり、保護領は通常、（背景には軍事力があったものの）征服ではなく契約によって植民地関係を結んでいたため、特にその危険は大きかった。このような保護領という制度の性質上、民主的な政治プロセスと予算上の問題にも制約を受ける宗主国側は、たとえば石油を発見したからといって、急に武力による併合に政策を切り替えることは難しい。現地人より圧倒的に数が少ない植民地官僚は、現地の協力者がいたからこそ支配を続けられたのである。[*43] 特に帝国周辺部で採用される傾向の強かった保護領制度の下では、パトロン・クライアント関係におけるクライアントの立場は、通常の植民地におけるそれよりも強かった。

次に、保護領制度下の植民地的単位は属領であるため、自らの防衛に責任を負わず、内外の脅威に対して宗主国から保護を受ける。植民地の対外関係を支配する代わりに、宗主国は保護を提供する義務を負う。この関係は、自国の安全を確保しなければならない独立国家とは対照的である。より強大な国と植民地関係を結ぶことで、属領は近隣諸国や地域大国、他の植民地帝国の脅威から解放される。その見返りとして、宗主国は行政コストを最小限に抑え、「その領土に対する公式な主権を引き受けるという負担を伴うことなく、その領土に対する支配権」を行使することができるのである。[*44]

以上のように、保護領という地位の名目そのものではなく、これらの統治システムの特徴が、産油植民地の単独独立をもたらすのである。この二つの要素が存在するかぎり、その形式的な呼び名が保護領であろうが、保護国であろうが、委任統治領であろうが、当該植民地的単位は保護領制度の条件を満たしているとみなされる。

この保護領制度の定義は、いわゆる植民地の「間接統治」の概念と重なるものである。しかし、間接統治は現地指導者が内的主権を持つシステムと、宗主国による指示を受けた現地エリートがその代理人として植民地を支配するシステムの両方を含むのに対し、保護領制度は前者のみに適用される概念である。[*45] また、間接統治の用語は内部の統治構造のみに焦点を当ててしまいうるものだが、本書の理論にとっては対外関係も同様に重要である。[*46] ここで定義した保護領制度は、グリフィスやローダーがそれぞれの研究で用いた、「原初国家」(proto-states)や「部分国家」(segment-states)といった概念にも類似している。[*47] しかし、これらの概念が近隣地域との民族的・地理的、あるいは行政的な区別に焦点を当てているのに対して、本書では内部の行政構造や宗主国との関係に焦点を当てている。

研究方法

本書は、比較歴史分析を用いて分析を行う。比較歴史分析とは、「因果分析への関心、時間的プロセスの強調、体系的で文脈化された比較の使用[*48]」によって定義される、複数の事例を比較しつつ歴史的プロセスを分析することで因果関係を実証する手法である。本書では、高い類似性を示しながらも異なる脱植民地化の結果を経験した、ボルネオ島と湾岸南部の植民地的単位の比較事例研究を行い、単独独立に至った過程を明らかにする。[*49]

植民地時代、ボルネオ島にはサラワク、北ボルネオ、ブルネイ、オランダ領ボルネオの四つの植民地的単位があった。サラワクは一八四二年からイギリス出身のブルック家が、北ボルネオは一八八一年からイギリス北ボルネオ会社が統治していた。ブルネイはマレー世界最古のスルタン国の一つで、一九世紀まではサラワクと北ボルネオも領有していたが、度重なる領土割譲によって縮小していた。一方、島の南半分はオランダの統治下にあった。これらの単位はすべて同じ島に位置し、そのうちの三つが以前は一つのスルタン国の支配下にあったのだが、脱植民地化においては異なる道をたどった。北ボルネオとサラワクはマレーシアに統合され、オランダ領ボルネオはインドネシアの一部となり、ブルネイは単独で独立したのである。

湾岸南部には九つの首長国（アブダビ、アジュマーン、バーレーン、ドバイ、フジャイラ、カタール、ラアス・アル＝ハイマ、シャールジャ、ウンム・アル＝カイワイン）があり、イギリスの保護国という植民地的地位も、歴史的背景も、内部の政治構造も類似していた。しかし脱植民地化に直面した際、カタールとバーレーンだけが連邦に入らず、他の首長国はＵＡＥに加入した。こうした結果は、上述の理論によって説明できると本書では主張する。

既存の理論によって導き出された独立変数が従属変数に及ぼす平均的な因果効果を推定することを主目的とする統計的アプローチとは対照的に、本書は特定の事例群における結果の、まだ説明されていない要因を事例研究によって発見しようとするものである。[*50] そうした発見を用いて、最終的には他事例にも適用可能な理論的枠組みを構築することを目的とする。

本書では二つのタイプの比較を行う。第一に、類似性は高いが結果が異なるケースを比較し、何がその違いをもたらしたのかを検証する。ブルネイをボルネオ島の他の三つの植民地的単位と比較し、カタールとバーレーン

表 0–1　独立変数の値による事例の分類

		保護領制度	
		あり	なし
石油	あり	ブルネイ カタール バーレーン	オランダ領ボルネオ
	なし	ラアス・アル＝ハイマ サラワク	北ボルネオ

を他の首長国の一つであるラアス・アル＝ハイマと比較する。第二に、異なる地域、異なる歴史的背景を持つ国々がなぜ同じ結果を共有するのかを説明するために、ブルネイとカタール、バーレーンを比較する。本書が扱う事例については、理論的な背景から選択を行った。次章で説明するように、東南アジアの島嶼部とペルシャ湾岸は、脱植民地化よりも石油産業の到来が大幅に先行していた地域であり、そのため国家形成のプロセスに石油が関与していた可能性が高いということである。

表０－１は、二つの独立変数の値によって事例を四つのタイプに分類したものである。左上の網掛け部分に入っているブルネイ、カタール、バーレーンは、二つの条件を満たし、単独独立を達成した事例であり、それ以外はそのどちらかあるいは両方を欠き、単独独立しなかった事例である。オランダ領ボルネオには石油はあったが、保護領制度がなかった。ラアス・アル＝ハイマはカタールやバーレーンと同じ植民地上の地位を有していたが、石油は出なかった。アブダビを除く[*51]他の湾岸南部の首長国も同じカテゴリーに入るが、ラアス・アル＝ハイマはそのなかで単独独立を目指した唯一の首長国であったため、カタールやバーレーンと比較するうえで最もふさわしいと考え、取り上げている。

北ボルネオとサラワクは、植民地行政制度という意味ではより微妙なケースである。両者はともに一八八八年から一九四六年まで（第二次世界大戦中の日本占領期を除く）イギリスの保護領であったが、その後一九六三年までイギリスが直接統治する直轄植民地となった。しかし、北ボルネオは保護領時代もイギリスの企業によって統治され、本国から派遣されたイギリスの植民地官吏が行政事務を引き受けていたため、実質的には直接統治が行われた植民地に近く、したがって本書では保護領制度を有しない事例とみなす。一方、サラワクのラジャ（王・領主）もイギリス人ではあったが、サラワクには曲がりなりにも「現地」の支配者がおり、北ボルネオよりも自治的ではあったため、保護領制度の条件を満たすと考える。植民地的地位という意味では微妙なケースだが、両者ともラアス・アル＝ハイマと同じく、石油をはじめとする資源に乏しく、単独独立を成し遂げることはなかった。

さらに、本書の理論の適用範囲を検討するために、クウェート、西インド諸島、南アラビアについて追加的な事例研究を行う。クウェートは同じ枠組みで説明できる単独独立の成功事例であり、他の二つの地域には二つの条件のうち一つだけを満たす失敗事例が含まれている。こうした事例の分析を通じて、本書の理論枠組みがボルネオ島や湾岸南部以外の事例も説明できることを示す。これらの事例は上記の中心的な事例ほど詳細に分析できないものの、理論の適用範囲を明確にするのには十分意義があると考える。

また、比較歴史分析を用いた研究として、本研究には結果に至る因果メカニズムを明らかにするための過程追跡による事例内分析という側面もあり、これが理論の内的妥当性を担保している。[*52] 各章では主にロンドンのイギリス国立公文書館から入手した一次史料を用いて、各事例を歴史的に分析する。[*53] その際、各事例について反事実分析も行う。反事実（counterfactual）とは、「議論の目的のために前件が偽であることが知られている、あるいは偽であると想定される主観的条件」と定義され、すなわち実際に起こったこととは異なる想像上の事象（もしXが違っていれば、Yはどうであったか）を指す概念であるが、これを各事例で分析することは、事例内分析を行ううえで重要である。[*54] 単独独立を達成した三つの事例それぞれについて、石油や保護領制度がなければどのように脱植民地化されたと考えられるかを検討し、逆に失敗事例については、石油や保護領制度があれば脱植民地化の結果はどうなっていたかを論じる。

本書の意義

ここまでを読んでみて、本書が「取るに足らない」国家で起きた、言ってしまえば周辺的な現象を説明することに焦点を当てた「小さな」研究のように見える読者もいるかもしれない。たしかに本書は、欧米諸国、あるいは中国やインドのような台頭する国々に比べて従来あまり注目されてこなかった、世界でも最も小さい部類の国家を取り上げた研究である。しかし、強大な国家だけに着目することで、見えなくなる事象もあるのではないだろうか。たとえ本書が扱っている事例自体にそれほどの関心がなかったとしても、本書を読むことで、国際関係や比較政治全体に関係する以下のような示唆を得ることは可能である。

第一に、本書は二〇〇程度の主権国家で世界が覆われるに至った歴史的なプロセスについての従来の単純な理解を修正し、より複雑な実態を描き出す。既存の説明の多くは、脱植民地化に明確な断絶を見ている。すなわち、二〇世紀半ばにナショナリズムの台頭と国際社会による批判に直面したことで、帝国はもはや時代遅れとなって国民国家に取って代わられ、それが瞬く間に標準的な政治形態となった、というものである。こうした見方は一概に間違いとは言えないが、帝国から主権国家に至る紆余曲折に目を向けず、それがあたかも直線的な一本道であったかのように描いているという点で大きな問題を含んでいる。本書が示しているのは、実態はもっと複雑であり、何かが一つでも違っていれば、結果も変わっていた可能性があるということである。主権国家という形態は、あくまで一つの可能性でしかなかったのだ。帝国が解体に向かっていることを認識した後も、宗主国は国民国家への単純な移行ではなく、連邦という「軟着陸」の可能性を追求した。植民地帝国にとって国民国家は危険なものであり、行政のコストを抑えつつも影響力を行使し続けられるように、連邦の設立が目指されたのである。

さらに本書は、今日私たちが知っている国々が、実は数多くの可能性のなかの一つにすぎなかったことも示している。現在単一国家になっているものが複数の異なる国家に分かれていた可能性もあれば、隣同士のライバル国家が一つの国家になっていた可能性もある。現在も残っている海外領土が独立を果たす可能性もあったし、現在存在する極小国が海外領土のままだった可能性もある。本書はそのような事例をすべて取り上げているわけではないが、ブルネイ、カタール、バーレーンを見ることで、国家形成がいかに複雑で予期せぬものであったかを理解することはできるだろう。この点を理解しておけば、既存の国家を絶対視し、それが歴史上の必然であると思い込むような陥穽を避けることができるに違いない。

第二に、これらの一見「取るに足らない」国々は、自国よりもはるかに強力な国家が推進する政策を拒否したのであり、それは決して取るに足りないことではない。いわば少年が巨人を倒した、旧約聖書の「ダビデとゴリアテ」のような話である。小規模植民地の連邦への統合は宗主国の望んだ政策であり、実際にほとんどの植民地はそれを受け入れる以外に選択肢がなかった。したがって、小さな植民地が連邦への加盟を拒否するのは、きわめて蓋然性の低いことであった。小国研究の分野では、小国が影響力を行使するための条件が分析されてきたが、本書はこのような国際政治における小国の主体性についての理解にも貢献するものである。[*55] 小国に関する既存研究が小国の主権自体を前提としてその外交政策を論じているのとは対照的に、本書はそもそも小国がどのようにして出現したのかを論じている。そもそもなぜ小国と大国が存在するのかという問いに取り組むことで、小国をめぐる国際関係の「前史」を見ているのだとも言える。

本書が小国の国際関係に焦点を当てていることは、石油をめぐる国際政治に関する研究にとって特に重要である。アメリカの政策担当者や研究者のあいだで湾岸への資源依存や石油へのアクセスが懸念されてきたこともあり、この分野では石油の輸入に依存する大国の視点に焦点が当てられることが多かった。[*56] 一方で産油国については、サウジアラビアやイランのような地域大国、あるいはイラクやリビアのような反欧米の好戦的な国家のみが研究対象となってきた。[*57] 強国でも好戦的でもない産油国は、石油輸出国機構（ＯＰＥＣ）の一員として扱われる場合を除いて、あまり研究対象とはされてこなかったのである。[*58] 言い換えれば、学者たちは石油を強国や好戦国家の武器として考え、小規模で非好戦的な産油国の役割にはほとんど注意を払ってこなかったのだ。[*59] それに対して、本書は石油が「弱者の武器」としていかに利用されうるかを示している。小国は石油を用いることで、より強力な国家の選好に反する政策目標を達成することができるのである。

これらの理由から、本書は国家形成、資源政治、小国の国際関係に関する研究を含む、国際関係論や比較政治学のさまざまな分野に重要な示唆を与えるものだと言える。実証的な議論はこれまであまり学術的に注目されてこなかった三つの事例を中心に行われているが、本書の示唆はそれらの事例にとどまらない広がりを有しているのである。

本書の構成

本書は、この序論と結論を含めて全七章からなる。第1章では、石油と保護領制度がどのようにして単独独立につながるのかを理論的に説明する。この理論は、それ以後の各章の実証分析の基礎となる。第2章と第3章は本書の主要部分であり、それぞれボルネオ島と湾岸南部の植民地の政治史について詳細な比較分析と事例内分析を行い、なぜブルネイ、カタール、バーレーンが単独独立を果たし、一方で近隣の植民地が単独独立できなかったのかを検証している。これらの章は、第1章で提示した理論の説明力を確認するものである。

第4章では、二つのメインの地域以外に、クウェート、西インド諸島、南アラビアの事例を追加的に分析する。

ボルネオと湾岸南部だけでなく、他の事例にも理論の枠組みが適用可能であることを示すことで、主張の外的妥当性を検証する。

脱植民地化における石油の役割が明らかになると、すぐに一つの疑問が浮かび上がる。他の天然資源はどうなのか、というものである。石油は、私たちが依存している唯一の化石燃料でもなければ、相当量の富を生み出す唯一の資源でもないが、どうやら単独独立につながる唯一の天然資源のようである。そこで第5章では、天然資源と国家形成の関係をより包括的に理解するために、石油と他の天然資源を比較する。天然資源は、①その商業的価値と②発見の時期によって、合併、単独独立、脱植民地化後の分離独立運動という異なる結果へと、植民地を導く可能性がある。商業的価値の低い資源は国家形成に影響を与えないが、価値の高い資源は上記のような三つの異なる結果をもたらす。植民地化以前、あるいは植民地化の過程で発見された資源は、多くの場合、より大きな国家への合併につながる。植民地化から脱植民地化までのあいだに発見された資源は、単独独立につながる可能性がある。最後に、脱植民地化後に発見された資源は、分離独立運動の引き金となりうる。同章では、石炭、金銀、天然ガスの影響を分析することで、この主張を検討する。最後に結論部では、本書で得られた知見を要約し、学術的・政策的・規範的なインプリケーションを論じ、今後考えられる研究テーマを提案する。

第1章　単独独立の理論

植民地の単独独立は、どのようにして説明できるのだろうか。本章では、単独独立が生じた歴史的文脈を概観し、それを説明する理論を提示する。第二次世界大戦終結後、およそ三〇年から四〇年のあいだに、主権国家システムを構成する国々の数は飛躍的に増加した。しかし、それ以前の時代、民族自決はヨーロッパの外では例外的であり、それ以降の時代になると、今度は領土保全規範によって新しい国家の誕生が厳しく制限されるようになった。本書で取り上げる単独独立の成功例というのは、植民地化と脱植民地化のあいだという、特定の時期に石油生産を開始したケースである。この重要資源の生産が、保護領という特定の支配形態の下にある植民地で起こった場合、単独独立という結果が生じた。

本書の中心的な主張は、石油をめぐる植民地政治が一部の産油地域を周辺から切り離し、本来存在しないはずの国家を生み出したというものである。より具体的には、近隣地域との合併計画に直面したとき、①植民地時代の石油生産と②保護領制度が単独独立をもたらした。これら二つの要素は、単独独立のための物質的・政治的インセンティブ、財政的自立と安全保障を含む主権国家としての生存可能性、そして宗主国に対する交渉力を植民地に与えることによって、単独独立を可能にしたのである。本章では、単独独立に必要な条件と、上記の二つの要因がどのように相互に作用して単独独立という結果を生み出したかを説明し、さらに理論の適用範囲と他の説明の可能性についても議論する。

二つの歴史

帝国主義と主権国家

一五世紀末にヨーロッパ諸国はヨーロッパ以外の「新しい」土地へと繰り出すようになったが、植民地帝国がほぼ地球全体を覆い尽くすまでに拡大したのは、一九世紀後半になってからのことである。[*1] それまではラテンアメリカなどを例外として、ヨーロッパ勢力が他地域で領域支配を行うことは稀であった。彼らの関心は領土よりもむしろ交易にあったため、土地を支配することに大きな関心はなく、また仮に支配を目論んだとしても、当時のヨーロッパ諸国にアジア、アフリカ、中東の現地勢力を駆逐するほどの力はなかったのである。[*2]

それ以前の時代と完全に断絶したものだったのか、それとも継続的な拡大過程の一部だったのかについては議論の余地があるものの、[*3] 図1－1を見ればわかるとおり、植民地化のペースは一九世紀の最後の二〇年間に飛躍的に加速した。一八八三年までは比較的緩やかな増加であって、一八一六年に二三六あった植民地が一八八三年には四二四となった。年平均二・八の植民地が新たに誕生する計算である。しかし、その後の二〇年間に植民地は激増し、二〇世紀に入ると七〇〇を上回る数に達した。計算上、一八八三年から一九〇三年のあいだに、毎年平均一三・五の植民地が増えたことになる。新たに獲得した植民地には、エチオピアとリベリアを除くサハラ以南のアフリカ全域が含まれており、そのためこの時期は「アフリカ分割の時代」(Scramble for Africa) とも呼ばれる。

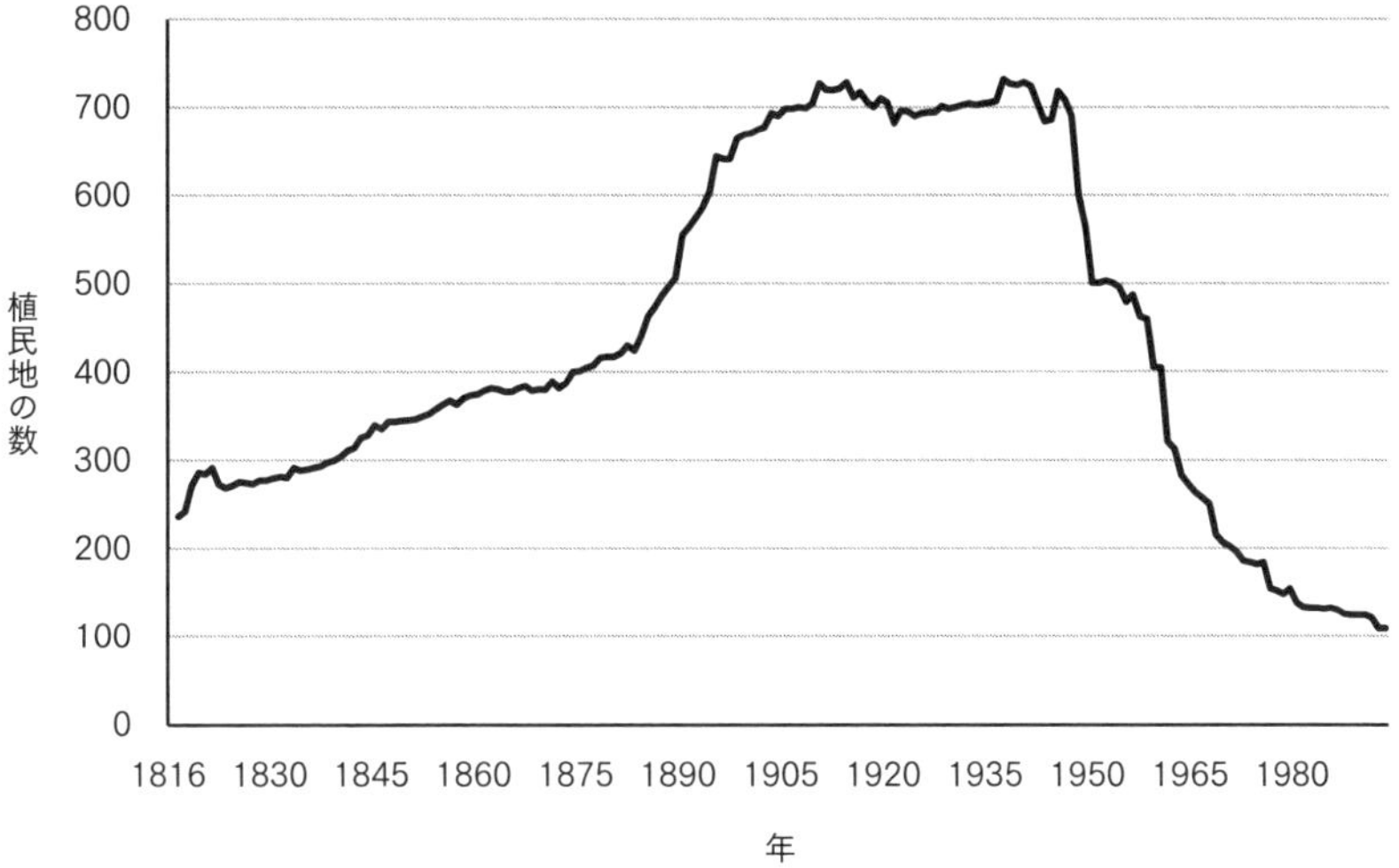

図 1–1　植民地の数（1816–1993 年）

出典：Correlates of War Project, Colonial Contiguity Dataset (Version 3.1).

またこの時期、東南アジア、ラテンアメリカ、太平洋などにも新たな植民地が生まれた。

この「新帝国主義」は、ヨーロッパ列強間の競争激化の産物でもあった。[*4] 一八七〇年代以前、イギリスはヨーロッパの外で圧倒的な力を誇っており、世界規模の自由貿易を支えていた。こうしたいわゆる「パックス・ブリタニカ」の下で、他のヨーロッパ諸国は貿易のために必要な公共財を負担することなく、商業活動に専心することができた。圧倒的な存在であった当時のイギリスにとって、他国の存在が自国の利益を脅かすことはほとんどなかったため、貿易を開放しても問題はなかったのである。ところが、ドイツ、フランス、イタリア、アメリカの台頭によってイギリスの優位性が失われ始めると、多極化した新しい国際システムの下ではパックス・ブリタニカはもはや成り立たなくなり、ヨーロッパ外の市場の獲得競争が激化していく。[*5] その結果各国はアフリカやその他の地域の植民地化に奔走し、地球上に手つかずの土地はほとんどなくなったのである。

激化する競争に対応して、植民地支配のあり方は二つの面で変化した。一方では、既存の植民地における支配が、より公式的で直接的なものになった。スタインメッツによると、この時期に植民地支配の形態は、「重商植民地主義や勅許会社による支配から徐々に離れ、植民地に対する本国の直接統治というスペインのモデルに収斂していった」のだという。[*6] その一方で、競争相手に奪われないようにという戦略上の理由だけで、ヨーロッパ人の入植に適さない経済的価値の低い土地をあえて植民地化するという傾向も見られた。[*7]「未知の土地」を、先手を打って植民地化するというわけである。[*8] ドイルは、こうした宗主国の態度の変化をいくつかの例を挙げて説明している。

一八四〇年代、ドミニカ共和国はイギリス、フランス、スペイン、アメリカの統治下に入ろうとしたが、いずれも正式な統治を拒否した。またその後、サラワクはブルック家（現地での影響力によってこの地域のラジャとなったイギリス臣民）の下、所有地をイギリスに譲渡しようとしたが、これも拒否された。一八七四年にはドイツがトーゴの領有を拒否し、一八七六年にはイギリス植民地局が、キャメロン中尉がアフリカの酋長から割譲されたコンゴ盆地の領有を拒否した。しかし、一八八一年から八五年までの分割の時代、そしてそれ以降になると、植民地本国の対応はまったく違ってきた。ほとんど提案を拒否することはなくなり、ニューギニア（イギリスとドイツが激しく争っていた）のように、それまでほとんど関心がなく、国境を越えた接触もなかった地域にまでも、探検隊が公費で派遣され、できるだけ多くの条約を結ぼうという動きが生まれた。[*9]

こうした土地を獲得する際、宗主国は植民地ではなく保護領という統治形態をとることが多く、現地支配者を支援して統治を継続させた。[*10] この方法は、他のヨーロッパ勢力を排除しながら、同時に行政コストを最小限に抑えることができるため、宗主国にとって非常に使い勝手が良いものであった。リンドレーは、保護領制度が「新帝国主義」の時代にヨーロッパ帝国のあいだで流行した理由を以下のように説明する。

このような取り決めによって、ある国家は、必ずしもその行政の負担を負うことなく、第三国から口出しされない他国に対する完全な支配権を獲得することができた。保護領が持つこの特徴のために、ヨーロッパ列強は植民地の拡大のなかでますますこの方法を用いるようになったのである。現地政府または先住民の首長と保護条約を締結することで、他の列強を排除することが可能であり、その結果、迅速かつ安価な方法で、かなりの範囲にわたって権利を獲得することができ、他の列強との関係に関するかぎりにおいては完全な主権というレベルまでこれを徐々に発展させることも可能であった。[*11]

帝国史の研究者が指摘するように、宗主国は「安価な帝国」を好んだ。[*12] イギリスにとって最も重要な植民地であったインドでさえ、経済的に重要な地域は直接統治下に置かれることが多い一方で、間接統治下の藩王国は肥沃でない土地を含む傾向があったと言われている。[*13]

後述するように、この政策は以下の各章で取り上げる事例にも当てはまる。ブルネイは一八八八年、隣接するサラワク、北ボルネオとともにイギリスの保護領となった。石油が発見されるまでの期間、イギリスはブルネイに経済的な可能性を認めておらず、しかし競争が激化していたために、これを仕方なく版図に加えたのである。イギリスはこの時期、ペルシャ湾も勢力圏に組み入れた。しかしこれはあくまでイギリス帝国の「王冠の宝石（Jewel in the Crown）」と呼ばれるインドへのアクセスを確保するためのものであって、この地域自体は本国にとって経済的な意味はなきに等しかった。そのため、イギリスは現地の支配者を通じて統治を行う方が効率的だと考え、保護領としての統治を選んだのだ。石油以前は本国にとって経済的に重要でなかったからこそ、現地支配者

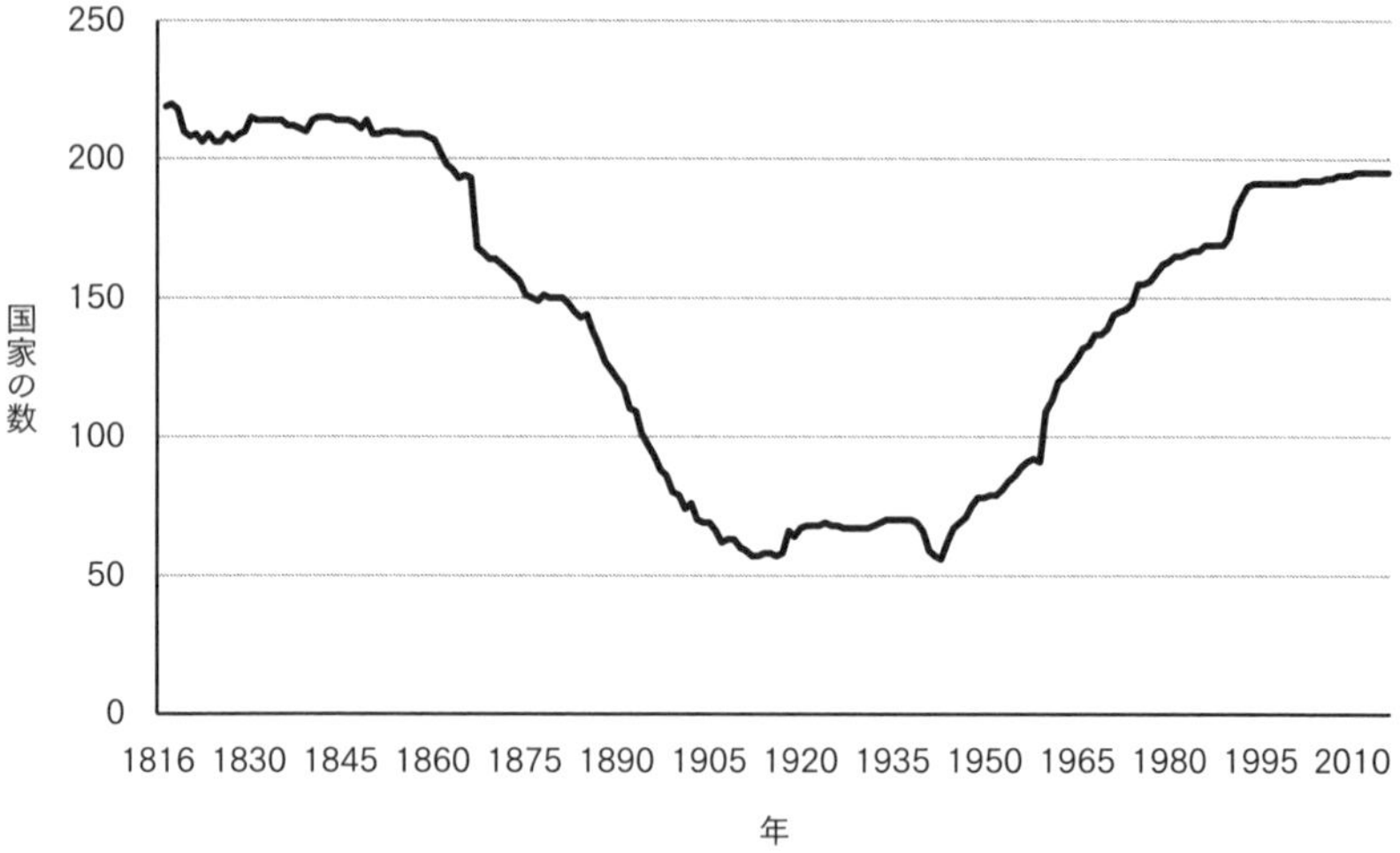

図 1–2　国家の数（1816–2011 年）

出典：International Systems(s) Dataset. Griffiths and Butcher.

たちは後の時代に石油から利益を得ることができたのである。このような歴史的偶然は、これらの地域の将来に多大な影響を及ぼすことになる。

アフリカ分割が終焉を迎えてから第二次世界大戦終結までの数十年間、植民地の数は約七〇〇で横ばいとなった。戦後になると、ヨーロッパ帝国を席巻した脱植民地化の波によって、この数は急激に減少していく。終戦後五年も経たないうちに植民地の数は五〇〇になり、その後数十年でさらに減少し、一九七一年には二〇〇を下回った。帝国主義が急速に崩壊した背景には、米ソの二極体制、核兵器の開発、自由主義的な国際経済、ナショナリズムなど、いくつかの要因があったと言われる。要するに、戦後の世界では外に大きな領土を持つことのメリットが減少したのだ。[*14]

この傾向は、図1－2に示すように、国家数の推移と対応している。[*15] 国家数は一八六〇年頃までおよそ二一〇の前後で推移していたが、その後の数十年間で急激に減少し、二〇世紀初頭には五〇あまりにまで落ち込んだ。[*16] 世界の多くの地域で、かつて独立国家とみなされていた領域が他の国家の植民地となったためである。その後数十年間は五〇から七〇のあいだで変動していたが、第二次世界大戦後に帝国が崩壊した結果、国家数は急速に増加した。二〇世紀末には、主権国家の数は二〇〇近くに達している。[*17]

旧植民地のなかでは、アメリカ大陸の植民地が最初に独立した。アメリカは一七八三年に、メキシコは一八二一年に、そしてほとんどのラテンアメリカ諸国は一九世紀半ばまでに独立を果たしている。一九世紀後半は全体として脱植民地化よりも植民地化が進んだ時代だが、第一次世界大戦の終結後、オスマン帝国、オーストリア＝ハンガリー帝国、ロシア帝国が崩壊し、新たな国家が誕生した。最大の拡大は第二次世界大戦後に起こっている。終戦は日本の東アジア支配を終わらせ、イギリスとアメリカはそれぞれ南アジアとフィリピンを脱植民地化し、シリアやヨルダンのような委任統治領も独立を果たした。他の地域では植民地支配が再開されたが、インドネシアや東南アジア、北アフリカのフランス植民地は一九五〇年代までに脱植民地化され、一九六〇年代にはアフリカ諸国のほとんどが独立した。一九七〇年代初頭には、イギリスがスエズ以東からの撤退を実施し、続いてポルトガルも植民地から撤退し、脱植民地化の時代はほぼ終了した。[*18] 次の大きな出来事は、一九九〇年代の冷戦終結とソビエト連邦の崩壊である。[*19]

しかし、主権国家の数がそれ以降ほとんど増えていないことは注目に値する。脱植民地化のプロセスが進むにつれて新たに誕生する国家は少なくなり、国家数の増加率は一九七〇年代から八〇年代にかけて徐々に低下していった。冷戦後、ソビエト連邦とユーゴスラビアの解体によって一時的に増加率は上がったものの、数多くの独立紛争が起きていたにもかかわらず、その後二〇年以上、国家数はほぼ横ばいで推移している。[*20] この傾向は、アッツィリが「国境固定規範[*21]（border fixity norm）」と呼び、ザッカーが「領土保全規範[*22]（territorial integrity norm）」と呼ぶ、既存の主権国家システムのそれ以上の変更を妨げる国際規範を反映している。脱植民地化が一旦行われた後の国境は、たとえ国家が弱すぎて社会を掌握できていないとしても当然存続するものとして扱われ、国際社会は一般に分離独立に反対してきた。[*23]一度脱植民地化というかたちで主権国家システムの一員となった領土は、原則的にそれ以上分割されるべきではないとされてきたのである。

そのため戦後の国際社会では、脱植民地化と分離独立に対しては対照的なアプローチが取られてきた。すなわち、前者によって新しい国家が誕生することは奨励し、後者によって国家ができることは抑制してきたのである。[*24]そのため、旧植民地にとって、独立のチャンスは基本的に一度しか与えられないものだった。そこで国家になることができなかった地域は、その後もほとんどの場合、主権を獲得することはできなかったのである。これは国際社会の対応もさることながら、植民地から独立した国家自身が、自国内での少数民族の独立運動に不寛容な態度を取ってきたことにも原因がある。[*25]実際、一九四六年から二〇一一年までの分離独立運動の成功率はわずか二%にとどまっている。[*26]したがって、ほとんどの非ヨーロッパ人や社会にとって、現実的に主権を獲得するチャンスは、第二次世界大戦終結後のわずか三〇～四〇年間にしか存在しなかったと言ってよい。このごく狭い関門をくぐり抜けられたかどうかが、その後の運命を決定づけたのである。

帝国主義時代の石油

地表に滲み出た石油は、古代から照明や薬などさまざまな用途に使われてきた。[*27]しかし、石油「産業」が誕生したのは、エドウィン・ドレイクがアメリカのペンシルベニア州タイタスビルで地下から石油を汲み上げることに成功した一八五九年のことであった。当時は灯油の需要が大きく供給が不足していたため、ドレイクの成功により、全米でこの「黒い黄金」を求めるラッシュが始まった。数多くの石油会社が熾烈な競争を繰り広げるなか、ジョン・D・ロックフェラーのスタンダード・オイルが巨大企業として頭角を現す。アメリカの石油産業は、ヨーロッパ市場ではノーベル兄弟石油会社やロスチャイルド家が供給する、バクーで生産されるロシア石油との競争に直面した。

二〇世紀初頭、技術の進歩によって石油はさらに重要かつ戦略的な資源となった。内燃機関が開発され、自動車はますます普及していく。軍事的な技術革新もまた石油の需要を増やしていた。各国が戦車や航空機を戦闘に使用するようになり、海軍も船舶の燃料を石炭から石油に転換したのである。こうした動きを受けて、ヨーロッパの植民地大国は、新たにアジアや中東にも石油の供給源を求めるようになった。たとえばロイヤル・ダッチ・シェルは、スマトラ島とボルネオ島で産出されるオランダ領東インド産の石油を販売することで、一躍スタンダード・オイルの対抗馬となる。イギリスは、ウィリアム・ノックス・ダーシーによるペルシャでの石油探査に資本参加し、一九〇八年に同地で石油を発見して後にブリティッシュ・ペトロリアム（BP）となるアングロ・ペルシャン石油会社を設立した。石油の調査と生産は、ビルマやメキシコなどの他の場所でも同時期に始まっている。

戦間期には、世界の石油市場は新たな展開を見せた。第一次世界大戦中から戦後にかけて石油の需要が高まるなか、石油不足を懸念した大手企業はペルシャ湾岸に目を向ける。イラクとアラビア半島が、新たな油田を求める国や企業の注目の的となったのである。ヨーロッパの複数の大企業（後にアメリカ企業も）がトルコ石油会社を設立し、「トルコ石油会社の他の参加企業と協力する場合を除き、その広大な領土内ではいかなる石油事業も行われてはならない」[*28]という「レッドライン協定」を結んだことで、この地域での石油開発は数十年間停滞した。しかし、新たな油田を求める一部の中小の石油会社の関心は、一九三〇年代に新たな収入源を切実に求めていた湾岸諸国の支配者の思惑と合致する。その結果、この時期に湾岸で石油コンセッションが次々と締結され、一九四〇年代までに、バーレーン、サウジアラビア、クウェート、カタールなどの地域で、かなりの数の新しい油田

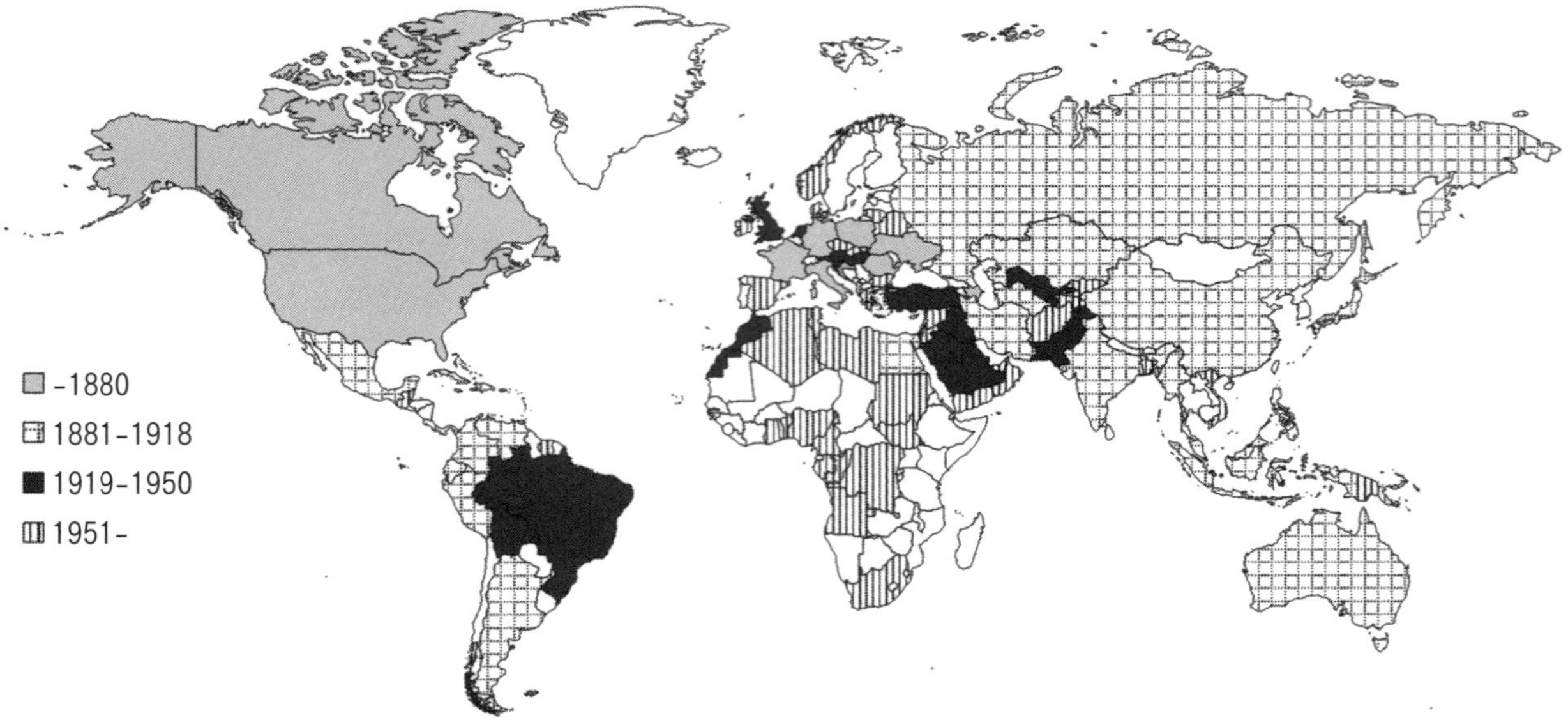

図 1–3　生産開始年度による産油国の分類

出典：The Petroleum Dataset.

が発見された。

戦間期にはラテンアメリカ、アジア、中東のさまざまな植民地や国々で石油生産が始まったが、一九五〇年代まで石油生産の開始が遅れた地域があった。アフリカである。アフリカ大陸は、第二次世界大戦後に石油産業の新たなフロンティアとなる。石油会社は競ってアフリカでの利権獲得を目指し、一九五六年にアンゴラ、一九五七年にガボン、一九五八年にアルジェリア、一九六一年にリビアで石油生産を開始した。

以上をまとめれば、石油産業の歴史は一九世紀後半に北米やヨーロッパで始まり、東南アジアやラテンアメリカへと広がっていった。戦間期には中東で石油生産が始まり、既存の産油地域でも油田の発見と開発が進んだ。そして一九五〇年代から六〇年代にかけて、石油産業はアフリカにも進出した。図1－3は、この歴史を図示したものである。一八八〇年以前に石油生産を開始した国のほとんどはヨーロッパと北米に位置しており、世紀の変わり目に石油生産を開始した国は、アジアとラテンアメリカに集中していることがわかるだろう。アラビア半島の大部分では一九四〇年代までに生産が始まったが、アフリカではほとんどの生産国が一九五〇年代以降に生産を開始している。

二つの歴史の重なり

ここまで見てきた二つの歴史、すなわち主権国家の歴史と石油生産の歴史は、どのように重なっているのだろうか。表1－1がその答えである。この表は、主要な旧植民地の産油国を地域ごとに列挙したものである。一列目の数字は、二〇一七年の石油等の総生産量におけるその国の順位を示している。三列目と四列目は、それぞれ石油生産開始年度と独立年度、そして五列目は、独立から最初の石油生産までのあいだの年数である。正の数字は独立が生産開始より先であることを意味し、負の数字は植民地時代に石油生産が始まったことを示す。

表 1–1　旧植民地の主要産油国における石油生産と独立年度

順位	国名	生産開始年度	独立年度	タイムラグ
ラテンアメリカ				
9	ブラジル	1940	1822	118
11	ベネズエラ	1917	1811	106
12	メキシコ	1901	1821	80
19	コロンビア	1918	1810	108
27	アルゼンチン	1907	1816	91
28	エクアドル	1917	1809	108
40	ペルー	1883	1821	62
47	トリニダード・トバゴ	1908	1962	–54
54	ボリビア	1925	1825	100
中東・北アフリカ				
2	サウジアラビア	1938	1932	6
6	イラク	1934	1932	2
7	アラブ首長国連邦	1962	1971	-9
10	クウェート	1946	1961	–15
14	カタール	1949	1971	–22
17	アルジェリア	1958	1962	–4
22	オマーン	1967	1970	–3
26	エジプト	1910	1922	–12
30	リビア	1961	1951	10
56	バーレーン	1932	1971	–38
サブサハラ・アフリカ				
13	ナイジェリア	1958	1960	–2
16	アンゴラ	1956	1975	–19
34	赤道ギニア	1992	1968	24
35	コンゴ共和国	1957	1960	–3
36	ガボン	1957	1960	–3
43	南アフリカ	1992	1931	61
45	チャド	1975	1960	15
46	スーダン	1992	1956	36
48	ガーナ	1978	1957	21
50	カメルーン	1978	1960	18
東南アジア				
23	インドネシア	1885	1945	–60
25	マレーシア	1913	1963	–50
32	ベトナム	1986	1945	41
44	ブルネイ	1929	1984	–55
57	東ティモール	2004	2002	2

出典：ランキングは “Total petroleum and other liquids production,” U.S. Energy Information Administration (EIA), https://www.eia.gov/international/overview/world. 生産開始年度は The Petroleum Dataset より。

多少のばらつきはあるものの、この表から各地域のパターンが見えてくる。ラテンアメリカでは、石油生産が独立後一〇〇年前後で始まっている。これは、ほとんどのラテンアメリカ諸国が一九世紀初頭に独立を達成した一方、石油生産は一般的に一九世紀後半から二〇世紀初頭にかけて始まったことが主な理由である。*29 アフリカでは、独立とほぼ同時に石油生産が始まるか、あるいは独立から数十年後に石油生産が始まった。石油産業がアフリカの油田を開発し始めたのは第二次世界大戦後のことで、特に二〇世紀最後の四半世紀に新たな発見がいくつかあったことがその理由である。*30 残りの二つの地域、中東・北アフリカと東南アジアでは、石油生産は独立よりもかなり早く、特にペルシャ湾岸と東南アジアの島嶼部ではその傾向が強い。インドネシア、マレーシア、ブルネイでは最初の石油生産から独立までに少なくとも五〇年が経過しており、バーレーン、カタール、クウェートは独立の二〇年ほど前に石油生産を開始している。

ここで重要なのは、石油生産の開始が独立よりかなり早かったケースでは、石油生産が現地の植民地政治に影響を与え、最終的に独立する際の国家形成に影響を与えた可能性があるということである。逆に、独立が石油生産より先だった国では、これは論理的にありえない。上記のように、湾岸諸国や東南アジアの島嶼部では、こうした石油生産による影響が存在する可能性が他地域より高くなっており、以下で示すように、実際に植民地時代の石油生産は、保護領制度とともに国家形成に特殊な影響を及ぼし、産油地域の単独独立をもたらしたのである。

単独独立の理論

合併か、独立か

序章で述べたように、脱植民地化は必ずしも植民地から主権国家への単純な移行を意味したわけではない。もしそうであったなら、たとえばシッキム、アデン、ブガンダ、ジョホールなど、現在の何倍もの独立国が存在しているはずである。脱植民地化の時代は合併の時代でもあり、植民地の多くはより大きな国家へと統合された。普通の植民地にとっては、この潮流に抵抗することはきわめて困難だった。

帝国の崩壊により、多くの植民地は主権国家として単独で独立するか、より大きな国家の一部になるかという選択を迫られた。[*31] 第一の選択肢は自治の可能性を広げるものの、それによってできる新国家は、外国の侵略や財政難に対してより脆弱になる。一方、第二の選択肢はより大きく強力な国家を生み出すが、その代わりに構成単位は独立した地位と自治権を失うことになる。

宗主国は一般的に、小さな植民地をそのまま独立させることに懐疑的であったため、後者の選択肢を好み、連邦の形成を積極的に推進する傾向があった。[*32] 一方近隣諸国も、しばしば周辺の小さな植民地を自らの領土に併合しようとした。クリストファーは、宗主国と近隣諸国の利害を以下のように要約している。

急速な脱植民地化の圧力を受け、植民地大国は既存の植民地を合併し、より大きな、つまり名目上は政治的にも経済的にも存続可能な政体を作り出そうとすることもあった。また、強力な隣国が、脅しや直接的な行動によって領土の移転や併合を行い、脱植民地化が独立に至るのを妨げたケースもあった。[*33]

小規模植民地の独立を妨げる政策は後に変化したが、第二次世界大戦以降の数十年間は、国家としての地位を与える前に合併によって存続可能な国家を作ることが一般的なやり方であった。[*34]

こうした本国や近隣諸国の意向の前では、すべての植民地がつねに第一の選択肢を選べるわけではなかった。そのため、合併を受け入れるのが通常の結果であった。しかし、合併が提案された植民地のなかにも、単独で独立を果たした地域があったのだ。

単独独立の条件

植民地が合併計画を拒否して単独独立するためには何が必要なのか。国家の規模の決定要因に関する諸研究は、この問いに答える一助となる。[*35] アレシナとスポラオーレは、国家規模の大小の選択においては、「国家規模がもたらす利益と、政府によって提供される公共財や政策に対する選好の多様性がもたらすコスト」のあいだに根本的なトレードオフが存在すると論じている。[*36] つまり、国が大きいことで生まれるメリットと、逆に大きいことによって生じるデメリットの両方があるということだ。

彼らは大きな国家の利点として、一人当たりの公共財コストの低さ、外国の侵略からのより盤石な保護、経済規模の大きさ、地域間の支援、国内の再分配制度という五つを挙げている。理論的には、これらの利点だけを考えれば、国家は大きければ大きいほど良いことになり、究極的には単一の政府が世界を統治することになってもおかしくないはずだが、実際にはそうなっていないのは、大きくなることの代償も存在するからである。つまり、国家が大きくなればなるほど、すべての国民を満足させることは難しくなり、中央政府の政策に不満を持つ国民は必然的に増える。不満を持つ国民は最終的により小さな国家を独自に形成することを考える、というわけである。[*37]

国家の規模がもたらす便益がそのコストを上回るかどうかは、いくつかの政治的・経済的要因に左右される。[38]第一に、安全保障が最も重要であると言われる。ライカーは、連邦に関する研究のなかで、安全保障こそが、大きな国家が小さな国家よりも望ましい理由であると主張している。[39]つまり、国家は大きい方が脅威に対処しやすいということである。実際に、ある実証研究では、友好的な安全保障環境においては小さな国家が繁栄する一方、深刻な安全保障上の懸念を抱える国家は、より大きな単位の一部となることを選択する傾向があるという結果が出ている。[40]もう一つの重要な要因は、国際経済への開放性である。保護主義や閉鎖経済の世界では、大きな市場を持つ大国が有利だが、自由貿易の条件下では、国境が市場を区切らないため、国の規模はそれほど重要ではなくなる。[41]国家自体が小さくても、自由に外国の市場にアクセスできれば問題がないわけである。

こうした議論を前提としつつ植民地特有の要因を加え、本書では、合併の圧力に直面する植民地が単独独立を達成するためには、以下の三つの条件を満たす必要があると想定する。すなわち、①物質的・政治的インセンティブ、②財政的自立と安全保障の両方を含む主権国家としての生存可能性、③宗主国に対する交渉力である。第一に、より大きな国家は一般的にさまざまな利益をもたらすことに加え、宗主国や時には近隣諸国も合併を推進しているため、それを拒否するためには、それでもなお単独独立を求める説得的な理由を有している必要がある。このような理由には、物質的なインセンティブ（単独独立がより多くの経済的利益をもたらす）と政治的なインセンティブ（単独独立が植民地の指導者の政治的選好に沿う）の両方が含まれる。単独独立は、植民地が合併によって得られるだろう規模の経済による利益を相殺し、それを上回る利益を提供しなければならないことになる。

第二に、独立は実現可能な選択肢でなければならない。主権国家を維持するには、十分な財源と友好的な安全保障環境が必要である。当時の政策担当者は、これらの条件が整わなければ、小さな植民地は容易に破産したり侵略されたりして独立を維持できなくなると考えていた。[42]こうした懸念は冷戦の時代には特に根強く、宗主国は自らの植民地が共産主義者の手に落ちることを非常に恐れていた。[*43] したがって独立のために植民地は、自力であれ外部の力を借りるのであれ、収入源と安全保障を確保する必要がある。生存可能性は事前にはわからないため、ここで言う生存可能性は、現地支配者、宗主国、近隣諸国を含む関連アクターの認識上の問題ということになる。

第三に、植民地は自らの将来について発言権を持ち、宗主国を独立に同意させるだけの交渉力を持つ必要もある。通常、宗主国はより大きな国家を作ることを好むため、個々の植民地が単独独立することへの支持を取り付けるのは困難であることが多い。そのため、植民地は何らかの手段によって宗主国を説得する力を持たなければならないのである。宗主国の同意が得られなければ、独立を武力闘争によって成し遂げなければいけないわけだが、合併計画に入れられるような地域は、そもそも宗主国を軍事的に屈服させるような武力を持っていないことがほとんどである。コギンスが示すように、独立を達成するためには外国の承認が重要であり、影響力のある仲間を持つことが鍵なのである。[*44]

石油と保護領制度の効果

本書では、石油が豊富な保護領は上記の三つの基準をすべて満たし、単独独立を達成できると主張する。それは端的に言えば、石油と保護領制度が規模の経済による利益を相殺し、小国であることのコストを最小化するからである。まず、石油が独立のインセンティブを生み出すには二つの経路がある。石油産業は資本集約的で、その性質上グローバルな産業である（すなわち、石油はパイプラインやタンカーを使って容易に海外に輸出できる）ため、産油地域は大規模な人口や国内市場を必要とせず、規模の経済を考える必要がない。それどころか、国の規模と産油地域が得られる石油収入の額は負の相関関係にあるため、より大きな単位を形成することを避ける理由にもなる。石油収入を周辺地域に奪われたくないというわけである。こうした石油収入の直接的な効果に加えて、間接的な効果も存在する。石油生産の歴史が長くなるにつれ、それは社会経済の発展につながり、当該植民地が近隣地域よりも発展しているという認識が生じて、より発展度の低い地域との合併を避けるインセンティブが働く。こうした効果の相対的な大きさは、各事例特有の要因に左右される。

一方保護領制度は、単独独立の政治的インセンティブを生み出す。保護領制度の下では、本国による保護のおかげで、現地支配者が国内で大きな権力を享受している。植民地がより大きな国家の一員となった場合、この支配者は新国家における複数の支配者の一人にすぎなくなるため、政治的権威が低下することが見込まれる。そのため現地支配者は、より大きな国家のなかで地位を失ってしまうよりも、自分の領土で権力を維持することを好み、自分が君臨できない連邦に加入することを嫌うようになる。

第二に、石油と保護領制度は、植民地の生存可能性を高める。インセンティブと同様、石油生産には二つの効果がある。すなわち、多額の石油収入は財政的な自立につながり、長い石油生産の歴史を通じた社会経済的な発展もまた、当該植民地が自立可能であるという認識をもたらす。安全保障の面では、保護領制度は宗主国にこの地域の保護を義務づけるものである。リンドレーが指摘するように、「保護領の設置に必要かつ十分な条件は、地元の独立した政府または首長とのあいだで、保護される地域の対外関係を宗主国の手に委ねる協定を結ぶこと」である[*45]。この取り決めによる結びつきを強めるのが石油であり、それがさらに生存可能性を高める。近代国家にとって石油は不可欠であるため、植民地支配者とその同盟国は産油地域の安全を保障する必要がある[*46]。キムが指摘するように、石油は「産油国の安全保障上の負担を軽減する安全保障上の資産として、また安全保障協力の推進力として」機能する[*47]。それゆえ、宗主国やその同盟国が、主に地域大国がもたらす安全保障上の脅威を取り除くべく行動することになる。その結果、植民地が自らを守ることができなくても、その安全の確保のために外国に頼ることができ、これによって、通常小国形成の最大の障害となる安全保障上の懸念が取り除かれるので

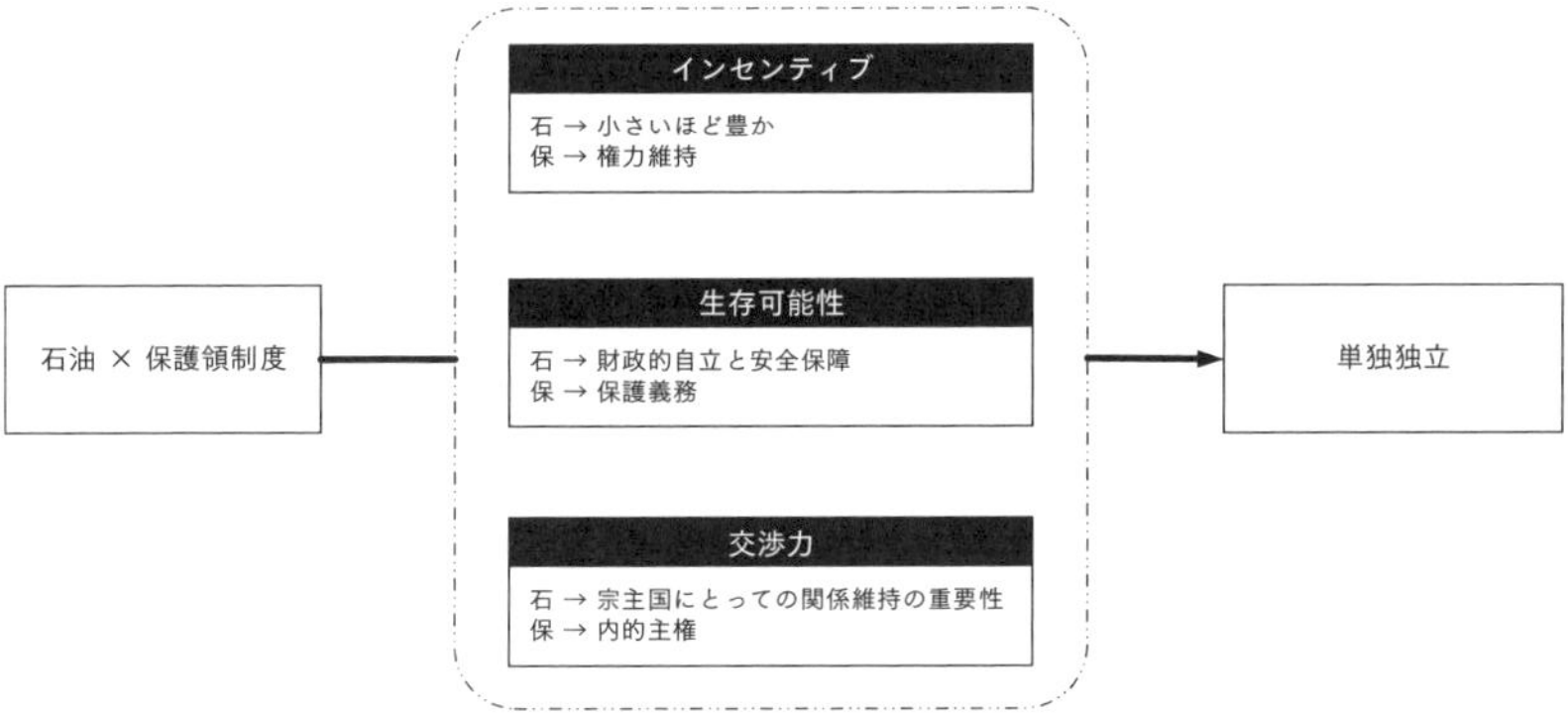

図 1–4　単独独立の因果メカニズム

ある。

第三に、同じ要因が当該植民地の交渉力も高める。本国にとって石油は重要であるため、脱植民地化のプロセスにおいて、産油地域はより強い交渉力を持つようになり、またより高い発展水準が単独独立を正当化する要因となる。宗主国は、植民地からの撤退を余儀なくされたとはいえ、石油の継続的な供給を必要としている。したがって、産油国との友好関係を維持することは本国にとって重要であり、そのために脱植民地化プロセスにおける扱いについて交渉する余地が生まれるのだ。しかし、だからといってすべての産油地域が主権を獲得できるわけではない。宗主国が植民地の将来を左右できる体制、すなわち現地のアクターを排除した直接的な支配の下では、石油の存在は有利に働かない。産油地域は、脱植民地化の結果について発言権を持っていなければならないのである。宗主国が既存の政治構造を通じて統治し、現地支配者が正統性と統治権限を持つ場合、当該植民地はこの基準を満たす。アレクサンドロヴィッチが指摘するように、保護領という地位は「主権の分割を意味し、その目的は、保護者に対外主権の権利を与える一方で、保護領に内的主権の権利を残すこと」である。[*48]そのため、支配者は内的主権を保持しており、それゆえに本国は脱植民地化する際に現地支配者の意見を聞かなければならない。このように、

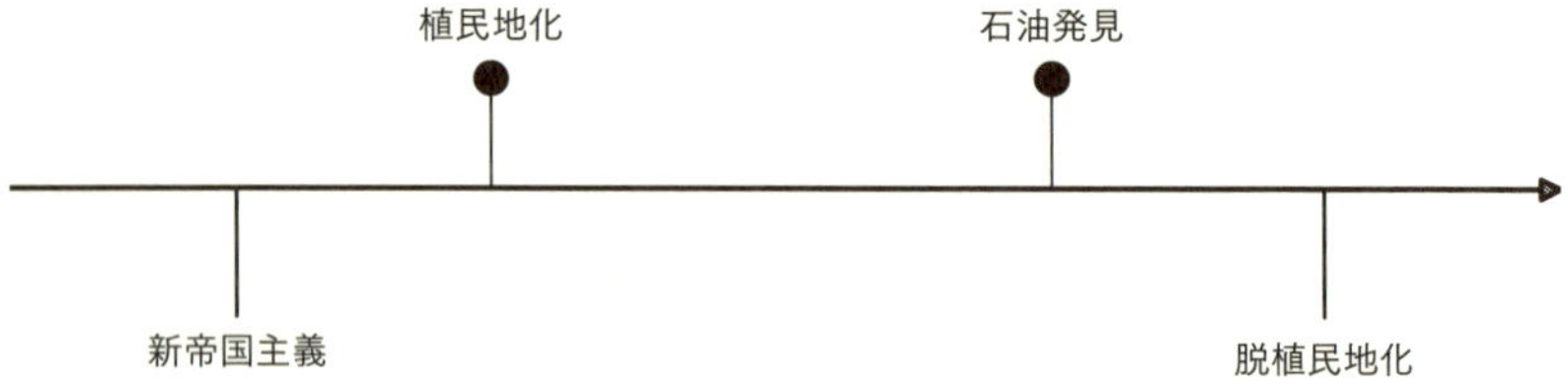

図 1–5　単独独立のタイムライン

石油と保護領制度という二つの要因によって、宗主国と現地支配者のあいだのパトロン・クライアント関係が、後者に有利な方向へと変化するのである。図1－4はこれらの因果関係を図示したものである。

この二つの説明変数は互いに独立しているのではなく、相互に影響し合っている。たとえば石油生産は植民地と本国の結びつきを強め、またその結びつきがあることで石油をヨーロッパに輸出することが可能になり、それが現地支配者を豊かにする。しかし、だからといって一方が他方の副産物というわけではない。単独独立の事例では保護領制度の方が石油生産よりも時系列的に先に来るのだから、後者が前者を生み出すことはない。宗主国の側は、石油の存在を知らずに支配を開始するのである。また、保護領制度が石油を生み出すわけでもない。政治的条件ではなく、地質的条件が、これらの植民地的単位における石油生産を決定づけるのである。したがって、相互に関連しているとはいっても、これら二つの条件を一つにまとめてしまうことはできない。

これらのメカニズムが単独独立につながるためには、宗主国が経済的魅力のない場所で間接支配を多用していた時期に植民地化が行われ、かつ石油の発見が植民地化と脱植民地化のあいだに起こっている必要がある。すなわち、「新帝国主義」の始まり、植民地化、石油の発見、そして脱植民地化は、この順序で起こらなければならないのである（図1－5）。というのも、新帝国主義以前の植民地は本国にとっての経済的な魅力が自明である地域が多いため、直接的な支配体制が敷かれることが多く、保護領制度が採用されることは稀であった。また、石油発見が植民地化以前に起こってしまうと、宗主国としては資源収奪の最大化のために間接支配よりも直接支配を採用するインセンティブが強まる。逆に石油が脱植民地化以後に見つかったとしても、国家形成に影響を与えるには当然遅すぎる。あくまでこうした出来事が特定の順序で起きたときにのみ、単独独立が可能になるのだ。単独独立は偶発的な歴史プロセスであり、そのタイミングはきわめて重要である。

本書の説明は、石油と分離独立運動の関係に関する既存研究の主張と一定の共通性があり、「資源の呪い」に関する研究を参照することは、石油が単独独立に与える影響を理解するうえである程度有用である。この分野で石油と内戦の関係について論じた研究は、天然資源、特に石油が分離独立運動の発生可能性を高めることを示している。[*49] これは特に、産油地域が少数民族の居住域である場合に顕著だと言われている。現地の指導者層は、石油収入が現地に十分還元されずに中央政府に奪われることに不満を募らせ、石油を完全に掌握すればいかに豊かになれるかを強調することで大衆からの支持を得る。それによって分離独立への機運が高まるというわけである。たとえばアチェの分離独立論者は、アチェが独立すればブルネイ並みに豊かになると主張し、独立を目指す動機を作り出したという。[*50]

たしかに、この枠組みを援用すれば産油保護領が単独独立を目指す動機の一端を説明することは可能だが、残念ながらそれ以上の有用性はないといってよい。というのも、この分野の研究は、すでに存在する主権国家からの独立運動にのみ焦点を当てているためである。そこでは当該地域が分離を目指す主権国家がすでに存在することが前提となっているが、本書が扱っているのは脱植民地化であり、そこには分離の対象になるような主権国家はまだ存在していない。[*51] 既存研究の多くは、分析の時間軸が冷戦後に限定されているか、あるいは使用するデータセットが既存の主権国家のみを対象としているがゆえに、脱植民地化を暗黙のうちに分析対象から省いている。これは本書にとっては大問題である。植民地は厳密には既存の主権国家の「一部」ではなく、したがって脱植民地化は分離独立とは異なる現象であるためだ。[52] さらに、既存の研究が分析対象としている政治現象は、分離独立「運動」であって、実際の分離独立ではない。これに対して、本書は何が独立そのものにつながるのかを研究する試みである。前述のように、領土保全規範が存在するために、戦後の世界で分離独立に成功した例はほとんどない。[53] つまり、分離独立運動にだけ着目していると、石油は運動にはつながるものの、独立をもたらすものではないという結論が導かれそうである。しかし、脱植民地化まで含めれば、実際に独立につながった事例は複数あり、そこから既存研究とは異なる知見を得ることができる。したがって、本書の理論はこれらの研究を参照しながらも、それらとは一線を画すものだと言える。

理論の適用範囲

本書の理論は、より大きな国家を作るために近隣諸国と合併するよう圧力を受けた植民地に適用可能である。つまり、そのような圧力を受けなかった事例は、適用範囲には入らないということになる。したがって、上記の二つの条件のいずれも満たさずに単独独立した植民地が存在したとしても、それがそもそも合併計画に組み込まれていなければ、本理論の反証にはならないのである。また、自らが主導する国家に参加するように他地域に圧力をかけた植民地も、適用範囲には含まれない。したがって、たとえばラアス・アル＝ハイマやサラワクは含まれるが、アブダビやマラヤは含まれないことになる。

理論の適用範囲に含まれる事例については、石油と保護領制度の組み合わせが単独独立という結果をもたらす。しかし、本書ではこれが単独独立を達成する唯一無二の方法であると主張しているわけではない。他の経路で単独独立にたどり着く可能性ももちろん存在し、石油と保護領制度という組み合わせは、あくまで一つの経路だということになる。これら二つの条件を満たせば単独独立に結びつくが、どちらか一つだけでは不十分である。すなわち、単独独立に至らなかった保護領も存在するし、石油生産が必ずしも単独独立につながるともかぎらない。さもなければ、ブルネイのような石油に恵まれた極小国が世界中に何千と存在することになっていただろう。したがって、この因果経路には二つの要因の両方が必要なのである。[*54]

ここで重要なことは、単独独立の理論が、ブルネイ、カタール、バーレーンという次章以降で分析の対象となる三つの中心的な事例だけに当てはまるものではなく、より広い範囲に適用可能な説明だということである。一見、本書の理論はごく少数の事例にしか当てはまらないように見えるかもしれない。実際、同じメカニズムで単独独立に至ったケースは、管見のかぎりクウェート以外には見当たらない。しかし、この点は以下の三つの理由から、本理論の価値を損なうものにはなっていない。

第一に、稀であるということは重要でないということを意味しない。政治学者や国際関係学者にとって、希少な現象は時として最重要の現象ともなりうる。スコッチポルの古典的な革命研究がその好例であろう。革命、少なくとも彼女が「社会革命」と呼ぶものは稀な現象であり、彼女はフランス、ロシア、中国の三つの成功事例のみを研究している。スコッチポルは、「最近のアメリカの社会科学では、多くの事例が存在する現象だけが真に科学的な方法で研究できると考えられているために、社会革命それ自体の研究は避けられてきた」と述べている。[*55]しかし、彼女は本書でも採用している比較歴史分析を用いることで、「事例間で一般化可能で、歴史に敏感な」革命の説明を展開することができると主張し、さらに、「事例数の多いカテゴリーについてのみ説明仮説を立てなければいけないというわれはない」と述べている。[*56]

第二に、三つの正の事例だけを研究することは、三つの事例だけを研究することと同じではない。スコッチポルが革命の成功事例をイギリス、日本、プロイセンと比較したように、本書ではブルネイという単独独立の成功事例をサラワク、北ボルネオ、オランダ領ボルネオと比較し、カタールとバーレーンをこの地域の他の首長国と

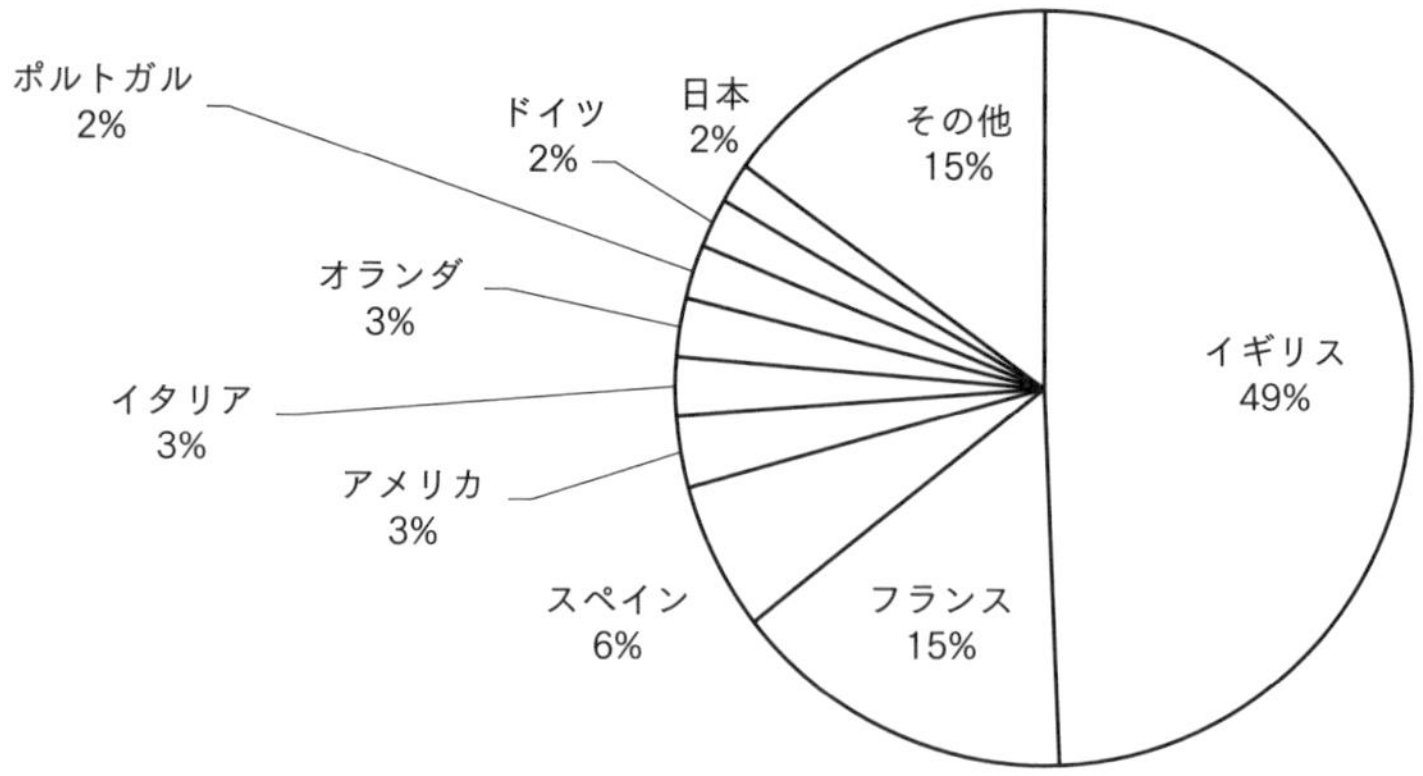

図 1–6　全植民地に占める各宗主国の割合

出典：Correlates of War Project, Colonial Contiguity Dataset (Version 3.1).

比較する。さらに、本書の理論は、中央アフリカ、西インド諸島、南アラビアなどのさまざまな連邦計画に含まれた植民地にも適用できる。正の事例の数自体は少なくとも、同じ理論で説明できる負の事例の数は多いのである。

第三に、本書の理論にとっては、希少であること自体が重要である。本書の貢献の一つは、国家形成における石油と植民地政治の相互作用の重要性を示すことにある。主権を得られる限られたチャンスを手にすることができた小規模植民地は非常に少なかった。大多数は、その可能性を有してはいても、実現はしなかったのである。逸脱事例に焦点を当てることで、本書は新国家の誕生につながる新たな歴史的因果メカニズムを明らかにし、それによって他の事例を理解する新たな方法を提供するとともに、観察不可能であるがゆえにこれまで認識されてこなかった歴史上の反実仮想的事例にも光を当てている。

本書で取り上げる三つの単独独立事例はすべて、イギリスの勢力圏にあったこともまた事実である。しかしこれは恣意的な選択でも偶然の一致でもない。すべてが旧イギリス植民地であることには理由がある。まず重要なのは、そもそもイギリス帝国が圧倒的に世界最大の帝国であり、全世界の植民地のほぼ半分がイギリスによって支配されていたことである（図1－6）。次いで大きかったフランスの植民地帝国は、イギリス帝国の三分の一以下の規模にすぎなかった。イギリス帝国の巨大さを考えれば、ブルネイ・カタール・バーレーンがイギリスの支配下にあったことは何も驚くようなことではない。

さらに、これは宗主国間の戦略の違いも反映していると考えられる。すなわち、保護領制度という本書の理論の第二の条件は、他の帝国の植民地よりもイギリスの植民地で満たされる可能性が高かった。というのも、イギリスは重要度の低い植民地で保護領制度を採用する傾向があったが、フランスやスペイン、オランダなどの他の帝国は一般的に直接統治を採用する確率が高かったためである。[*57] そのため、イギリス植民地は単独独立の要件を満たす可能性が高かったと言える。

三つの事例が旧イギリス保護領だったという事実は、本書の理論がイギリス帝国だけにしか当てはまらないことを意味しない。むしろ、植民地統治の形態がすでに理論に組み込まれているために生じる結果だと考えるのが自然である。すなわち、フランスやオランダの植民地は、この理論の範囲条件から外れているわけではなく、負の事例として適用範囲に含まれているのだ。フランスやオランダの帝国内に正の事例がないのは、本書がそれらを対象から除外しているからではなく、これらの事例では条件の一つが満たされる可能性が低いからである。

繰り返しになるが、本書の理論は、すべての国家、すべての旧植民地国家、あるいはすべての小国の形成を説明するものではない。本書は、石油をめぐる植民地政治の影響に焦点を当てることで単独独立に至る一つの因果経路を説明しようとするものである。これはすべての単独独立の事例をカバーするものではないが、その重要な一部分を含むことは間違いなく、また他の事例にも示唆を与えるものである。

対抗仮説

産油保護領の単独独立を説明できる他の理論は存在するだろうか。主権と国家形成に関する研究は数多いが、単独独立に実証的な説明を与えられる研究はごく限られている。クラズナーの「組織化された偽善」についての議論[*58]であれ、主権の概念と規範が植民地主義とどのように関わりながら発展してきたかについてのアンギーの研究[*59]であれ、国際社会の形成と拡大についてのイギリス学派の研究[*60]であれ、システムレベルの理論では、本書の問いに具体的な回答を与えることはできない。これらは、各国家の領域的な形態や、どのようにして各国が形成されたのかを説明しようとするものではないからである。また、国際関係論における他の多くの分野と同様、ヨーロッパ中心主義の問題は国家形成の研究にも影を落としており、全体としてヨーロッパ以外の国にそのまま適用できる理論を見つけることは難しい。ヨーロッパ外の国家形成に関する研究も存在するが、こうした研究は国家の能力の発展に焦点を当てる傾向があり、本書のように、他でもない特定の領土を持つ国家を生み出した政治過程、というような問題に関心を寄せる研究を見つけるのは困難である[*61]。

しかしながら、必ずしも本書と同じ研究課題を扱っているわけではないものの、国家形成に関する既存の理論からは、二つのグループに大別される説明を導き出すことができる。ここではそれを、内部的説明と外部的説明と呼ぶ。内部的説明とは、現地の政治プロセスを重視するものである。これらの説明では、国家形成は自然発生的で自律的なプロセスであると想定される。その一例が、ナショナリズムの台頭を強調するものである。印刷資本主義や工業化によってナショナル・アイデンティティが形成され、現地の政治主体がナショナリズムや反植民地主義の動員を通じて独立を模索し、それを獲得する[*62]。この種の理論に基づけば、確固たるナショナル・アイデンティティを有していれば単独独立を達成でき、ナショナル・アイデンティティが近隣地域のそれとは十分に区別されていなかった場合には単独独立ができない、という予測ができる。

ヨーロッパの国家形成過程に関するいくつかの理論も、単独独立の説明になる可能性がある。ティリーとスプルートは、強調する説明要因は異なるものの、どちらも国家形成を、異なる国家が互いに競争し、最も状況に適応した者のみが生き残るという、「自然淘汰」に似た過程と捉えている。[*63] ティリーは国家形成における戦争の役割を強調する。国家指導者が戦争を行うためには、十分な資金を調達し、十分な兵士を集めなければならず、そのためにはより効率的な動員手段が必要となった。ティリーが「ナショナル・ステイツ」と呼ぶタイプの国家は、こうした動員に最も優れていたため、最終的にヨーロッパで支配的な国家形態となったのだ。他方スプルートは、中世における経済成長と貿易の拡大が重要であったという、制度論的な主張を行っている。封建制度後のさまざまな制度のなかでも、主権領域国家はリソースの抽出と安定した対外関係の維持に最も適しており、模倣と他の制度の排除を通じてヨーロッパ全土に普及した。これらの研究から導ける仮説は、石油の豊富な植民地が独立したのは、外国から自立できるような強力な国家の建設に成功したからだ、というものである。

対照的に、外部的説明は国際政治が旧植民地における国家形成を決定づけたと考える。脱植民地化は、宗主国、その他の大国、あるいは地域大国が、意図的あるいは不本意ながらそれを許したときに起こったものであり、したがって新しい主権国家の領域的範囲もまた、外部勢力によって決定されたということになる。たとえば、チョンは中国、インドネシア、タイの事例を研究し、非ヨーロッパにおける国家形成は、ライバル関係にある外部のアクターが、介入には高い機会費用がかかると考えたときに起きると主張する。[*64] 同様に、ヘイガーとレイクは、植民地帝国がライバル国の植民地の独立を支援する「競争的脱植民地化」政策から国家が誕生することが多いと主張している。[*65] また、ローレンスはフランス植民地の分析において、独立運動は、植民地の扱いの改善を求める改革運動が本国によって退けられた後に、戦争などによって帝国の権威の崩壊が起きた場合に生じると主張する。[*66]

スプルートも上記とは別の著作において、ヨーロッパの帝国を相互比較した結果、本国における意思決定プロセスの分裂の度合い（すなわち、拒否権を持つプレーヤーの数）が脱植民地化への抵抗と正の相関関係にあると論じている。[*67] これらの研究からは、石油に恵まれた植民地が単独独立したのは、外部勢力の政策のためだという仮説が導けるだろう。

これらの仮説に対して本書では、単独独立は完全に内部的な過程でも外部的な過程でもなく、むしろ両者を含むさまざまなメカニズムの相互作用の結果であったと主張する。第一に、単独独立を達成した地域が脱植民地化の時点で確固たるナショナル・アイデンティティを持っていたことは事実であり、これが単独独立に影響したことは否定できない。また、これらの地域は、自らに主権を獲得する資格があることを証明することにも成功したと言える。しかし、こうしたナショナル・アイデンティティや国家としての生存可能性は、内部的な要因だけでなく、宗主国との相互作用を通じて形成されたものでもあった。たとえばアイデンティティに関しては、宗主国は植民地間の境界を追認あるいは設定し、それによって異なるネイションのあいだの境界を作り出した側面がある。また、単独独立を達成するためには、明確なナショナル・アイデンティティを持っているというだけでは不十分であった。強力なアイデンティティを持つにもかかわらず独立に失敗した地域も多数あったのである。生存可能性については、宗主国とその同盟国が安全保障を担ったからこそ生存可能だとみなされたという側面も存在したことが指摘できる。

第二に、植民地支配者は、安全保障を提供し関係者を説得することによって単独独立を可能にする重要な役割を果たしたが、単独独立は決して彼らだけの決定ではなく、また彼らが望んだ結果ですらなかった。すでに見たように、宗主国は連邦計画を支持し、その実現に全力を尽くしていたのである。最終的には、植民地側の選好と交渉力が単独独立を可能にしたのだ。また、外部的説明は、同時期に同じ国際環境の下で異なる結果が生まれたことを説明できない。現地のアクターは、外部的説明が想定する以上に主体性を持っていたのである。[*68] 一般的には外部的説明が当てはまる脱植民地化の事例が多いことは確かだが、本書で扱うような事例は、植民地側が主体性を持って本国が望んだ政策を拒否したケースである。したがって、ある意味で本書の説明は、外部的説明では捉えきれない例外的な事例を説明することによって、それを補完するものだと言える。

次の2章では、本書の理論をこれらの対抗仮説と比較しつつ議論する。ボルネオ島と湾岸南部の植民地的単位がどのように脱植民地化されるかは、それが実際に起こるまで誰にもわかっていなかった。ブルネイ、カタール、バーレーンの支配者は当初、連邦への加盟を意図しており、逆に最終的に連邦に加入した地域の一部は当初合併に反対していた。宗主国、すなわちイギリスには、脱植民地化の明確な計画も、それを強制的に実行する力もなかった。少なくともこれらのケースでは、国家形成は現地の政治指導者、本国、その他の外部勢力がそれぞれ重要な役割を果たすダイナミックなプロセスであった。単独独立はこの予期せぬ結果であり、その過程は石油生産と保護領制度に大きく影響されていたのである。

結び

主権国家体制と石油開発には、それぞれ異なる歴史がある。この二つは世界各地で異なるかたちで重なり合い、それらがある特定のかたちで交錯した際に、単独独立という結果が生まれた。宗主国は「新帝国主義」の時代に獲得した植民地を、自分たちが支持する現地支配者を通じて間接統治する傾向があった。そのなかで、植民地化と脱植民地化のあいだに石油生産が始まった地域が存在したが、こうした植民地で、単独独立が起こったのである。石油生産と保護領制度は、単独独立の物質的なインセンティブを与え、その地域を主権国家として生存可能にし、本国に対する交渉力を強化することによって、単独独立と統合の損得勘定に変化をもたらしたのであった。ブルネイ、カタール、バーレーンが単独独立し、周辺の他の植民地が併合されることを、当時の人々は予想していなかった。イギリスは一貫して連邦を支持しており、現地支配者たちも当初は連邦に好意的で、加盟交渉に何年にもわたって参加していた。一次資料を参照しながら当時の議論を読めば、これらの地域が独立し、他が独立しなかったことは決して自明の結果ではなかったことがわかる。

ヨーロッパの国家形成に関する研究のなかで、ティリーは以下のように書いている。

（多くの分析者がそうであるように）二〇世紀時点の国力を、効果的な国家形成の主な基準として用いると、ヨーロッパの過去における都市、国家、資本、強制力の関係を誤って認識し、目的論の誘惑に屈することになる。このような落とし穴を避けるためには、国家形成者たちの選択とその結果を、早い時代（ここでは恣意的に西暦九九〇年と設定）から現在へと前向きに追っていく必要がある。[*69]

以下の各章では、この方針に従い、ボルネオ島と湾岸南部の事例について、現在の国家を前提として扱うのではなく、植民地時代の初めから現在へと「前向き」に分析を開始する。そうすることで、「いくつかの明確に異なる将来がありえた」なかで、単独独立がどのように起こったのかを示す。[*70]

第2章　ボルネオ島における石油と脱植民地化——ブルネイの単独独立

一九世紀にヨーロッパ勢力が東南アジアに進出した際、ボルネオ島は四つの植民地行政単位に分割された。ブルネイ、サラワク、北ボルネオ、そしてオランダ領ボルネオである[*1]。島の北側に位置する最初の三地域はイギリスの統治下に置かれ、残りの一つはオランダの統治を受けた（図2－1）。これらの行政区分は、既存の文化的・社会的・政治的・経済的な違いを反映したものではなかった。植民地化されるまで、四つの地域はいずれもマレー世界に属しており、ヨーロッパ勢力が進出してくる以前は、同じように数多のスルタン国の支配を受けてきたのである。

このような共通性にもかかわらず、脱植民地化がもたらした結果には相違が生まれた。世界的な脱植民地化の波がボルネオに到達したとき、オランダ領ボルネオは、オランダ領東インドの版図をほぼそのまま引き継いだインドネシアの一部となった。残り三つのイギリス領は、隣国マラヤの主導する「マレーシア」という新しい連邦を設立するための交渉に参加した。しかし一九六三年にマレーシアが正式に設立されたとき、参加したのはサラワクと北ボルネオだけであった。ブルネイは連邦への合併を拒否し、一九八四年に単独で独立したのである。なぜブルネイだけが単独で独立し、他の三つの植民地はより大きな国家の一部となったのだろうか。

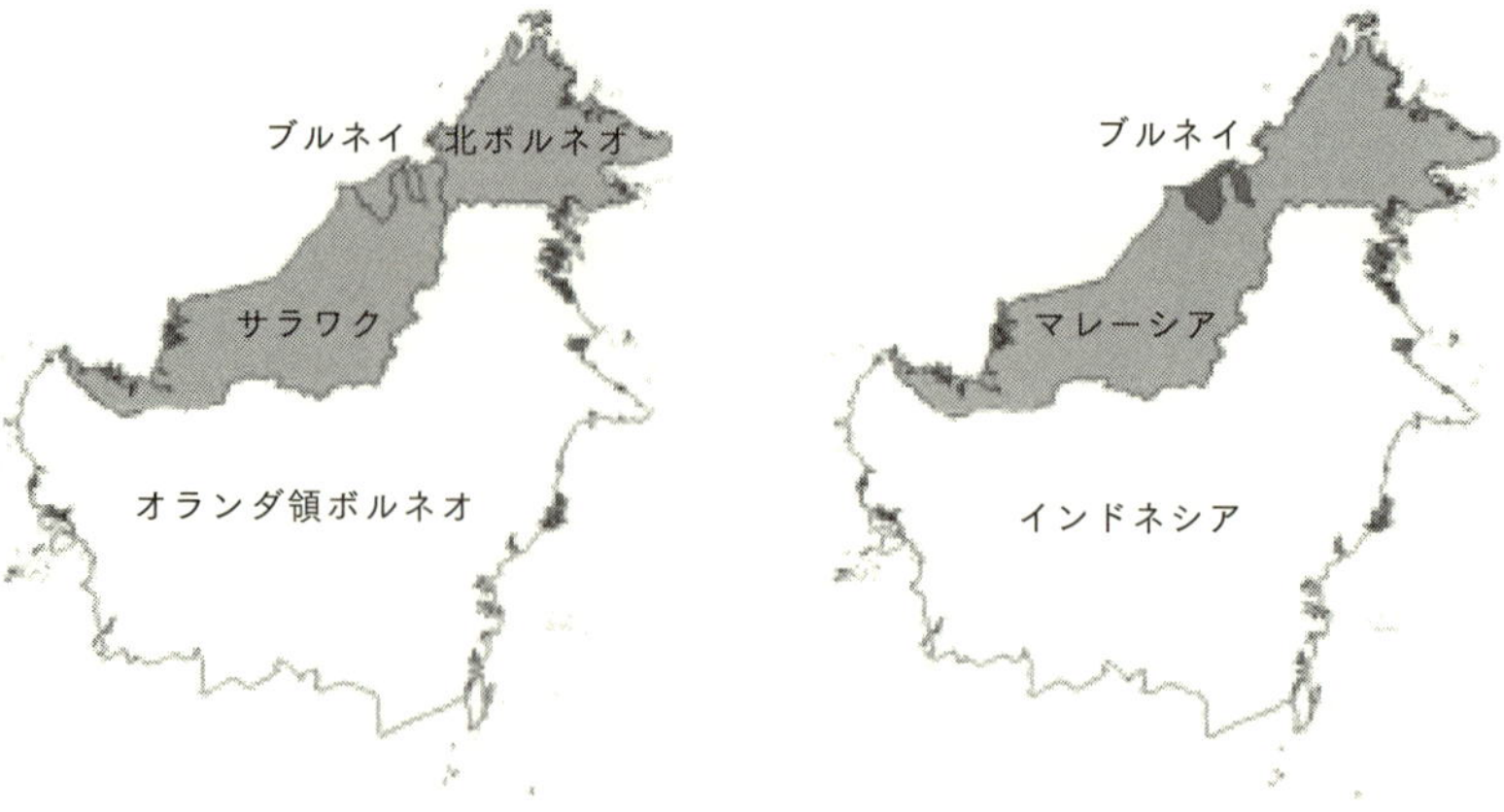

図 2–1　ボルネオ島の地図（左：脱植民地化前、右：脱植民地化後）

本章では、事例内分析と比較事例分析を併用することで、この問いに回答する。本章の主張は、石油と保護領制度という二つの要素がブルネイの単独独立を可能にした一方、他の三つの地域は、そのどちらかまたは両方が欠けていたためにより大きな国家、すなわちマレーシアあるいはインドネシアの一部へと併合されてしまった、というものである。以下ではまず、西洋諸国の進出以降の歴史的な経緯について説明し、第2節ではボルネオにおける脱植民地化のプロセスについて、東南アジアと世界全体の歴史的文脈を踏まえつつ概観する。次に第3節ではブルネイのマレーシア編入拒否と単独独立について分析し、第4節で他の三つの事例について説明を行う。最後に第5節では、ボルネオにおける単独独立の有無に関して、他の説明がありうるかを検討して本章を締めくくる。

分析にあたっては、第1章で提示した理論に基づき、石油と保護領制度が、どのようにブルネイに単独独立のインセンティブ、生存可能性、そして交渉力を与えたかに注目する。ブルネイのケーススタディを通じて、二つの説明変数が結果に影響を与えた因果プロセスを明らかにし、さらにブルネイと他の三つの植民地行政単位を比較することで、二つの説明変数の重要性を検証する。

帝国主義時代のボルネオ

植民地化

ヨーロッパの帝国主義勢力がやってくるまで、マレー世界にはブルネイを含む多くのスルタン国が存在し、複雑な支配・被支配関係を形成していた。諸勢力のあいだで絶え間ない競争が展開され、スルタン国は中国、スリウィジャヤ、マジャパヒト、マラッカなど、より強大な国の庇護を求めて離合集散した。[*2] ヨーロッパ勢力の到来は、こうした地域秩序に根本的な転換をもたらすことになる。他の地域と同じように、まずやってきたのはスペイン人とポルトガル人であり、前者は一六世紀に地域の拠点としてマニラを占領し、後者はマラッカを占領した。このマラッカの占領に伴い、イスラーム商人たちがより良い環境を求めて移動してきたことで、ブルネイは貿易の拠点としての地位を手にし、[*3] ボルネオ島全域とその周辺を支配する地域大国となる。[*4] しかしながら、一七世紀までには島の南部に他のスルタン国が次々と誕生し、ブルネイの勢力は北部に限定されるようになった。[*5] さらに、衰退したスペイン、ポルトガルと入れ替わるかたちでイギリスとオランダが台頭したことで、ボルネオ島の秩序はさらなる変容を迫られることとなる。

両国がボルネオへ本格的に進出したのはおおむね一九世紀以降であり、本章で取り上げる四つの植民地行政単位は、いずれもこの時期に誕生している。この間の西洋の進出は、第1章で説明した「新帝国主義」の文脈で理解することができる。ヨーロッパ列強は競って植民地帝国を拡大し、東南アジアにおいてもタイを除く全域を植民地化するに至った。ボルネオ島におけるイギリス勢力の進出は、ブルネイの反乱鎮圧に貢献したイギリス人ジェームズ・ブルックが、一八四一年にスルタンからサラワクの統治を任され、後に「ラジャ」（王、領主）の称号を得たことに始まる。ジェームズ・ブルックや後継者のチャールズ・ブルックは、サラワクの支配権を得るとまもなく独立した支配者として権力を固め始めた。一方で一八八一年には、北ボルネオ地域を統治するために、北ボルネオ勅許会社（NBCC）というイギリス企業が設立された。ブルネイ、サラワク、そして北ボルネオ（総称して英領ボルネオ）は、一八八八年にはそれぞれ別個のイギリス保護領となる。

同じ頃、ボルネオ島の南半分はオランダ領東インドの一部となっていた。一九世紀初頭の時点では、拠点であるジャワ島以外でのオランダの実効支配は限定的なものであったが、徐々にボルネオ島を含む周辺の島々にその支配は拡大していった。[*6] オランダは一八一七年から二六年にかけて、南ボルネオに存在したスルタン国と相次いで協定を結んだが、そこでは現地支配者の権威を認めつつも、オランダの主権を認めることを強制した。[*7] 同じ地域に進出する結果となったイギリスとオランダは、支配領域の境界線について交渉を行い、一八二四年に「シンガポール海峡の南の島々」をオランダが支配するという合意に達した。しかしながら、この合意はスマトラ島北部とボルネオ島については明確性を欠いていた。緯度で言えば、これらの島々のある部分はシンガポールの北にあり、ある部分はシンガポールの南にあったためである。[*8] 最終的な境界線が設定されたのはようやく一八七一年になってからであり、このとき現在のインドネシア群島にあたる領域が、正式にオランダの支配領域として認められた。[*9] 一九〇〇年頃まで、オランダの統治のあり方は現地の支配者を通じた間接的なものであったが、その後より直接的な統治へと移行していく。[*10]

石油開発

植民地化が行われた当時、ボルネオ島の四つの植民地行政単位は、植民地帝国全体のなかではごく周辺的な扱いしか受けていなかった。イギリスにとって東南アジアで最も重要な植民地はシンガポールとマレー半島であり、同様にオランダの拠点はジャワ島で、ボルネオ島を含むその他の島々は「外島」と総称され、本国にとってはむしろ「お荷物」とみなされていた。[*11]

しかし世紀の変わり目になると、ヨーロッパ人たちはこの島の経済的な可能性に気づき始めた。それは、この島に彼らが世界各地で追い求めていた戦略的資源、すなわち石油が豊富に存在していることが明らかになったからである。ボルネオ島では、一八九〇年代から石油の探査が始まり、島の四つの行政単位のうち三つで発見に至った。サラワクでは一八九五年にミリという場所で石油が見つかり、[*12] オランダ領ボルネオでは、まず一八九七年にクタイというスルタン国にあるバリクパパンで、一九〇五年にはブルンガンというスルタン国にあるタラカンで石油が発見された。[*13] ブルネイでは、商業水準に達する規模ではなかったものの一九〇三年に初めて石油が発見され、一九二九年にはセリアで大規模な油田が見つかった。[*14] バリクパパン、タラカン、セリアの油田が巨大なものであったのに対し、ミリの生産量は小さく、一九二〇年代をピークに減少していった。たとえば一九六四年、ミリ近郊のルトン製油所で精製・輸出された石油のうち、ミリ産の石油はわずか一%で、残りのほとんどはブルネイのセリア産であった。[*15] 北ボルネオはといえば、サラワクよりもさらに資源に恵まれず、商業水準に達する量の石油が発見されることはなかった。

ボルネオの脱植民地化

国際的文脈

何十年と続いた東南アジアにおける植民地支配は、第二次世界大戦の勃発とともにあっけない終わりを迎えた。アジアで台頭した好戦的な新興国であった日本は、連合国への宣戦布告からわずか数ヶ月で、フランス、オランダ、イギリスがこの地域に有していた植民地のほとんどを武力で奪い取ってしまった。大東亜共栄圏という日本のスローガンはもちろんまやかし以外の何物でもなかったが、ヨーロッパの帝国主義諸国がアジアの国家によって短期間で打ち破られたことが、東南アジアの植民地の行く末に大きな影響を与えたことは否定できない。[*16] 日本が戦争に敗れ、宗主国がヨーロッパから戻ってきたとき、すでに潮目は決定的に変わっていたのである。戦争が終わったからといってヨーロッパ諸国が東南アジアの支配に復帰できるわけではないということは、戦後徐々に明らかになっていく。

東南アジアでは、戦前から自治を進めていたフィリピンが一九四六年にアメリカから、ビルマが一九四八年にイギリスから独立し、この地域での最も早い独立事例となった。しかしながら、フランスもイギリスもオランダも、残された植民地をすぐに独立させるつもりは毛頭なかった。アメリカからの圧力や現地のナショナリズムの台頭によって自治に向けた譲歩を迫られた後も、植民地を有するヨーロッパ諸国は、本国にとって都合の良い政権へと、平和的に権力を移行することを志向していたのである。[*17] この背景には、個々の国家の国益の追求に加え、冷戦という文脈のなかで欧米諸国が安全保障への関心を強めていたことがある。東南アジア条約機構（ＳＥＡＴＯ）を設立するなどして共産主義の拡大に対抗しようとしていた西側にとって、友好的な国家に主権を譲り渡すことは死活的に重要であった。[*18] こうした背景の下でそれぞれに支配関係の再編成を進めていたヨーロッパ諸国だが、国によって得られた成果には差が見られ、イギリスが比較的スムーズに権力移行を進められたのに対し、フランスとオランダは軍事力に頼り、結局目的を達成できないまま植民地から追い出されることもしばしばであった。

第二次世界大戦中、フランス領インドシナは、日本の管理下にありながらもその大部分をフランスが形式上支配し続けていた。日本の敗戦後、フランスは現在のベトナム、カンボジア、ラオスの三ヶ国からなるインドシナ連邦の樹立を目指した。[*19] そこではホーチミンの率いるベトナム民主共和国（ＤＲＶ）が連邦内の一国家としてしかその存在を認められておらず、また領土も限定されていたため、ベトナムの民族主義者たちはこれを拒否する。[*20] その結果、フランスとＤＲＶのあいだで武力衝突が発生し、一九五四年にディエンビエンフーでフランスが敗北したことで、フランスのインドシナへの関与は終了した。しかし、この紛争後もベトナムが冷戦のホットスポットであり続けたことは周知のとおりである。[*21]

オランダ領東インドは、その豊かさゆえに、オランダにとって欠くことのできない資産となっていた。そのため、戦後オランダは東インドを「ドイツの占領と戦争で疲弊したオランダ経済にとって不可欠な経済資源」と捉え、必死で支配権を取り戻そうとする。[*22] しかしながら、東インドの再征服は、もはやとうてい実現できないものとなっていた。オランダ不在のあいだ、東インドでは民族主義指導者たちが多くの島々で支持を広げており、日本が敗北するとただちにインドネシア共和国の設立を宣言した。オランダは再征服のために軍事行動に踏み切ったが、結局一九四九年にインドネシア連邦共和国への主権移譲に同意せざるをえなくなる[*23]（一九五〇年にインドネシア共和国に移行）。独立後、スカルノの非同盟政策と共産党の台頭に伴い、インドネシアは西側陣営と東側陣営の重要な競争の場となった。[*24]

こうした例に比べれば、イギリス支配地域の脱植民地化は緩やかなもので、暴力性も比較的低かったと言える。

第二次世界大戦後、イギリスは中華系を中心とした共産党系ゲリラを弾圧しつつ、マラヤで自治を開始した。[*25] 当初、マラヤ連合という中央集権的な国家の設立をイギリスは提案したものの、伝統的な特権が失われることを懸念したマレー系エリートの強い反発を受け、代わりにスルタンの権利とマレー人の優越を維持する連邦制の導入を図った。[*26] このプロセスを通じて、トゥンク・アブドゥル・ラーマン率いる統一マレー国民組織（UMNO）が支持を獲得し、政権を握った。こうしてマラヤ連邦は一九四八年に成立し、一九五七年に独立を達成する。

このように結果はさまざまであったものの、ヨーロッパの植民地帝国が、東南アジアの脱植民地化のプロセスにおいて同じような関心を共有していたことは確かである。それはすなわち、共産主義の脅威に対抗しうる力を持った、友好的な独立国家を樹立しようとするものであった。[*27] 本章で議論するボルネオ島の脱植民地化も、こうした文脈のなかで理解する必要がある。たとえばハックは、イギリスの脱植民地化のアプローチを「統合と撤退」と名づけている。

脱植民地化がイギリスを強化し、その世界的な役割を永続させるものとなるためには、エスニシティを超えて共有される民族意識で結ばれた国民、十分な人口、軍隊や大学を支える十分な資源を持ち、イギリスに好意的なエリートが率いる強力な国家に権力を移譲する必要があった。理想的には、最終的にこうした東南アジアの国々を一つの自治領にまとめ上げることも考えられた。[*28]

日本の占領、ナショナリズムの台頭、そして冷戦の影響によって特徴づけられる東南アジアの脱植民地化の過程[*29]において、英領ボルネオは最後のフロンティアであり、より広い地域の安定にとってもきわめて重要だと考えられていた場所であった。

脱植民地化の帰結

第二次世界大戦後、イギリスはボルネオから撤退することを考え始め、それにあたってボルネオ島の三つの保護領をどのように結びつけ、脱植民地化するかを検討するようになった。といっても、さかのぼればすでに戦前からこれらの保護領の相互協力を模索する動きは始まっていた。フセインミーヤによれば、イギリス植民地局(CO)は一八九〇年代には早くも三つの保護領の協力と合併を議論していたという。合併計画は一九三〇年代に再検討されたが、COが時期尚早と判断したため実現には至らなかった。一九五〇年代にはサラワクと北ボルネオの知事が合併を提案したが、ブルネイはこれをにべもなく退けている。[*30]

こうした合併案に比べてはるかに広い支持と検討を受けることになったのが、一九六一年五月にマラヤのラーマン首相によって発表された、「マレーシア構想」である。ラーマンは、ボルネオ島の三つのイギリス保護領をマラヤ連邦と合併させ、マレーシアという新しい連邦を設立することを呼びかけた。イギリス政府も、東南アジアにおける脱植民地化の最終目標は、マラヤ、シンガポール、ボルネオの三地域からなる連邦の形成であると判断し、[*31]六月にハロルド・マクミラン首相が公式にこの計画への支持を表明する。[*32]

計画の発表当初、ブルネイのスルタン、オマル・アリ・サイフディン三世はこれを好意的に受け止めていた。今から振り返れば意外にも思えるが、当時のイギリス政府関係者もまた、三つの保護領のうち、ブルネイを連邦に統合するのが最も容易であると想定していたのである。

ブルネイは保護領であり、イギリス政府の直接的な内政上の責任が限定されていること、スルタンはマレーシアへの加盟を希望していると考えられていること、国民の大半がマレー系でムスリムであることから、

［連邦参加の］難易度は低いだろう。[*33]

ブルネイがサラワクや北ボルネオに比べて、参加障壁が低いと想定されていたことを考えれば、最終的にブルネイが単独で独立し、他の二地域がマレーシアの一部となったことは、事前には予見できない結果であったと言うことができる。では、なぜこのようなことが起こったのだろうか。第1章で示した理論に基づき、以下では石油と保護領制度という二つの要因に着目して、この結果を説明する。

ブルネイの単独独立

植民地化から脱植民地化へ

かつてはボルネオ島全域を覆っていたブルネイの領土を切り取ってブルック家と北ボルネオ会社がサラワクと北ボルネオを支配するに至ったこと自体、ブルネイの衰退を物語るものであったが、一九世紀末になって事態はブルネイにとってさらに悪化した。サラワクと北ボルネオは、争うようにブルネイにさらなる領土の割譲を迫り、力で劣るブルネイはそれに応じるほかなく、結果として領土の多くを失っていったのである。[*34]ブルネイは存亡の危機に陥り、こうした状況を打開して生存を確保するためには、何らかの外部勢力によってこうした脅威から保護してもらうことが必要であった。そこでブルネイはイギリスの保護下に入ることを決め、スルタンが統治するイギリス保護領となる。[*35]

しかしながら、これだけでブルネイの安全が保障されるほど話は単純ではなかった。同時期にサラワクや北ボルネオもそれぞれ別個のイギリス保護領となったのだが、以後も両地域はブルネイに領土割譲を要求し続けたのである。ブルネイ領土の縮小は止まず、なかでも一八九〇年にリンバンを喪失したことは最大の痛手となった。一八八八年にブルネイとイギリスとのあいだには保護協定が結ばれていたが、それにもかかわらず、サラワクはスルタンの抵抗を押し切ってブルネイ領土の中央部分に位置していたこの地域を併合した。[*36] この割譲の結果、ブルネイの領土は完全に二つに分断され、現在に至っている。イギリスはこれを止めなかったばかりか、植民地官僚のなかには、ブルネイの崩壊は避けられないと考える者すらいた。[*37]

このような危機的状況の打破にあたっては、スルタンの抵抗や、トルコやアメリカといったイギリス以外の国々に援助を求めたことも影響したが、とりわけ一九〇三年に石油が発見されたことが大きな影響を及ぼした。[*38] このとき発見された石油は商業生産に必要な量に達してはいなかったが、ブルネイ領内にさらなる石油が眠っている可能性が明らかになったことから、突如としてブルネイはイギリス本国にとって経済的に重要な存在に昇格したのである。[*39] 従来イギリスがブルネイの領土問題への介入に消極的であったのは、宗主国にとって、ブルネイが経済的に何ら重要な存在ではなかったためであった。しかし石油の発見によって、ブルネイに追い風が吹き始めたのだ。

イギリス本国にとって、ブルネイ情勢に第三国が介入してくることは望ましくなく、またブルック家や北ボルネオ会社は無条件に信用できる存在ではなかった。ブルネイを北ボルネオ会社に渡すのは、「行政的に非効率で、商業的な動機が強すぎ、税制面で必要以上に煩雑である」[*40] という理由で受け入れがたいことであったという。一方、サラワクにブルネイを併合させるという案は、イギリス政府内で一定の支持があった。しかし、サラワクのラジャであったチャールズ・ブルックが当時、進歩的ではなく信用に足らない人物であると否定的に見られ始めていたことや、ブルネイの状況を調査し将来の同地の統治について提言するために本国から派遣された植民地官僚のM・S・H・マッカーサーが、スルタンとブルネイ国民はブルックを忌み嫌っていると報告したことから、この案も却下された。[*41] 残された選択肢は、ブルネイという単位を保持しつつ、イギリスの関与を強めることだけであった。

こうして、イギリスとブルネイは一九〇六年に新たな条約を結び、前者が理事官（resident）を派遣して後者の行政を手助けすることとなった。スルタンは、宗教と慣習以外の問題については理事官の助言を受け入れることを義務づけられたが、[*42] すべての政策はスルタンの名前で発表されたことから、この制度は潜在的なライバルとなる王族や貴族に対して、スルタンの権威を強化する方向に働いた。[*43] イギリスは、スルタンの地位とその子孫の継承権を保証し、体制はますます盤石となる。[*44] この新しい制度によって、イギリスはブルネイを独立した存在として存続させることにより強くコミットするようになった。そしてこの条約によって三つの保護領の境界線が確定し、ブルネイの領土がこれ以上失われることはなくなったのである。[*45]

その後、英領マラヤ石油会社（BMP）がセリアにおいて一九二九年に商業水準に達する石油を発見したことで、本国にとってのブルネイの重要性は飛躍的に増大することとなった。セリア油田の規模は巨大で、一九三五年までにブルネイはコモンウェルスで第三位の石油生産地となり、[*46] 一九五〇年にはセリアがコモンウェルス最大の油田となる。[*47]

英領ボルネオ合併計画

脱植民地化の波が一九六〇年代初頭に英領ボルネオにも押し寄せてきたとき、当時のイギリス政府は、ブルネイと他の二つの保護領は、単独で主権国家となるには小さすぎると考えていた。北ボルネオ総督のW・A・C・グッドは一九六〇年に、「これらの領土はいずれも、問題を抱える東南アジアにおいて独立した国家として生きていくにはあまりにも小さく、人種間の競争においてもあまりに脆弱である」と指摘している。[*48] そこでイギリスは、英領ボルネオの統合を模索した。

一八八八年に保護領化したときからすでに、イギリスは三地域の協力について検討しており、戦前には実現しなかったこの計画は、第二次世界大戦後になってふたたび脚光を浴びることとなる。[*49] 当時、戦争による荒廃のために三つの属領は劣悪な状態にあった。石油の生産量は激減し、連合国による奪還作戦では多くの都市が爆撃で破壊されていたため、こうした戦争の影響から立ち直るためには、大規模な開発プロジェクトが必要であると考えられた。[*50] なかでもブルネイに対しては、サラワクと北ボルネオで採用されているよりも高度な行政制度の導入と引き換えに、石油収入を活用してこうしたプロジェクトを財政的に支援することが期待されていたのである。[*51] 復興と協力を推進するため、一九四六年にサラワクと北ボルネオは保護領から王立植民地に移行し、その二年後にはサラワク州知事がブルネイの高等弁務官を兼任することとなる。一九五三年以降は、イギリスが三地域の代表者を集めて会議を開催するようになっていた。[*52]

しかしながら、ブルネイのスルタンははなからこのプロジェクトに関心を持っていなかった。研究者によれば、その理由は主に三つあるという。[*53] 第一に、スルタンはブルネイの石油収入を、より貧しい二つの植民地と共有することに抵抗を感じていた。前述のように、イギリスはブルネイに三地域の復興に向けた財政負担を期待していたが、スルタンには他地域のために資金を拠出する理由がなかったのである。第二に、スルタンは近隣地域からマレー系以外の移民が流入し、社会が不安定になることを恐れていた。第三に、自分の主権が失われることもスルタンの意思決定を左右したという。他の植民地と合併することで、自らの地位が維持できなくなり、新しい国家では君主でなくなってしまうことを懸念したのである。こうした問題を背景に、スルタンは計画を拒絶し、ボルネオ合併計画は水泡に帰した。

マレーシア構想

同じ頃、イギリスは英領ボルネオとマラヤに関係する、別の合併計画の検討を開始していた。当時マラヤはすでに独立しており、隣国のシンガポールは自治権を獲得していたが、完全な独立にはまだ達していなかった。イギリスは、シンガポールが「共産主義者の支配下に置かれるか、インドネシアに吸収される」ことを危惧し、その単独独立を何とか回避しようと苦慮していた。[*54] その結果、イギリスにとって望ましくない結果を避けるためには、シンガポールをマラヤと合併させることが一番だと考えた。合併を望んでいたのはシンガポールの指導者たちも同様で、合併は市場の拡大によって経済的な利益をもたらし、また政治的にも、支配政党であった人民行動党（PAP）内の英語教育を受けた一派が党内の左派に打ち勝つための追い風になると考えられたのである。[*55]

とはいっても、マラヤ自身はこの合併にあまり乗り気ではなかった。シンガポールを受け入れれば、マレー人が多数派でなくなる可能性があったためである。ラーマン首相は、マラヤ政府にとって「シンガポールとマラヤだけが合併することは考えられない。なぜならマラヤは、シンガポールの華人がマラヤの華人勢力を強化し、政治的優位に立つことを望まないからだ」と元東南アジア総監のマルコム・マクドナルドに語っている。[*56] 同時に、共産主義者の侵入やシンガポール企業との競争激化を懸念する声も多かった。[*57] イギリス政府関係者の観察によれば、ラーマンは「[マラヤ]連邦が政治的にも経済的にも波に乗っている今、自分がシンガポールの厄介な問題に対処するいわれはなく、それはイギリスが解決すべき問題だと考えていた」という。[*58]

こうした問題を解決しうる方策としてラーマンとイギリスが考案したのが、「グランド・デザイン」、すなわちマラヤはシンガポールだけではなく、ボルネオの三つの属領とも合併するという計画である。この方法であれば、マレー人は多数派を維持することができ、シンガポールとの合併による悪影響も軽減することができる。[*59] ラーマンは、「もしボルネオの三地域が加入して五地域の連邦になれば、非華人人口はシンガポールの華人に匹敵する」と考えていた。[*60] そこで彼は、イギリスの支持を背景として一九六一年に、「マレーシア構想」を発表し、他地域にマレーシアへの加盟を呼びかけた。ムラヨンは、イギリスがマレーシア構想を支持した理由を、以下のように冷戦の文脈から説明する。

マレーシア構想がロンドンの先見の明ある政治家に高く評価された最大の理由は、三地域の人々や政党がそれぞれの道を歩み、独自の政府を形成した場合、最も弱いところに共産主義組織が浸透し、これらの地域に足場を築くために利用される恐れがあるということだったのかもしれない。[*61]

ブルネイのスルタンは、こうしたマラヤの働きかけを当初歓迎していた。一九六一年一一月、スルタンはラーマンの構想を支持することを発表し、マラヤとブルネイの宗教と言語の絆を強調しつつ、政治・経済・法律・行政における合併の影響に関する報告書を早急に作成するよう政府に指示した。[*62] スルタンは、まだボルネオ三地域の協力関係が議論されていた一九五〇年代から、マラヤとの合併に関心を寄せていたという。フセインミーヤは、ボルネオ島の他の二つの属領との合併が提案されたとき、スルタンは植民地ではなく独立国との合併を希望すると表明しており、それがマラヤとの合併の支持につながったのではないかと指摘している。[*63] 当時のイギリスの植民地当局者も、「ブルネイの現在の趨勢は明らかにマラヤに傾いており、近隣の二つの地域から遠ざかっていることから、五地域の連邦には利点がある」と指摘しており、スルタンは（おそらくマレーシアの君主であるヤン・ディ・プルトゥアン・アゴンとなることに関心があったために）連邦への参加を希望していたと推測している。[*64]

マレーシアは、ボルネオ島の三属領間の協力の代替案であると同時に、ブルネイにとって安全保障という実利的な目的を果たすことも期待されていた。イギリスの植民地相は、スルタンに宛てた書簡のなかで、これを連邦に加盟する最大の利点として強調している。

東南アジアの多くの地域で共産主義の圧力が高まっており、［マレー］半島全体を巻き込んでブルネイの領土保全を直接脅かすような戦争が起こる危険性が依然として存在しています。また、共産主義による内外の脅威の他に、ブルネイのような裕福な小国が、より強大な隣国の格好の餌食に見えてしまう可能性もつねにあります。もしブルネイがマレーシアの一部となれば、ブルネイの立場はより強固なものとなります。マレーシア軍と、協定によってマレーシアに駐留しているイギリス軍の保護を受けることができるようになるのです。[*65]

鈴木によれば、この手紙によってスルタンは連邦をより好意的に捉えるようになったという。[*66] 実際、スルタンはマレーシア案を拒否する数ヶ月前の時点でも、まだ「ブルネイにとってマレーシアこそが正しい答えだ、なぜならブルネイは豊かだが、単独独立すれば安全ではないからだ」と言明していたくらいであった。[*67] これを考えれば、ブルネイの単独独立は最初から決まっていたことだった、などという主張は成り立たないことがわかるだろう。少なくとも当初、ブルネイは安全保障上の理由からマレーシア構想を好意的な目で見ていたのである。

対立から決裂へ

しかしながら、交渉が進むにつれて、ブルネイとマラヤのあいだには深刻な意見の相違があることが明らかになっていく。そこには大きく分けて二つの問題があった。一つは、新しい連邦におけるブルネイの代表権に関するもので、そのなかにはさらに二つの主要な論点があった。その第一は、マレーシア議会におけるブルネイの議席数をめぐるものである。スルタンはブルネイに連邦議会で一〇議席を割り当ててもらうことを提案したが、マラヤ側はこの提案を「議論に値しないほど荒唐無稽なもの」だと捉えていた。[*68] しかし鈴木が指摘するように、この争点はスルタンの連邦に対する印象を悪化させはしたものの、比較的容易に解決可能なものではあった。[*69] スルタンの法律顧問であったニール・ローソンによれば、一九六三年三月一日に両者は上院議員二名、下院議員四名をブルネイから選出することで合意に至った。[*70]

代表権に関する第二の争点は、アゴン（連邦君主）の選挙におけるスルタンの序列であった。マラヤは連邦国家であり、その構成地域の統治者の投票によって君主を選出していた。しかし、実際の慣行としては、各地域のスルタンが自国で即位した時期の順に王位に就くことになっており、新しいマレーシア連邦でも同様のルールが採用される予定であった。このルールを素直に解釈すると、次期アゴンになる資格は、一九五〇年に即位したブルネイのスルタンが有することになるはずだった。[*71] しかし、マラヤの統治者会議はそのような扱いを拒否したのである。この点について、ブルネイ駐在のイギリス人官僚、A・M・マッキントッシュは本国に下記のように報告している。

統治者会議は、ブルネイのスルタンが即位した日から計算することを拒否し、ブルネイがマレーシアに加入した日から計算を始めることを主張したと聞いています。スルタンはアゴンになることにそれほどこだわっているわけではなく、冷静に受け止めているということですが、特にマラヤ側の複数の統治者が最近即位したばかりだということもあって、スルタンの顧問たちは激怒しているのではないかと思います。統治者会議の決断は稚拙なもののように思えるので、覆せるのであればよいのですが。それが無理なら、スルタンが自発的に、あるいは説得によって、威厳をもってその地位を受け入れることを願うしかありません。[72]

両者は最終的に、「アゴンの選挙におけるスルタンの序列以外のすべての点においては、スルタンはその即位日に基づいて扱われる」ということで合意した。[73] 後述する一九六三年六月二一日にマラヤがブルネイに送った「最後通牒」にも、優先権の問題は未解決の争点に含まれてはいない。しかし、予想以上に代表権が少なく、自らの政治的地位が低下する可能性に直面したことで、スルタンが連邦への加盟に消極的になったことは十分考えられるだろう。

代表権の問題よりもはるかに重要だったのは、ブルネイの石油資源の分配に関する問題であった。マラヤ側は、連邦政府がブルネイの石油の管理を担うべきだと主張し、一方のブルネイ側は、自らの資源収入を保持することにこだわった。代表権の問題とは違って、この問題は交渉期間を通じて解決されることはなかった。この問題が表面化したのは、連邦予算に対するブルネイの年次拠出金をめぐる意見の相違がきっかけであった。一九六三年二月に両政府は、ブルネイが連邦政府に年次拠出金を支払うこと自体には合意していた。スルタンの法律顧問のローソンは、この合意を次のように要約している。

(A) ブルネイは連邦税自体は免除されるが、連邦税に相当する金額を連邦財務省に毎年拠出する。
(B) ブルネイは石油収入を保持する。
(C) 投資に関しては、ブルネイは過去の投資からの収入は維持できるが、連邦の求めに応じてその一部を再投資することを検討する。将来の投資は、連邦当局と協議のうえで行う。[74]

問題は、具体的にいくらを連邦に支払うのかが明確ではなかったことであった。ブルネイの副首相によると、同国の立場は次のようなものであった。

私たちが自分たちのお金を保持したいと思うのは当然のことです。しかし、だからといってスルタンが加盟国としての義務を負わないというわけではありません。まだ額は決めていませんが、スルタンは一時金を支払うことも考えています。政治的な状況次第でしょう。緊急事態があれば、スルタンは寛大になるかもしれません。[*75]

イギリス側によると、マラヤは一〇年間にわたり七〇〇〇万ドルの年間拠出金を要求し、ブルネイは三〇〇〇万ドルしか出す用意がないと言ったという。[*76] さらに交渉を重ね、ローソンの説得もあってスルタンは「非常に不本意ながら」四〇〇〇万ドルの提供を承諾し、[*77] 一九六三年三月一日に両政府の首脳がふたたび会談した結果、マレー側も譲歩してこの額で最終的な合意に達した。スルタンに宛てた手紙のなかで、マラヤのラーマン首相はこう言及している。

私はアブドゥル・ラザクとタン・シュー・シン財務大臣と話し合いましたが、両者ともブルネイの連邦政府への年間拠出額を四〇〇〇万ドル以下に制限するという決定に最も懸念を抱いています。しかし、私の要請と助言により、迅速な解決を図るため、また、協定締結の際には、ブルネイの財政状況と連邦のコミットメントを随時考慮したうえで、連邦政府から要請があった場合には、ブルネイの拠出額を修正する用意があることを記した文書を添付するという約束があるので、二人にも渋々この決定を受け入れてもらいました。[*78]

この合意により、両政府はまもなく交渉を終え、ブルネイのマレーシア統合を発表することになるかと思われた。実際三月四日に、スルタンはブルネイ高等弁務官デニス・ホワイトに対して「ブルネイが他の地域とともに八月三一日にマレーシアに加入することを望む」と伝えており、楽観的な考えを示していたのである。[*79]

しかしながら、交渉は思ったようには進まなかった。ブルネイの富の分配について、マラヤ側から新たな問題が提起されたためである。特に争点となったのは、将来石油が発見された場合の取り扱いであった。この問題は、前述のラーマンからスルタンへの書簡のなかですでに言及されている。マラヤが四〇〇〇万ドルの拠出を受け入れたことを説明した直後、彼は以下のように書いている。

もう一つ、殿下のご考慮を仰ぎたいのは、ブルネイが新たな石油資源を獲得した場合に、連邦政府にどのような利益を還元するかを前述の書簡に盛り込まれなかったことについて、同僚たちも私も残念に思っているということであります。私たちは、ブルネイが新たな石油資源を獲得する可能性は高くないと考えていますが、原則的には、現状は他の州におけるこの件に関する連邦政府の方針とまったく合致していません。そのため、他の州政府のあいだに誤解が生じる可能性があります。したがって、貴国がマラヤ連邦に加入する条件に関して、他国と異なる点がないように、この問題を再検討していただけることを祈ります。[*80]

ラーマンは四月八日にも再度書簡を送り、より詳しい説明を行った。マラヤはブルネイの既存および新規の石油収入への連邦政府の管理をさらに強めることを要求し始めたが、ブルネイにとってそれは容認できないことであった。両政府は六月に新たな交渉を開始したが、合意には至らなかった。[*81]

交渉は失敗だと判断したラーマンは、ブルネイ代表団に四八時間以内にマレーシアに加入するかどうかを決めるように指示した。それを受けて六月二一日、マラヤの副首相アブドゥル・ラザクは、スルタンに「最後通牒」を送付する。彼の手紙に「未解決問題」として記載された六つの論点は、イギリスの要約によれば以下のようなものである。

（a）最初の一〇年以内における石油を含む新たな収入源について：　最初の五年以降にそのような財源が得られるようになった場合、ブルネイは、連邦憲法が完全に適用された場合にかかる税額に相当する金額を支払うという拘束力のある法的義務を受け入れるべきである。

（b）最初の一〇年間における見直し：　連邦は、ブルネイが上記（a）を受け入れた場合、連邦の要請に応じてブルネイが年次拠出金を見直すというブルネイの提案を受諾する。

（c）連邦の課税：　ブルネイが最初の一〇年間に四〇〇〇万ドルの年間拠出金を支払わなかった場合、憲法一〇九条および一一〇条が適用される（すなわち、課税に関する連邦の全権限）。しかし、連邦政府の同意の範囲内で、ブルネイは石油に関する特別な利権を保持することができる。

（d）一〇年後以降：　特別な財政取り決めは、最初の一〇年の期間が終了した時点で見直される。合意がない場合、期間が満了する直前の取り決めが、合意に達するまで継続される。ただし、これはブルネイが上記（a）を受け入れることが条件となる。

（e）鉱山および鉱物：　連邦は、石油以外の鉱山および鉱物を連邦税から免除することに同意する用意はないが、鉱山および鉱物ならびにその操業から得られる利益に関して連邦政府に与えられている課税権は、ブルネイのこの部門における資源の適切な利用を妨げるために使用されないことを約束するものとする。

（f）年間支払額の説明：連邦は、四〇〇〇万ドルを英語では「annual contribution」と表現し、マレー語版ではこれを正確に翻訳することを提案する。[*82]

ここで挙げられている点は、いずれもブルネイの富の分配に関わる問題であったが、ブルネイ側の視点からすれば、マラヤはこれらの問題に関してほとんど歩み寄りを見せていなかった。そのため、結局スルタンは六月二九日に、マラヤが設定した条件を受け入れることはできないと返信することとなる。[*83] イギリスは両者に交渉の継続を説いたが、その甲斐なく、最終的に一九六三年九月一六日にブルネイを含まないかたちでマレーシア連邦が成立することとなった。

以上の交渉過程の要約から見えてくるのは、石油収入の問題が、両者の対立において間違いなく中心的な争点だったということである。代表権の問題もあるにはあったが、それは交渉のなかで解決されたか、あるいはそれほど重要ではないと考えられていた。交渉の過程を通じて唯一争点であり続けたのは、石油収入の分配をめぐる問題であった。マラヤ側の要求が通れば、ブルネイにとって連邦加盟は富の大半の喪失を意味することになる。それはブルネイにとって、連邦加盟を拒む強い動機となった。マレーシア構想に関する既存の歴史研究は、交渉失敗の原因として石油問題が重要であったという点において、ほとんど見解が一致している。[*84]

とはいっても、経済的に豊かであること自体が、ただちにマレーシア構想の拒否につながるわけではない。前述したように、そもそもブルネイが交渉に参加した最大の理由は安全保障であった。ブルネイのような豊かな小国は、インドネシアやフィリピンのようなより強大な隣国の格好の餌食になりかねない。東南アジアの不安定な国際環境のなかでブルネイが脱植民地化の後も生き残るには、マレーシアに加盟するのが最善だと考えたからこそ、ブルネイの加盟は真剣に検討されたのである。そのため、マレーシアに入らないとすれば、別の何らかの枠組みを作る必要があった。

保護の継続

スルタンが考えた代替案は、イギリスの保護を継続するということであった。つまり、東南アジアの他のイギリス領が脱植民地化された後も、ブルネイはイギリスの保護領としての地位を維持するということである。イギリスは、保護を続ければ長期にわたるコミットメントと多大なコストが必要になるため、この案には強く反対していた。たとえばブルネイ駐在の官僚マッキントッシュは、「国内外にどう見られようとも、ブルネイを八月三一日に他の近隣諸国と一緒にマレーシアに入れることが至上命題だ」と述べている。[*85] 同様に、東南アジア総監であったセルカークは、スルタンとの会談のなかでこう語っている。

現在の国際情勢においては、保護領はすでに時代錯誤になっています。ブルネイがマレーシアに入らなくても、現在のイギリスとの協定はどのみち長くは続かないでしょう。もししばらくは続いたとしても、イギリスがマレーシア全体を対象とする新しい防衛協定以外でブルネイに安全保障を提供することは、不可能ではないにしても、ますます難しくなっていくはずです。[*86]

しかし同時にイギリスは、ブルネイと東南アジア全体における自国の利益を考慮すれば、スルタンに圧力をかけられるような強い立場にないことも自覚していた。

われわれには二つの弱みがある。(a) ブルネイをインドネシアの軍門に下らせたくないこと、(b) ブルネイを防衛しないかもしれないという意思表示を少しでもすれば、シェル［ブルネイの石油開発を担っていた、一部イギリス資本のブルネイ・シェル］を無視することはないだろうという反論を招くこと、である。そのため、スルタンに対して何か言う際には、きわめて一般的な表現を用いる必要がある。[*87]

ブルネイとの条約関係の下で、イギリスにはブルネイを脅威から保護する義務があった。こうした脅威は、イギリスに対してますます非友好的になっていた近隣諸国からもたらされるものであったため、ブルネイでのプレゼンスを維持することはイギリスの戦略的利益にかなうものではあった。また、ブルネイにおけるイギリスの石油権益も忘れてはいけない。前述のように、ブルネイはイギリス連邦最大の産油国の一つであり、その石油から大きな恩恵を受けていたイギリスは、その既得権益を手放す気は毛頭なく、したがって撤退の警告は実際にはこけおどしにすぎないとも言えた。[*88] スルタンもまた、こうしたイギリスのジレンマを見透かしていたのである。高等弁務官のホワイトは、以下のように指摘している。

ブルネイがマレーシアに入らなくても、イギリスは油田のためにブルネイを守り続けなければならないという点については、スルタンの頭の中にも、ここにいる全員の頭の中にも、疑問はないだろう。[*89]

このように、ブルネイがマレーシアに入らないことを選択した場合には、保護領制度と石油利権のせいでイギリスはブルネイの保護を継続せざるをえなくなると関係者は認識していたことになる。
スルタンはもともとマレーシア構想に積極的であったため、この点は当初大きな問題にならなかったのだが、マラヤとの合併の雲行きが怪しくなってくると、スルタンはイギリスの保護継続を真剣に考えるようになった。これによってイギリスは上記のようなジレンマに直面し、合併が最善の選択肢であることをスルタンに何とか説得する必要に迫られる。しかしながら、交渉過程で生じた以下の二つの出来事によって説得は不可能となり、スルタンはイギリスの保護の継続が可能であること、そしてマレーシアなしでもブルネイが存続できることを確信するに至った。

一つ目の出来事は、一九六二年一二月にブルネイ国内で起きた反乱である。一九五六年にA・M・アザハリによって創設されたブルネイ人民党（PRB）は、一九五〇年代から六〇年代前半にかけて、その人気を高めていた。ある統計によれば、一九五七年には、当時のブルネイの成人男性人口の七五％を占める一万六〇〇〇人の会員を擁していたという。[*90] PRBはスルタンの脱植民地化政策に反対しており、また民主的な選挙の実施と選挙による政府の樹立を要求して運動していた。それに対してスルタンは、選挙で選ばれる地区評議会を設立し、そこから一六人の立法評議員を選出するという仕組みを導入することで同党の懐柔を試みたが、[*91] 実際には地区評議員選挙は何度も延期され、これによってPRBの不満はますます高まっていく。ようやく一九六二年八月になって選挙が実施されると、当然のようにPRBは大勝し、全議席を獲得するに至る。しかしながら、選挙結果にもかかわらずスルタンはPRBとの協力を拒否し、そのために同党は中央政府の政策に影響力を持つことに失敗した。[*92] これを受けてPRBは、既存の政治体制の枠内では政権をとることができないと考えるようになり、従来の方針を転換し、体制転覆を目指して暴力的な反乱に踏み切ることを決定する。一九六二年一二月八日、PRBの軍事組織である北カリマンタン国軍（TNKU）が蜂起し、首都やセリア油田を含むブルネイの大半を迅速に占拠した。[*93]

しかし、スルタンの要請を受け、ブルネイとイギリスのあいだで一九五九年に締結されていた防衛条約に基づいてイギリスが部隊をブルネイに派遣すると、潮目は完全に変わってしまう。イギリスは、PRBがブルネイにおける自国の権益とブルネイの石油生産を担っていたブルネイ・シェル社の特権を脅かす存在であると考え、現政権を支援するかたちで介入したのである。[*94] イギリスの支援を受けたことで、スルタンはわずか二週間で反乱を鎮圧することに成功し、その結果ＰＲＢは非合法化された。反乱の鎮圧後も、イギリスはグルカ連隊を首都とセリア油田に駐留させ続けた。[*95]

当初は反乱によるショックから、安全保障につながると考えられたマレーシア構想に以前より積極的になっていたスルタンであったが、イギリスが反乱を鎮圧する意思を持ち、グルカ兵がブルネイに永久的に駐留する見込みであることが明らかになると、イギリスの継続的なコミットメントを期待するようになった。[*96] この出来事を受けてスルタンは、たとえ自分がマレーシア構想を拒否したとしても、イギリスはブルネイを保護し続けるだろうと考えるようになり、安全保障への懸念という、連邦拒否にあたっての最大の障害が取り除かれたと認識したのである。[*97] そのため、スルタンはイギリスの保護を当てにして、マラヤとの交渉ではますます強硬になっていった。

イギリスの思惑を裏切った二つ目の出来事は、ブルネイでの新油田の発見である。一九六三年六月、マラヤとの最終交渉のさなか、ブルネイ・シェルは南西アンパという地域に新たな油田を発見したと発表した。ハムザはこの件を次のようにまとめている。

一九六三年の初めに、ブルネイの大陸棚に石油があることを示す重大な証拠が見つかった。交渉が続くなかでブルネイ・シェルはスルタンに電報を打ち、現在南西アンパ油田として知られる新しい油田（後に巨大な油田であることが判明する）を発見したことを知らせた。この情報により、新たな資金調達の期待が高まり、スルタンの交渉力が強化されたのは間違いない。その結果、スルタンは、連邦政府が新たな油田を管理・統制するという要求に対して、より強硬に反対するようになった。[*98]

このニュースによって、スルタンはマレーシアに入らない方がブルネイにとって財政的に有利であり、またブルネイは単独でもやっていけるという考えをより強固にした。[*99] またこの発見は、イギリスの権益の中核をなすブルネイ・シェルが宗主国にさらなる利益をもたらすことを意味したため、スルタンはイギリスの撤退の可能性がさらに低くなったと認識したと考えられる。[*100] 時期は前後するが、入手可能な具体的な数字を挙げると、一九六五年にイギリス政府はブルネイ・シェルから約四〇〇〇万ポンドの利益を得ており、一九六六年にはブルネイ政府がロンドンに保有する資金は一億三三〇〇万ポンドに達していた。[*101] イギリスは、ブルネイを無理やりマレーシアに加入させることで資金の引き揚げに遭い、そのすべてを失うことだけは避けたかったのである。

これら二つの出来事によって、ブルネイに対するイギリスの継続的なコミットメントの信憑性が高まり、スルタンは、マレーシア構想を拒否してもイギリスがブルネイから撤退することはないだろうと確信するようになった。[*102] カーショーは、この二つの出来事の重要性を以下のように強調している。

クアラルンプールが欲しがっていたオフショア油田の発見によって、ブルネイは独立した存在として維持できるようになり、これが［交渉における］重要な要因であったと推測される。また、反乱鎮圧のために派遣されたグルカ連隊がそのまま駐留する見込みであったことから、安全保障も確保されることになった。[*103]

その結果、スルタンはマラヤの最後通牒を拒否し、イギリスが「ブルネイ防衛のための既存の協定を引き続き尊重する」ことを望むと公式に表明するとともに、[*104]「イギリスとの防衛条約を強化する」可能性に言及して、「イギリスとの将来的な関係について議論したい」との要請を行った。[*105]

スルタンの声明によって、イギリスは難しい立場に追い込まれた。イギリスとしては、ブルネイの脱植民地化に関する基本的な立場は変わっておらず、依然としてマレーシアへの加入を望み、継続的な保護は望ましくないと考えていた。他方で、既存の協定や石油利権の存在のため、ブルネイがマレーシア案を拒否したからといって、一方的に撤退することはできないことは明らかだった。そのジレンマは、イギリス政府関係者が記した次の一節に明確に表れている。

ブルネイがマレーシアに入らなかった場合、法律上は保護協定に影響しないが、実際には状況が変わり、われわれ自身も協定を見直したいと思うようになるだろう。ブルネイは独立したマレーシアの領土内の飛び地となり、マラヤとの防衛協定はマレーシア全土に及ぶと思われるものの、イギリスがマレーシアとの新しい防衛協定の枠外でブルネイの防衛を効果的に行うことは、不可能ではないにせよ、実際にはますます難しくなるはずだ。[*106]

結局、イギリスはスルタンの要請を受け入れるしかなかった。ブルネイを強制的にマレーシアに参加させるという選択肢はそもそもなかったのだ。マレーシア構想はそもそもインドネシアやフィリピンから新植民地主義的な計画と批判されており、ブルネイをこれに無理やり参加させれば、そうした批判に根拠を与えることになってしまうからである。高等弁務官のホワイトは報告書のなかで、「イギリスもマラヤも、スルタンに拒否する権利を与えて招待したにもかかわらずブルネイを無理やり参加させたと非難されるような立場に置かれるわけにはいかない」と述べて、その難しい立場を説明している。[*107]

一方で、イギリスはブルネイから一方的に撤退するわけにもいかなかった。撤退すれば、石油権益を手放し、友好国であるブルネイをインドネシアの手にみすみす引き渡すことになる可能性があったことに加え、そもそもブルネイは植民地ではなく内的主権を有する保護領であったためである。植民地相から東南アジア総監への書簡には、「一九五九年協定を一方的に破棄することは、イギリス政府の原則にそぐわない」と明記され、ブルネイがマレーシアへの参加を拒否した場合には、イギリスはブルネイの保護を続ける必要があると認めている[*108]。イギリスが、スルタンの統治下にある保護領たるブルネイとの関係を変更するには、スルタン自身の同意が必要だった。ストックウェルは以下のように状況を説明する。

イギリスが最終的にスルタンの要求を呑んだ最大の理由は、スルタンに公然と反対する選択肢がなかったからにほかならない。スルタンの主権は、ブルネイの保護領としての地位を支えるものであり、これに異議を唱えることは、ブルネイにおけるイギリスの存在の正当性そのものを脅かすことになるのだ[*109]。

こうしてイギリスは、将来的にスルタンの考えを変えることができることを期待しつつ、マレーシア構想を拒否してイギリス帝国の一部にとどまるというブルネイの決定を黙認した。

単独独立へ

ブルネイ抜きでマレーシアが成立した後も、イギリスはブルネイへの駐留を続けるコストに対する懸念から、いずれはブルネイがマレーシアに加入することを望んでいた。しかし一方的な撤退という選択肢はなく、また地域の安全保障環境を考えれば、イギリスの保護なしにブルネイが生存することは不可能と思われた。このようなイギリスのジレンマは、植民地関係者のあいだでのブルネイの将来に関する議論によく表れている。

われわれの基本方針は、撤退であるべきだ。しかし、すぐに撤退すれば、イギリスとマレーシアにとって、受け入れがたい政治的・軍事的リスクが生じる。賢明な解決策は、やはりブルネイがマレーシアに加入することだ。われわれはそのために尽力すべきだが、実現には何年もかかるかもしれない。スルタンが国民をマレーシア加入に導くことも、国民がスルタンに加入を迫ることも、早期に見通せる状況にはない。〔……〕われわれのジレンマは、ブルネイの急速な民主化やイギリスの保護撤回といった脅しをスルタンにかけることはできても、われわれが東南アジアに政治的・軍事的関与を続けているかぎり、いずれの点においても実際に思い切った行動をすることはできないということである。[*110]

したがって、イギリスの方針は、当面は現在の枠組みを維持するが、できるだけ撤退を追求し、同時にスルタンには、保護を永久に続けることはできないので、自治の準備をするようにと念を押すことであった。

スルタンには、さらなる内乱の際には、イギリスの援助を当てにすることはできないことを伝えるべきである。〔……〕当面のあいだ、われわれは保護を継続する用意がある（もちろん、そのために警察や特殊部隊の管理も必要になってくる）。しかし、ブルネイがマレーシアの外にいるかぎり、これが今後ますます難しくなることをスルタンは認識しなければならない。[*111]

しかし、マレーシア建国後の東南アジアの安全保障環境は、イギリスにブルネイへの防衛コミットメントの軽減どころか、逆に増強を迫るものになった。当時、一九六二年一二月のブルネイ反乱にインドネシアが関与していたことが判明し、マラヤ・インドネシア関係は悪化していた。スカルノ政権が一九六三年一月、マラヤに対する対決政策（コンフロンタシ）を宣言すると、マレーシアは建国直後にインドネシアと国交を断絶し、両国は対決姿勢を強めた。その結果、ボルネオ島の両国国境付近で軍事的な諍いが発生し、宣戦布告を伴わない軍事衝突に発展する。*112

インドネシアの軍事行動に対抗するため、イギリスはボルネオ島における防衛力を強化した。*113 ブルネイ自身はインドネシアと国境を接してはいなかったものの、隣接するサラワクとサバ（旧北ボルネオ）はインドネシアに接しており、これらの地域が戦闘の舞台となっていた。その結果、イギリスはボルネオ島へのコミットメントを強める必要に迫られ、ブルネイからの撤退どころではなくなったのである。*114 かつてブルネイはマレーシアの安全保障機能がなければ脆弱であると言われ、マレーシア構想を拒絶した際は、マレーシアそのものがブルネイの脅威であると認識された。しかし、インドネシアというより大きな脅威の登場によって、マレーシアとブルネイのあいだの緊張は緩和された。つまり、コンフロンタシはブルネイにとって「天恵」以外の何物でもなかったのだ。*115

対決政策は、一九六五年のクーデターによって、反共で欧米に友好的なスハルトが政権についたことで、一九六六年に打ち切られた。インドネシアの脅威が取り除かれたことで、イギリスは東南アジアにおける防衛政策を再考し始めた。「スエズ以東」からの撤退という全体方針を打ち立てた労働党政権は、ふたたびブルネイからの撤退を目指すようになる。この時点で、イギリスはスルタンにマレーシアに加入するよう説得をすることはすでに諦めており、ブルネイの独立をマレーシアと切り離して考えるようになっていた。*116

残る問題は、「いつ」撤退するのかということだった。コンフロンタシの終了後、イギリスは一刻も早い撤退を目指していたが、スルタンはまだブルネイを取り巻く安全保障環境に確信が持てず、イギリスの撤退を受け入れる準備ができていなかった。*117 そのような状況下でイギリスがブルネイからの撤退と憲法改革を強く求めると、スルタンは一九六七年一〇月四日に突然、息子のハサナル・ボルキアに譲位することを宣言する。[*118] 退位の正確な理由は明らかになっていないが、研究者のあいだでは、これはイギリスの圧力に対抗するための政治的な策略であり、退位することでイギリスの態度に不満を表明し、撤退を思いとどまらせようとしたのだと解釈されている。[*119] また、スルタンはイギリスの銀行に預けていた莫大な財産を引き揚げるという脅しもかけており、誇張ではなくイギリス経済を支えていたスルタンの資産を失うことを恐れたイギリスは、撤退の延期に同意せざるをえなくなった。[*120]

スルタンが当時抱いていた安全保障に関する懸念は、たんなる杞憂ではなかった。というのも、マレーシアは一九七〇年代初頭からPRBの元党員を受け入れ、彼らが展開していたブルネイの植民地支配の終結を求める国連でのロビー活動を支援しており、ブルネイ政府はこれを自らの支配に対する重大な脅威と捉えていたのである。[*121] さらに、一九七五年にインドネシアが東ティモールを強引に併合すると、スルタンは自国も同じ運命をたどるのではないかと危惧するようになる。[*122] 一九七〇年代後半にマレーシアがPRBへの支援を打ち切り、インドネシアとの関係も改善されて初めて、ブルネイはイギリスの撤退に同意し、これが一九七八年六月二九日に発表された。興味深いことに、一九八四年に独立を遂げた後も、ブルネイはスルタンの費用でイギリスのグルカ連隊の駐留を維持しており、これは現在もブルネイの安全保障の要として機能し続けている。[*123] マレーシア案否決後のブルネイの安全保障の問題を考えると、即時の独立ではなく、イギリスの駐留を継続したことが、ブルネイの長期的な存続の可能性を高めたと言えるだろう。

二つの要因の効果

ここまでの分析の結果、石油と保護領制度の組み合わせによって、ブルネイは単独独立に至ったことが明らかになった。この二つの要因は、前章で概説した三つのメカニズムを通じて影響を及ぼした。

まず、石油と保護領制度は、ブルネイに単独独立を目指す動機を与えた。具体的には、ブルネイは石油生産によって莫大な富を手にしたことでこれを他国と共有することを嫌うようになり、また国内で圧倒的な権力を手にしたスルタンは、より大きな国家に入ることでそれが失われることを危惧するようになったのである。ブルネイの石油生産は、後にコモンウェルス最大の油田となるセリア油田が一九二九年に発見されてから飛躍的に増加し、脱植民地化当時、ブルネイはコモンウェルスで最も裕福な地域の一つとなっていた。ブルネイがその富をマレーシアに含まれる貧しい地域と共有することを嫌ったのは、ある意味当然のことと言える。政治的には、イギリスが体制を保護してきたため、スルタンが内政に関する独占的な権限を有していた。しかしマレーシアに加盟すればスルタンは複数の支配者の一人となってしまうことが予想され、またマレーシアの国王になる優先順位を低く設定されたために、連邦に入って自らの権力が低下するよりは、別個の単位として現状を維持しようという動機が生まれたと考えられる。

さらに歴史をさかのぼれば、一七世紀以降、ブルネイが衰退しながらも併合されず、独立した存在であり続けたこと自体が、前述の二つの要因の産物であることは明らかである。ブルネイは一九世紀後半、隣国のサラワクや北ボルネオの圧力によって存亡の危機を迎えていた。しかし、一八八八年にイギリスの保護領となり、一九〇三年の石油発見を機にイギリスがより積極的に領土保全に乗り出したことで、ブルネイは存続することができたのである。

第二に、石油と保護領制度によって、ブルネイは独立国家として生存可能だと認識されるようになった。石油はブルネイに経済的自立をもたらし、イギリスの保護は地域大国による脅威を無力化する効果があった。植民地時代を通じてイギリスがブルネイという単位を維持し、ブルネイ反乱やインドネシアの対決政策を受けてそのコミットメントを強めたことで、スルタンはイギリスに安全保障を頼ることが可能だと確信するに至った。この考えが、安全保障上の理由からマレーシアに加盟する必要はないというスルタンの最終的な判断につながったのである。ブルネイの石油収入はイギリスにとっても重要であったため、イギリスは勝手に撤退することはできず、地域の安全保障環境が改善し、ブルネイが独立してもやっていけるとスルタンが確信するまで駐留を継続せざるをえなかった。

第三に、この二つの要因は宗主国であるイギリスに対する強い交渉力をブルネイに与えた。イギリスは一貫して「グランド・デザイン」を支持し、スルタンにマレーシアへの加入を迫ったのだが、スルタンはこれをはねのけることに成功した。これは部分的には、ブルネイが植民地ではなく保護領であったため、スルタンが内的主権を保持しており、それゆえにイギリスはスルタンの意見に耳を傾ける必要があったことに起因する。もう一つの要素はブルネイの石油であった。イギリスはブルネイにおける石油生産に深く関わっており、そのため「ブルネイがマレーシアを拒否したら撤退する」という脅しには信憑性がなかった。イギリスがブルネイにマレーシア加入を迫るのを諦めて早期独立の実現を志向するようになったとき、スルタンはイギリスの銀行に預けていた莫大な財産を他所に移すと脅し、イギリス経済に決定的なダメージを与えることをほのめかした。国家としての力ははるかに上回っていたにもかかわらず、ことブルネイの脱植民地化に関しては、イギリスの方が譲歩せざるをえない立場に置かれていたのである。

以上の分析で、ブルネイの単独独立は、上記の二つの要因によって説明できることが明らかになった。石油がなければ、自立できないブルネイは植民地時代にサラワクや北ボルネオに併合されるか、脱植民地化に伴ってマレーシアに合流せざるをえなかったことだろう。また、イギリスの保護がなければ、インドネシア、マレーシア、フィリピンといった、この地域の他の国家の格好の餌食になっていたに違いないのだ。[*124]

サラワク、北ボルネオ、オランダ領ボルネオ

ブルネイとは対照的に、ボルネオ島の他の三つの植民地行政単位（サラワク、北ボルネオ、オランダ領ボルネオ）は、脱植民地化を経てより大きな国家の一部となった。サラワクと北ボルネオはマレーシアに、オランダ領ボルネオはインドネシアにそれぞれ統合されたのである。この脱植民地化の結果の違いは何によって説明できるのだろうか。本節では、これらの地域の統合が、石油と保護領制度のどちらかの欠如によって引き起こされたことを示す。サラワクは一九四六年に直轄植民地となるまでは保護領として統治されていたが、財政的に自立することができず、北ボルネオは一九四六年まで形式上は保護領であったが、実質的には本国から派遣されたイギリス人官僚によって統治されており、自立的な経済も存在しなかった。オランダ領ボルネオはこれらとは異なり大量の石油を産出していたが、保護領制度がないため、石油がもたらす富は本国によって搾取され、ゆえにブルネイのように石油収入が現地支配者と本国との関係を前者に有利に変化させることはなかった。その結果、これらの地域はすべて、より大きな枠組みのなかに吸収されていったのである。

サラワク

サラワクは長らくブルネイの一部であったが、イギリス人のジェームズ・ブルックがブルネイにおける反乱鎮圧に貢献し、一八四二年にブルネイのスルタンからサラワクのラジャに任命されたことでブルネイから実質的に独立した。その後一八八八年にはイギリスの保護領となり、第二次世界大戦終了までブルネイと同じ保護領とし

ての地位を維持し続けた。[*125] ラジャとなったブルックは、イギリス海軍の支援を受けながら反対勢力を抑え込み、徐々に領土の支配を確立した。[*126] ジェームズ・ブルックの地位はその甥であるチャールズに引き継がれ、その息子のヴァイナーが三代目にして最後のラジャとなった。

ジェームズ・ブルックがサラワクの獲得を目指したのは、同地にはさまざまな天然資源が豊富に存在すると言われていたからである。[*127] そのため、当初から鉱業がサラワク経済の中心になるという期待があった。しかし、実際に採掘してみると、たしかにさまざまな資源が見つかりはしたものの、予想に反して商業生産のレベルに達するものはほとんどないことが明らかになった。[*128]

さらに期待外れなことに、商業生産に至った鉱物も決して大量に生産されたわけではなく、長続きもしなかった。[*129] たとえば、サラワクの石油産業は、一九〇七年にイギリス人官僚のチャールズ・ホースの手によって誕生した。彼はチャールズ・ブルックの許可を得て、ロイヤル・ダッチ・シェルの子会社であるアングロサクソン石油会社（ASPC）と交渉し、同社に七五年間の石油採掘の権限を与えた。[*130] 探査の結果、一九一〇年にはミリで油田が発見され、生産量はしばらく順調に伸びていったが、一九二九年に早くもピークを迎え、減少に転じてしまう。その後、一九四一年の日本軍の侵攻を前に油田は閉鎖され、設備も破壊された。日本占領軍は設備を修復して石油生産を再開したが、ふたたび商業レベルの生産量に達することはついになかった。サラワクで商業レベルの石油生産が再開されるのは、マレーシア編入後に海底油田が見つかってからのことになる。[*131] 結局、ブルネイのセリア油田に比べれば、ミリ油田の生産量ははるかに小さかったのである。サラワクの鉱物資源の予想を裏切る少なさは、ゴムや林業などによってある程度補われてはいたものの、結局サラワクはブルネイ並みの豊かさを手にするどころか、経済的な安定を得ることもできなかったのだ。[*132]

第二次世界大戦の終結に伴って日本の占領が終わっても、ブルック家がサラワクの支配者に戻ることはなく、サラワクは一九四六年に北ボルネオとともにイギリスの直轄植民地となった。ブルック家の支配する保護領としてのサラワクの歴史は、直接支配に移行したことで幕を閉じたのである。この決断には、三代目のラジャであったヴァイナー・ブルックの年齢や、彼と甥で後継者とされていたアンソニー・ブルックとの不仲[*133]に加え、経済的な要因も大きく作用していた。サラワクは、天然資源からの収入が当初の予想よりはるかに少なく、もともと経済的に恵まれていなかったが、戦争による破壊は事態をさらに悪化させていた。そのため終戦時には、領土を再建するための十分な財源がなく、ブルック家はサラワクを手放すほかなかったのである。[*134]

一九六一年にマレーシア構想が発表されると、サラワクでは政治活動が活発化した。その主要な政党の一つが、一九五九年に中国系移民を中心に結成されたサラワク統一人民党（SUPP）である。同党は当初イギリス植民地政府の支援を受けていたが、マレー系住民が多いマラヤと一緒になることで他の民族が抑圧されることを懸念し、イギリスが支持するマレーシア構想に反対していた。同じく一九六一年にイギリスの援助を受けて結成されたサラワク国民党（SNAP）も、連邦への加入に反対していた。しかし、マレー系ムスリムが中心となって結成されたサラワク国家党（PANAS）やサラワク民族戦線（BARJASA）などは当初から連邦を好意的に捉えており、この問題によって、サラワクは賛成派と反対派に分断されることとなる。[*135]

こうしたサラワクの情勢や北ボルネオの同じような状況に鑑み、イギリスは両植民地の連邦加入に関する世論を調査する委員会を設置し、現地に派遣することを決定した。キャメロン・コボルド卿を委員長とし、イギリス人二名、マラヤ人二名で構成されるコボルド委員会は、一九六二年二月から四月にかけて両地域で調査を実施した。その結果、国内の意見は分かれていたものの、全体としてはサラワクと北ボルネオの双方にとってマレーシアへの加入が最良の選択肢であるとの結論を発表した。[*136]この調査結果を受けて、サラワクは最終的に連邦に加入することになる。

サラワクとブルネイは、少なくとも一九四六年までは同じような歴史的経緯をたどっており、どちらもイギリスの保護領であった。しかし、前者はマレーシアに加入して大きな連邦の一員となったのに対し、後者はイギリスの保護領としての地位を長く維持した後、単独で独立した。この違いは、経済的な側面によって説明することができる。ブルネイとは異なり、サラワクは経済的に自立することが不可能であった。ブルネイでは豊富な石油収入が経済発展を支え、また新たな油田の発見によって将来も安泰に思われたのに対し、サラワクでは一九二〇年代には最大の収入源であった石油生産が一九三〇年代には減少に転じ、一九四〇年代にはほとんど経済的な意味を持たなくなったのである。そのため、外部からの援助に依存せざるをえなくなり、イギリスが早期撤退を目指す状況下でサラワクにはマラヤに援助を求める以外の選択肢はなく、そのためには連邦への加入を承諾するほかなかった。

さらに、サラワクはブルック家の撤退により、保護領としての独立した地位までも失い、直轄植民地となっていた。一九四六年以降、サラワクにはブルネイのスルタンのような、独立を推進する正統な支配者は存在しなかった。したがって、イギリスの植民地政府は、その気になれば恣意的に「現地世論」を作り上げたり、反対派を弾圧したりすることができたのである。田村が指摘するように、コボルド委員会の結論は、調査を行ったイギリス人とマラヤ人がマレーシア構想を推し進める立場にあったことから、ある意味「予定調和」とも言えるものであった。[*137] ブルネイのスルタンとは対照的に、サラワクの萌芽的な現地政党は連邦参加に関して意見が一致せず、結果を左右する力を持つことはなかった。

つまり、サラワクとブルネイの脱植民地化の結果の違いは、経済的な要因によるところが大きいと言える。サラワクは財源の不足から独立の可能性を奪われ、それが保護領制度の廃止と直接統治への移行にもつながった。すなわち、サラワクには、独立を可能にするようなインセンティブ、生存可能性、交渉力のいずれもが欠けていたのである。結果として、ブルネイの場合と比べて、イギリスにとってサラワクを連邦に加入させることに対する障壁は小さく、こうしてサラワクは最終的にマラヤと合併することとなった。

北ボルネオ

サラワクと同様にかつてはブルネイの一部であった北ボルネオは、アメリカの貿易会社やオーストリアの外交官兼実業家フォン・オーバーベックなど多くの人の手を経て、デント兄弟の手に渡り、彼らが一八八一年に北ボルネオ勅許会社（ＮＢＣＣ）を設立してこの地域を管理することとなった。サラワクやブルネイと同様、北ボルネオも一八八八年にイギリスの保護領となる。ＮＢＣＣの下では、総督の任命などの行政上の意思決定は、イギリス本国政府との密接な連携のなかで行われた。

北ボルネオの経済に占める鉱物資源の割合は、サラワクと比べてもさらに小さく、金、石炭、そしてマグネシウムが産出したものの、いずれも主要な収入源となるには至らなかった。[*138] 同地での石油開発には多くの石油会社が関心を示し、一九三四年にはシェルの子会社であるアングロサクソン石油会社に独占的な採掘権が与えられたが、採掘はすべて失敗に終わり、商業レベルの油田が発見されることはなかった。[*139] タバコやゴムなどのプランテーション農業が代わりに北ボルネオの経済を支えていたが、これも大きな収入をもたらすような性質のものではなかったという。[*140]

北ボルネオは六〇年以上にわたってＮＢＣＣに支配されたが、第二次世界大戦中は日本軍に占領され、この間、連合軍の空襲によって徹底的に破壊された。[*141] サラワクのブルック家と同様、戦後のＮＢＣＣにも領土を再建する財力はもはやなく、結果として一九四六年に北ボルネオはイギリスの直轄植民地となり、その後一七年間イギリスの直接統治下に置かれることとなる。[*142]

一九六一年の「グランド・デザイン」の発表は、サラワクと同様、北ボルネオの政治活動も活発化させた。同年には、マレー人の支配を恐れてマレーシア構想に反対を表明した先住民のドゥスン族と華人によって、統一国民カダザン組織（UNKO）が設立された。これに対して、マレー系ムスリムが主体の統一サバ国民組織（USNO）は、この構想に賛成の意を表明した。北ボルネオに自治権を提供するといったマラヤのラーマン首相の譲歩を受け、UNKOのリーダーであったドナルド・スティーブンスは連邦への態度を変え、最終的にはコボルド委員会の勧告により、北ボルネオの連邦加入が決定した。[*143]

北ボルネオとブルネイの脱植民地化の結果の違いは何によって説明できるのだろうか。ブルネイとは対照的に、北ボルネオは実質的な財源を持たず、単独で他の地域と同じレベルの発展を遂げることは困難であった。イギリスは早期撤退を志向し、ブルネイは近隣地域の経済発展を支援する役割を忌避していたため、北ボルネオはマラヤに依存せざるをえなかった。マラヤ側もそれを歓迎していたことから、連邦への加盟は自然な成り行きだったと言える。

さらに、北ボルネオには独立を目指す正統性を持った支配者もいなかった。一九四六年まで統治者がいたサラワクとも異なり、北ボルネオは、形式上は保護領ではあったものの、実際には数十年間にわたりイギリス官僚によって統治されていたため、イギリスにとってこれをマレーシア加入へと誘導するのは比較的容易なことであった。この点で、スルタンが中心となって単独独立を希求したブルネイの例とは大きな隔たりがある。結局のところ北ボルネオは、保護領制度と石油の不在により、独立に必要なインセンティブ、生存可能性、そして交渉力を欠いていたのである。

オランダ領ボルネオ

一九世紀半ばまで、オランダ領東インドのいわゆる「外島」（ジャワ島以外の島々）におけるオランダの支配は名目的なものにとどまっていた。オランダは、ボルネオ島ではクタイ、ブルンガン、ベラウといった多くのスルタン国と協定を結び、内政に干渉することなく間接統治を行う方針をとっていた[*144]。外島は本国に経済的利益をもたらすものではなく、むしろ植民地政府の重荷とみなされていたのである。しかし一九世紀末になると、従来の不干渉政策は積極的な介入政策に変わり、外島の各地を軍事的に併合するなど、さまざまな手段で直接統治を確立するようになった[*145]。

ボルネオ島の文脈では、この変化には二つの要因があった。第一に、北ボルネオにおけるＮＢＣＣ支配の確立は、イギリスの影響力拡大に対するオランダの恐怖心を煽るものであった。もともとオランダは、あくまで他のヨーロッパ諸国の進出を防ぐために外島を支配下に置いたのであり、これらの島々を直接支配することには関心がなかった。しかし、イギリスとオランダが併存するボルネオ島では、イギリスの進出を抑えるためには関与を深める必要があると考えたのである[*146]。オランダの支配拡大を後押ししたもう一つの要因は、外島に天然資源が存在することであった。鉱物やゴムなどの天然資源がボルネオを含む一部の島々には豊富に存在し、これらの資源を開発するためには、植民地支配の拡大が急務だと考えられた[*147]。

その結果、外島における植民地行政は劇的に変化する。オランダと現地支配者のあいだでは新たな条約が結ばれ、それによって現地支配者の地位はオランダ国王の封建領主にすぎないものと規定され、さまざまな権限が奪われた[*148]。オランダは、中級貴族を官吏に任命したり、国庫を支配者の個人資産から切り離したり、若くて操りやすい人物を支配者に据えたりするなど、あの手この手で現地支配者の影響力を低下させた[*149]。オランダがスルタン制を完全に廃止しなかったのは、スルタンがすでに植民地政府の前では完全に無力になっていたからにすぎない[*150]。

オランダ領ボルネオでは、このような政治的変化の結果として、石油収入はスルタンではなく、植民地政府の直接の管理下に置かれることになった。一九世紀末には、オランダ領ボルネオ東部のクタイとブルンガンの二つのスルタン国の領域で、東インド最大規模の油田が発見される。[*151] しかしながら、植民地政府の支配拡大のせいで、スルタンたちは石油収入の恩恵を受ける道を閉ざされていた。オランダ領東インドの植民地行政は中央集権化され、列島からの収入はすべてまずオランダ領東インドの首都バタビアに送られ、その後各地に分配される仕組みになっていたためである。そのため、石油収入はスルタンに直接入るのではなくバタビアから送られることとなり、この制度によってスルタンは植民地政府に経済的に依存することを余儀なくされた。[*152]

こうしたオランダ領ボルネオのスルタン国は、最終的にどのようなかたちで脱植民地化されたのだろうか。ジャワ島を中心に見られた植民地支配への抵抗運動は、ボルネオ島を含む外島にも広がりをみせた。戦間期には、インドネシア全体にまたがる諸政党の支部が相次いで設立される。[*153] これらを通じたオランダ領ボルネオの民族運動は、クタイやブルンガンといった従来のスルタン国、あるいはオランダ領ボルネオを単位とした「ネイション」ではなく、オランダ領東インド全体を単位とする「ネイション」を基盤としていた。第二次世界大戦後東インドに戻ったオランダは、スカルノとその同志が設立したインドネシア共和国に対抗するため、一九四七年に東カリマンタン連邦を設立するが、この連邦は失敗に終わり、一九五〇年に共和国に編入される。[*154] このようにして、オランダ領ボルネオのスルタン国は独立することなく、インドネシアという大きな単位に吸収されていったのである。

オランダ領ボルネオに存在したもろもろのスルタン国とブルネイの脱植民地化の形態における違いの最大の要因は、植民地支配の体制にあったと言ってよい。オランダ領ボルネオの一部のスルタン国では、植民地時代を通じて大規模な石油生産が行われていたものの、より直接的な植民地統治が敷かれていたせいで、石油がこれらのスルタン国の独立に結びつくことはなかった。一九世紀末にオランダが積極的な干渉を行うようになって以降、現地の支配者は政治的権力を失っていく。たとえ石油が出ても、その収入はオランダに独占され、支配者は石油を権力の源泉とすることができなかったのである。それどころか、スルタンの地位は名目的なものとなり、植民地政府への依存度が高まっていった。結果として産油地域はオランダ領東インド、さらにはインドネシアという大きな枠組みのなかに組み込まれていくことになる。このように、オランダ領ボルネオの事例は、石油の存在だけでは単独独立は保証されないことを物語っている。単独独立は、保護領制度が敷かれた植民地で石油が出て初めて起きるのである。

結び

本章では、ボルネオ島の四つの植民地行政単位を取り上げ、サラワク、北ボルネオ、オランダ領ボルネオがそれぞれ大きな国家の一部となったのとは対照的に、ブルネイが大きな国家への併合圧力に繰り返しさらされながらも、周辺地域とは別個に単独独立した原因を説明した。この違いは、石油と保護領制度という二つの要因によるものである。ブルネイは、この二つの要因によって、独立を目指すインセンティブ、主権国家としての生存可能性、そして宗主国に対する交渉力を手に入れた。他の三つの地域は、この二つの条件の少なくとも一方を欠いていたため、編入される結果となったのだ。

イギリスは、一八八八年にブルネイをイギリスの保護領とすることでこれを一つの単位として認め、一九〇三年に石油が発見された後は、ブルネイという単位の維持にますます力を入れるようになった。イギリス連邦最大の産油国の一つであったブルネイは、その石油収入を貧しい近隣地域と共有することを嫌い、また独占的な権力を有していたブルネイのスルタンは、連邦に加入して多くの支配者の一人となってしまうことで現在の特権を失うことを忌避した。イギリスの植民地官僚であったJ・L・スティーブンソンは、スルタンがマレーシア編入を拒否した理由を「マラヤの要求する入場料を支払うつもりがなかったから」と述べているが、これはまさに言い得て妙である。[*155]

もともとブルネイがマレーシアへの加入を検討した最大の要因は、安全保障の問題であった。しかしイギリスは、スルタンに代わって反乱を鎮圧し、またブルネイに重要な石油権益を持っていたことで、ブルネイを保護し続けることを意図せず保証するような格好になってしまった。イギリスはスルタンに何度も撤退の脅しをかけたが、スルタンのオイルマネーの存在が、こうした脅しの実行を妨げた。結局スルタンがブルネイの独立に必要な周辺環境の安全を確信するまで、イギリスは撤退を待たざるをえなかった。こうしたメカニズムは、他の三つの植民地的単位では働かなかった。

他の説明はありうるのだろうか。第1章では、二つの対抗仮説を取り上げた。一つは、ナショナル・アイデンティティの形成や近隣諸国との武力衝突など、内的な政治過程に着目したものである。これは、石油を産出する植民地が単独独立したのは、確固たるナショナル・アイデンティティを有していたから、あるいは独立してやっていける強い国家を築くことに成功したからであるとするものである。もう一つは、外部のアクターに注目するもので、石油資源の豊富な植民地が単独独立したのは、外国勢力がそう決めたから、という説明である。

ブルネイの場合、外部的な説明は簡単に否定することができる。本章で示したように、イギリスは当初からブルネイのマレーシア編入を望んでいた。ブルネイ抜きのマレーシアが成立した後も、スルタンに連邦への加入を説得しようとしていたくらいである。地域の国々を見ても、マラヤはブルネイとの合併を希望していたし、インドネシアにとってはブルネイをマレーシアに入れない方が有利ではあったかもしれないが、インドネシアがブルネイの単独独立に大きな影響を及ぼしたという証拠はない。

しかし、内部的な説明については、簡単に否定することはできない。武力紛争はブルネイの単独独立の理由にはなりえないが、ブルネイが強いナショナル・アイデンティティを有していたことは否定できず、それが脱植民地化の結果に一役買っていたと言うことはおそらくできるだろう。とはいえ、ナショナル・アイデンティティ自体はブルネイの単独独立を決定づける要因ではないと思われる。というのも、ブルネイが持っていた強固なアイデンティティは、石油と保護領制度によって部分的に説明することができるためだ。すなわち、イギリスが植民地時代を通じてブルネイという独立した存在を維持したからこそ、ブルネイのアイデンティティは保たれたのであり、そうでなければ早々に周辺地域に併合され、独自のアイデンティティを失っていたに違いない。さらに石油の開発も、ブルネイ人のなかに自分たちは他地域とは違うという感覚を植え付けることになった。近隣諸国よりも豊かであることで、自分たちは他国よりも優れていると考えるようになったのである。つまり、ブルネイの場合、ナショナル・アイデンティティは、原因と結果をつなぐ一種の媒介変数であったということになる。したがって、本書で提示する理論によって、ブルネイの事例はより適切に説明できるのである。

第3章　ペルシャ湾岸における石油と脱植民地化
――カタールとバーレーンの単独独立

一九七一年に撤退するまで、イギリスは何世紀にもわたってペルシャ湾岸に関与してきた。当初インドへのアクセスの確保を目的としていたイギリスと現地支配者が結んだ一連の条約によって、湾岸南部はイギリスの「保護国」[*1]（protected state）という同じ地位を持った九つの首長国に再編された。アブダビ、アジュマーン、バーレーン、ドバイ、フジャイラ、カタール、ラアス・アル＝ハイマ、シャールジャ、ウンム・アル＝カイワインである。これら九つの首長国は、社会的・文化的・政治的・歴史的背景において、高い共通性を有していた。にもかかわらず、その脱植民地化の結果には差が生まれた。一九六八年から七一年にかけて、イギリスの支持とアブダビの強力なイニシアチブの下、すべての首長国が連邦設立のための交渉に参加した。アブダビとイギリスから加入の圧力を受けた他の八つの首長国のうち、六つは最終的にアラブ首長国連邦に加入することとなる。しかし残りの二つ、すなわちカタールとバーレーンは、連邦には参加せず、単独で独立することを選択した（図3－1）。両国は、他の首長国と何が違ったのだろうか。

本章では、歴史的・国際的な観点から湾岸南部の首長国を分析することで、この問いに回答する。以下の事例内分析および比較事例分析では、カタールとバーレーンが単独独立を果たしたのは、早くから石油開発が行われ、

図 3-1　湾岸南部の地図（左：脱植民地化前、右：脱植民地化後）

保護領制度が採用されていたためであることを示す。豊富な石油収入と、外的・内的脅威に対するイギリスの保護があったために、この二つの首長国は連邦に入って「二等国」の地位に甘んじることを避けられたのである。

第1節では、イギリスの進出以来の湾岸南部の歴史的文脈について説明する。第2節では、湾岸における脱植民地化の全体的なプロセスについて、地域的・世界的な文脈を参照しながら論じる。続く第3節と第4節では、カタールとバーレーンの単独独立を、事例内分析を用いて説明する。第5節では、同じ目標を掲げて失敗したラアス・アル＝ハイマをこれらと比較することで、単独独立の成否を左右する要因を考察する。第6節では、対抗仮説について議論し、結論を述べる。

前章と同じく本章でも、第1章で示した理論に基づき、石油と保護領制度が、カタールとバーレーンに単独独立を実現するために必要なインセンティブ、生存可能性、交渉力をいかにして提供したのかに特に注目する。カタールとバーレーンの事例内分析では、二つの説明変数が結果に影響を与えた因果プロセスを明らかにし、さらにラアス・アル＝ハイマとの比較を行うことで、石油の重要性を明らかにする。

帝国主義時代の湾岸南部

条約システム

ペルシャ湾岸地域の歴史は、内外の勢力による絶え間ない競争によって彩られてきた。この地域は古代からペルシャ人とアラブ人の対立の舞台となってきたが、一五世紀末になって新たにヨーロッパ勢力が参入してきた。まずポルトガルが進出し、ホルムズ海峡とインドへの通商路の支配権をめぐってオスマン帝国やペルシャと争ったが、一七世紀になるとポルトガルは力を失い、イギリス、オランダ、フランスという三国がこの地域の主要な域外勢力となった。[*2] これらのうち最も成功したのはイギリスで、同国は一八世紀には事実上この地域の唯一のヨーロッパ勢力となり、地域貿易の独占を確立するに至った。[*3]

しかし、オスマン帝国、ペルシャ、アラブなどの現地勢力も引き続き交易には携わっており、なかでもいくつかのアラブの氏族が部族連合の形成を通じて台頭した。そのなかでも特に重要だったのが、ラアス・アル＝ハイマやシャールジャを拠点とするカワーシム族であった。[*4] カワーシムはホルムズ海峡を勢力下に置き、出入りする船舶に通行料を課し始める。イギリスはこれを自国の貿易上の利益に対する脅威とみなし、通行料の支払いを拒否してカワーシムを「海賊」と呼び、イギリスの船が襲撃を受けていると主張した。[*5] これに対してイギリスが海軍を派遣したことで、事態は武力衝突に発展する。圧倒的な海軍力を持つイギリスはこの「海賊」を撃退し、ラアス・アル＝ハイマを占領してカワーシムの船を破壊した。[*6]

この出来事は、一九七一年まで続いた「条約システム」と呼ばれる地域秩序が成立する端緒となった。最初の条約は、一八二〇年にイギリスとカワーシム、ならびにアジュマーン、ウンム・アル＝カイワイン、アブダビ、ドバイ、そしてバーレーンの首長のあいだで締結された「一般平和条約」（General Treaty of Peace）で、これは主に湾岸南部をイギリス船にとって安全な場所にするためのものであった。[*7] その後イギリスは新たな地域秩序の構築のために追加の条約締結を推進したが、なかでも最も重要だったのは「海上休戦条約」(Maritime Truces)である。最初の海上休戦条約は、一八三五年にアブダビ、ドバイ、アジュマーン、カワーシムの四者が、この地域での実力行使を防ぐために締結したものだった。当初は一時的なものとして意図されていたこの条約だが、その後も支配者たちは休戦の更新を繰り返し、最終的には一八五三年にこれを恒久化するに至る。この休戦協定に署名した首長国は、後にアブダビ、アジュマーン、ドバイ、フジャイラ、ラアス・アル＝ハイマ、シャールジャ、ウンム・アル＝カイワインからなる「休戦諸国」(Trucial States)と総称されるようになった。[*8]

休戦協定が締結されてまもなく、イギリスはロシア、ドイツ、フランスなど他の帝国主義勢力との競争の激化を受けて、湾岸首長国との関係をさらに緊密にすることが不可欠だと判断した。[*9] 第1章で示したように、一九世紀後半は「新帝国主義」の時代であり、この間にヨーロッパ帝国の膨張は急速に加速し、世界で帰属の確定していない土地はほとんどなくなった。こうした状況下でイギリスは、他の帝国が湾岸南部を含む自国の植民地権益を脅かすのではないかという懸念を抱くようになる。[*10] そこでイギリスは、一八八〇年にバーレーン、一八九二年に休戦諸国、一九一六年にカタールと、それぞれ排他的協定を結んだ。これらの協定によって、首長はイギリス政府と独占的な政治的関係を築き、その承認・保護・支援を受ける代わりに、外交権を同国に委ねることになった。[*11] こうしてイギリスは、湾岸地域における唯一のヨーロッパ勢力として、また地域の平和と秩序の保証者として、その地位を確固たるものにしたのである。[*12] この排他的協定を結んだことで、湾岸首長国は第1章で定義した保護領制度の基準を満たしたことになる。

この地域におけるイギリスの主要な関心は、経済的というよりも戦略的なものであった。一八六〇年代にイギリスは、インドとの通信の改善のため、湾岸各地に電信線を敷設して湾岸を重要な通信ルートとした。[*13] それによってこの地域の戦略的重要性は高まったが、当時の湾岸自体には、イギリスが統治を直接担おうと考えるほどの経済的魅力はなかった。[*14] イギリスがこの地域を勢力圏とした最大の理由は、イギリス帝国の「王冠の宝石」とも言われたインドへの航路を確保するためであり、[*15] また湾岸は、ビルマ、アフガニスタン、イランと同様に、インドを他の帝国の脅威から守る緩衝地帯とも考えられていた。[*16] こうした理由から、イギリスは湾岸の直接的な統治コストを負担することを避け、現地の支配者に統治を任せることにしたのである。

石油開発

しかし二〇世紀初頭になって、湾岸南部は突如として戦略的な重要性に加え、経済的な重要性をも帯びるようになった。石油産業がこの地に上陸したのである。[*17] 第一次世界大戦後、石油会社はイギリス政府関係者と緊密に連携しながらこの地域の探査を開始した。イギリスは、この地域の石油開発を支配し、外国の介入を防ぐことを目的として、イギリス企業に石油の採掘権を付与することを現地支配者たちに促した。[*18] その結果、その後二〇年ほどのあいだに多くの首長が主にイギリスの石油会社と契約を締結することとなる。そのなかで、最初に石油が発見されたのはバーレーン（一九三二年）とカタール（一九四〇年）であった。[*19] なお、現在では湾岸南部の首長国のなかで圧倒的に石油生産量が多いアブダビだが、同地で石油が発見されたのは一九五八年のことである。

湾岸南部の石油開発を議論するうえでは、すべての首長国が石油を生産していたわけではないことを忘れてはならない。図3－2に示したように、最初に石油収入を得たのはバーレーンとカタールであり、アブダビとドバイはそこから数十年遅れてこれに続いた。バーレーンは一九四九年まで唯一の生産国であったが、カタールが生産を開始するとすぐに追いついた。バーレーンの生産量は限られていたものの、その長い生産の歴史のため、石油収入を利用した開発の面では先行していたと言える。図3－3が示すように、カタールが年間生産量を増やし

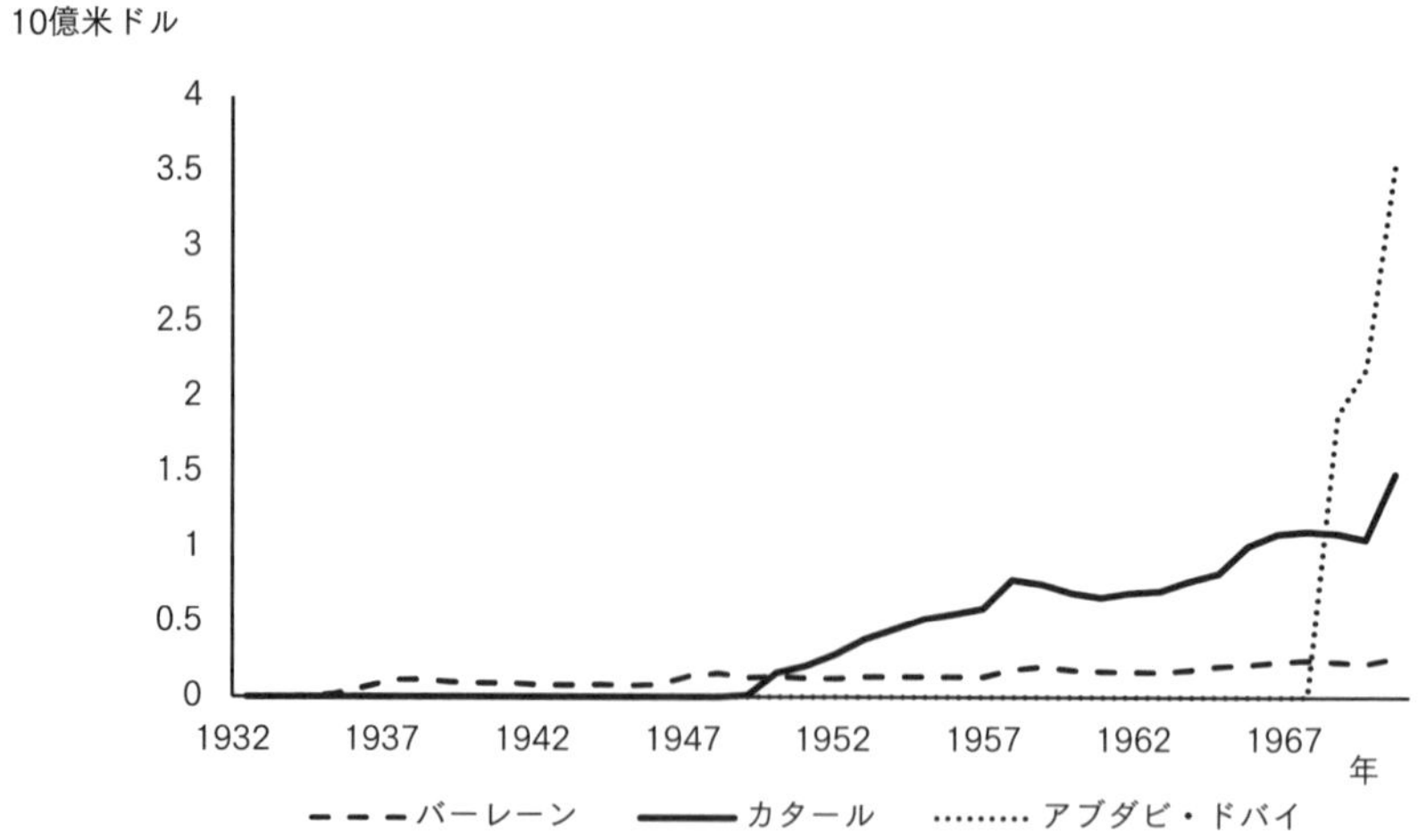

図 3–2　植民地時代の湾岸南部における年間石油収入（1932–1971 年）

出典：Ross & Mahdavi (2015)。なお、アブダビとドバイはデータの制約のため、合算している。

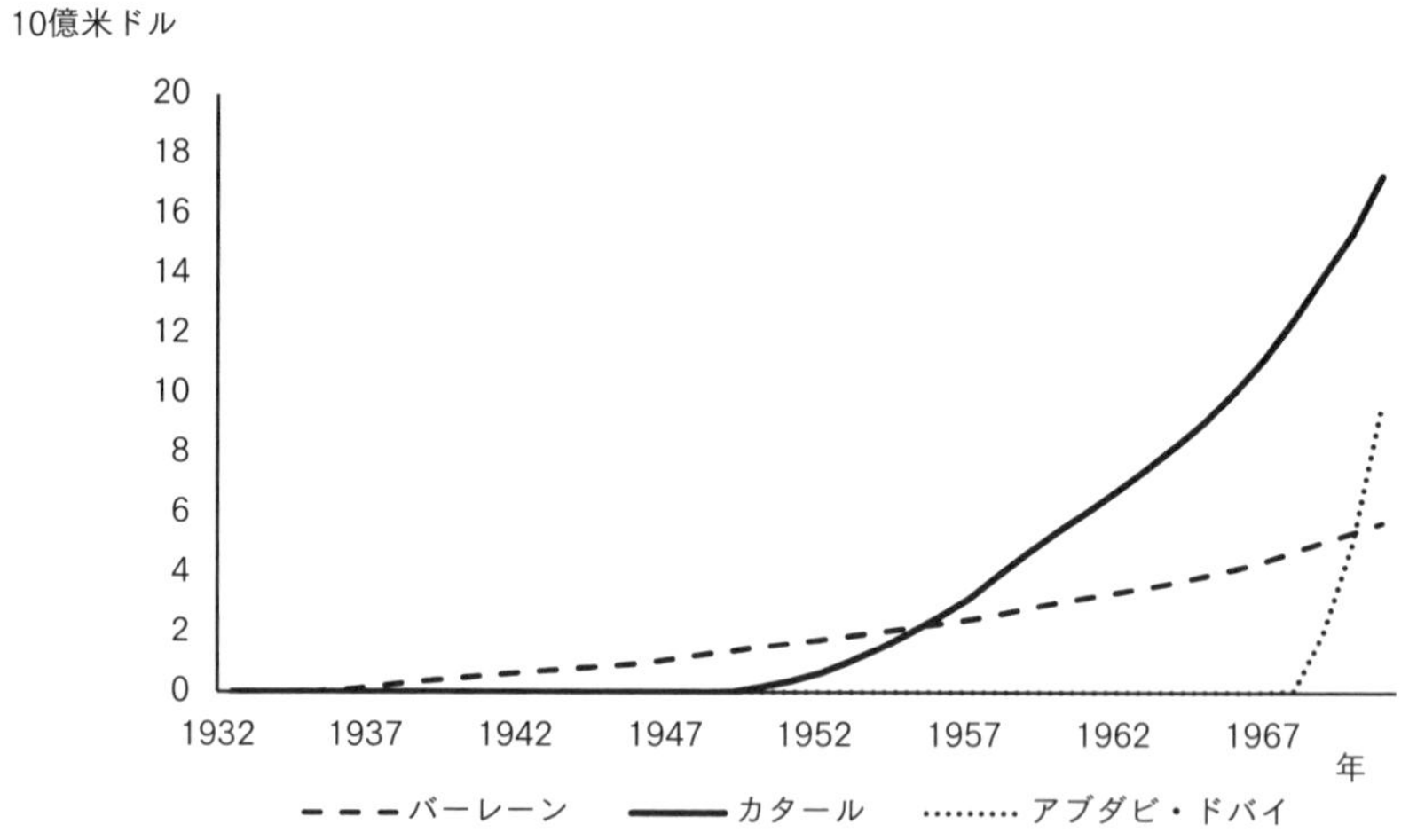

図 3–3　植民地時代の湾岸南部における累積石油収入（1932–1971 年）

出典：Ross & Mahdavi (2015)。なお、アブダビとドバイはデータの制約のため、合算している。

た後も、バーレーンは一九五〇年代半ばまで累積石油収入でみれば最大であり続けた。アブダビは一九六〇年代になるまで石油収入を得ていなかったが、一旦生産が軌道に乗ると、その生産量はバーレーンやカタールのそれを瞬く間に上回った。ドバイは一九六〇年代の終わりにわずかながら生産を開始しているが、他の首長国は独立までの期間、ほとんど石油を生産していなかった。こうした石油収入の差は、この地域の脱植民地化の結果にも大きな影響を与えることになる。

地域秩序への影響

イギリスの関与と石油開発は、湾岸の地域秩序にどのような影響を及ぼしたのだろうか。まず、イギリスはサウジアラビア、イラン、イラクといった地域大国の拡張を一貫して抑止する政策をとった。サウジアラビアはオマーン、カタール、そして休戦諸国、イランはバーレーン、そしてイラクはクウェートを、それぞれ自国の領土の一部だと主張していた。これに対してイギリスは、この地域の小首長国を保護するため、いずれの地域大国の侵略も許さないという「三重封じ込め政策」を導入した。[*20] これは必ずしも軍事的な抑止を意味するものではなく、たとえばサウジアラビアについては、湾岸の小国には干渉しないことを条件に同国の独立を認め、保護するという協定を結ぶといった外交による解決を図っている。[*21]

このように、植民地時代を通じて湾岸南部の各首長国が独立した植民地的単位として存在したことは、イギリスに負うところが大きく、イギリスの介入がなければこの地域の小国はいずれかの地域大国に併合されていた可能性が高いだろう。[*22] かつては湾岸のペルシャ側にも同じような首長国が存在していたものの、それらがやがてペルシャに併合されていったという興味深い事実と考え合わせれば、イギリスの保護の意義はより一層明らかである。[*23]

戦間期以降のイギリスの関与政策のほとんどは、突き詰めればこの地域に石油があるために実現したものであった。イギリスは、一つの国が石油生産を独占することを望まず、小規模な首長国を保護することで市場の多様性と競争を維持しようとしたのである。[*24]湾岸南部の首長国の石油生産量は湾岸全体の石油の一〇％にも満たず、またイギリス自身はこれに必ずしも依存していなかったにもかかわらず、イギリスは、西洋諸国への石油の安定供給を維持するために、地域の安定を保つことが肝要であると考えた。[*25]したがって、イギリスの石油利権を確保するためにも、湾岸南部の首長国を維持することが重要だったのである。

石油はまた、この地域にイギリスが駐留し続けることを保証する存在でもあった。前述のように、当初イギリスがこの地域に関心を寄せていたのはインドとの安全な貿易・通信路を確保するためであった。そのように考えれば、イギリスはインドとパキスタンが独立した一九四七年に湾岸から撤退してもおかしくはなかったのである。[*26]しかしながら、イギリスがこの地域に関与した一五〇年ほどのあいだに、湾岸は石油という別の重要性を帯びるようになっていた。それがゆえに、イギリスは同地域へのコミットメントを継続することとなったのである。湾岸地域の植民地行政は、英領インドの独立に伴ってインド植民地政府からロンドンの外務省へと移管された。[*27]

石油とイギリスの保護は、湾岸南部の首長国と地域大国との関係だけでなく、首長国同士やその内部での関係にも影響を与えた。まずイギリスの条約システムは、どの地域が独立した首長国であり、どの地域がその従属地域であるかを決めるのに重要な役割を果たした。[*28]たとえば、ラアス・アル＝ハイマは一九二一年まで、フジャイラは一九五二年までシャールジャの一部とされていたが、イギリスの承認によって、独立した首長国とみなされるようになる。[*29]地域秩序を再編することで、イギリスは「地域の伝統が、悪く言えばヨーロッパの主権概念と対立し、良く言えばたんに異なっているだけの地域に、外的主権の体裁を繕った」のである。[*30]石油は国境の画定を促すことで、このプロセスをさらに推し進めた。石油会社は、どの地域の探査が許可されているかを明確にする必要があったため、支配者に領土の境界画定を促したのだ。[*31]

それぞれの国内では、条約システムや石油収入が支配者の権力を強化した。個人としてイギリスと条約を結び、その保護を受けることで、支配者は競合する部族指導者を従属させ、権力を確固たるものにすることができた。[*32]また、石油から得られる富を独占したことで、対立する親族、部族、あるいは商人層から制約を受けることがなくなり、これらの人々を逆に自らに依存させることに成功した。[*33]豊富な石油収入によって、支配者は一族や支持者との関係強化や、反対勢力の弾圧ができるようになったのである。

湾岸における脱植民地化

世界的・地域的文脈

第1章で示したように、第二次世界大戦の終結後、ヨーロッパの植民地帝国の崩壊は急速に進んだ。帝国崩壊の背景には、米ソの反帝国主義、植民地の経済的・軍事的価値の低下、ナショナリズムの台頭など、さまざまな事象や変化が複雑に絡み合っている。[*34]終戦直後の一九四七年にイギリスはインドを失い、フランスは一九五〇年頃にインドシナを去り、オランダは一九四九年に東インドを喪失した。一九五〇年代末から六〇年代前半にかけては、アフリカの植民地が独立を果たし、帝国は世界の多くの地域で支配力を失いつつあった。

しかしながら、帝国主義に対する世界的な反発が高まっていたにもかかわらず、イギリスは戦略的・経済的な利害が絡む中東からの撤退を考えていなかった。[*35]冷戦の時代、ソ連の脅威を前にしてイギリスが存在感を示すことは重要であり、アメリカもまた、この地域におけるイギリスの役割に期待していた。[*36]西側諸国が石油を容易に入手できるようにすることは大切であると考えられ、その意味では主要な産油国が複数位置している中東は死活的に重要であった。[*37] 中東の石油は、有利な条件での石油供給という点だけでなく、スターリング圏への石油収入の投資という意味でも重要視されており、実際にこれはイギリス経済の安定に大きな役割を果たしていたのである。[*38] ダーウィンの言葉を借りれば、イギリスは「中東を、世界の東半分に自分たちの権威を誇示するための重要なプラットフォームと考えた」のだ。[*39]

しかし、そうした意思とは裏腹に、アラブ・ナショナリズムの台頭に伴ってイギリスは次第にこの地域から追い出されつつあった。一九四八年には主要な軍事拠点であったパレスチナを失い、その後基地はスエズ運河地帯に移されたものの、一九五六年のスエズ危機でこれも手放さざるをえなくなった。これを受けて基地のほとんどは南アラビアのアデンへ移されたが、次章で見るように、ここでもナショナリズムの台頭により、結局一九六七年に撤退を余儀なくされる。一方、イラクでは一九五八年に革命が起こって親英的な王権が崩壊し、イランでは一九五一年に石油産業が国有化されるなど、状況はますます不安定で予測不可能になっていた。一九五〇年代から六〇年代にかけて、イギリスは中東に対する支配力を徐々に失っていったのである。[*40] スミスが指摘するように、イギリス帝国全体を見ると比較的平和的な自治への移行が行われていたなかで、中東は例外的にイギリスがそうした平和的移行に挫折した地域であったと言える。[*41]

湾岸南部からの撤退

こうした中東全体における潮流はあったが、中東の他地域で撤退に追い込まれていたことが、ただちに湾岸南部からの撤退へとつながったと考えるのは早計である。イギリスも現地の首長たちも、いよいよそれが避けられないという情勢になるまで、イギリスが撤退するなどとは考えてもいなかった。「イギリスのペルシャ湾からの撤退が皮肉なのは、その時点まで、総崩れする帝国のなかで、ペルシャ湾に居続けることに対するロンドンのコミットメントが揺るぎなかったことだ」とゴースは指摘する。[*42] 植民地主義に対する世界的な批判の高まりにもかかわらず、首長たちは依然としてイギリスのプレゼンスの継続を歓迎していた。

撤退の原因は複雑であった。ダーウィンによれば、本国要因、現地要因、国際要因のどれを重視するか、経済的、政治的、社会文化的要因のどれに分析の焦点を合わせるかによって、九通りもの説明があるという。[*43] このテーマに関する近年の研究成果の一つにおいて佐藤は、この決定は政治的で官僚的なものであったと論じている。スエズ以東からの撤退は、財務省の主導で、政府がより良い国内の社会政策を実施するためにコスト削減の努力をしていると関係者に証明するために発案されたものだというのだ。[*44] 同様にフォン・ビスマルクは、イギリスの経済状況と国防費削減の必要性から、官僚が撤退は必要だと結論づけたのだと主張する。[*45] いずれにせよ、複数の国内・国際要因が重なった結果、ウィルソン労働党政権は一九六八年に、イギリスが一九七一年にペルシャ湾から撤退することを発表した。[*46]

このニュースは、湾岸諸国の支配者たちにとってはまさに寝耳に水であった。彼らは、開発や保護に関してイギリスに頼り切っていたため、イギリスを手放す準備がまったくできていなかったのである。[*47] 首長たちは、イギリスが駐留を続けるための費用を自らが負担するとまで申し出た。[*48] フォン・ビスマルクは、わずか三年でイギリスのいない未来に備えなければならない立場に置かれた支配者たちの恐慌を見事に描写している。

フジャイラ、アジュマーン、ラアス・アル゠ハイマ、ウンム・アル゠カイワイン、シャールジャの首長は、ロバーツの発表に「パニック状態」に陥った。ラアス・アル゠ハイマのサクル首長はロバーツに、北部の五つの休戦諸国は自分たちだけでやっていくにはあまりにも貧しく、小さすぎると念を押した。「ビッグ４」

と呼ばれる保護国の首長たちも、同じようにショックを受けていた。バーレーンのイーサ首長は、島のイギリス基地と中継基地の解体がバーレーン経済に大きなダメージを与えることを懸念し、アブダビのザイド首長は、イギリス政府が支配者間の協力体制の構築前にペルシャ湾を去ることを批判し、ドバイのラシード首長は、ロンドンからポンドの残高を引き出し、将来、湾岸の保護者としてイギリスの役割を引き継ぐ国に自分の金を投資すると脅した。彼は、ドバイの植民地行政官に、他の首長たちも同じことをするだろうと警告した。カタールのアフマド首長が最も激しい反応を示した。彼はイギリスがペルシャ湾での責任を怠っていると非難し、撤退を決定する前に現地の支配者に相談しなかったことから、撤退の決定は「恥ずべきこと」だと述べた。そして、イギリス政府に対し、撤退の時期を明らかにしないよう求めた。イギリスがこの地域から撤退することはそれだけで十分ひどいが、期日を公表することは「狂気」だというのだ。[*49]

ここで重要なのは、一九六八年の撤退発表当時、湾岸南部にどのような主権国家が誕生するのか、誰も予見していなかったということである。[*50]カタール、バーレーン、アラブ首長国連邦（UAE）という三つの独立国家というかたちでこの地域が脱植民地化することは、脱植民地化自体が驚きであったなかで、もちろん当時の政策立案者が予想できるはずもないことであった。これは政治的・経済的・歴史的、国際的な諸要因が重なってもたらされた結果であり、イギリスや地域大国、あるいは現地支配者が最初に設定した目標ではなかったのである。

よくある間違いは、湾岸南部が一つでも二つでも四つでもなく、三つの国家になることは、植民地時代の行政単位の境界に沿ってあらかじめ決まっていたというものだ。これには、現在のUAEに含まれる七つの首長国が当時「休戦諸国」と呼ばれており、そこにカタールとバーレーンが含まれていなかったという事実が背景にある。しかし、湾岸の専門家が繰り返し指摘してきたように、だからといって休戦諸国という単位が「第一義的な」保護領で、個々の首長国はその下位区分にすぎないというわけではない。[*51]「マレー非連合州」などと同様に、「休戦諸国」は、各首長国が同じ植民地行政上の地位を共有していることを示す標識にすぎず、当該首長国間に正式な結びつきが存在するとか、一つの単位としての統治が行われていたといったことを意味するわけではない。[*52]そもそも、もしすでに一つの行政単位であったならば、わざわざ新たに交渉を行って連邦を作ろうとする必要などないはずなのである。「休戦諸国」という言葉は、湾岸南部の支配者がイギリスと結んだ休戦協定に由来するが、首長たちはこの条約に個々の支配者として署名したのであり、一つのグループとして署名したわけではない。カタールとバーレーンも、もちろんこの湾岸南部におけるイギリスの条約システムの一部を構成しており、九つの首長国すべてが同等の植民地的地位を有していた[*53]（つまり、すべてが「第一義的な」保護領であった）。だからこそ、合併が新たに提案されたのである。結果が最初からわかっていたというのは、結局のところ後知恵にすぎない。このような決定論を避け、歴史を現在から過去の「後ろ向き」ではなく、過去から現在へと「前向き」に検証することが重要なのである。[*54]

実際、湾岸の脱植民地化過程に関する既存研究は、この脱植民地化の結果が予想外であったという点で一致している。たとえば、マクリスは以下のように指摘する。

どのような政治秩序が生まれるのだろうか。旧保護国に住むアラブ人たちは、一つの国家に統合されるのか、それとも独立した国家として出発するのか。一九六八年一月の時点では、誰にもわからなかった。[*55]

同様に、佐藤は「カタール、バーレーン、アラブ首長国連邦（UAE）のような、小さくとも繁栄する国々が最終的に出現することは、一九七一年までまったく明らかではなかった」と述べている。[*56]後から考えれば当然に見えるかもしれないが、他でもない三ヶ国の出現が最初から予期されていたと考えるのは、大きな誤りである。

また、イギリスが湾岸で「分割統治」政策をとったために、一つではなく三つの国を意図的に作ったと考える人もいるだろう。しかし、九首長国を合わせたとしても、サウジアラビアやイランに比べればはるかに小さく、力も弱いことは明らかであり、イギリスは新たな地域大国が生まれることを懸念してなどいなかった。むしろ、本章が示すように、湾岸におけるイギリスの懸念は、小さすぎて脆弱な国家が生まれることであり、それゆえに、九つの首長国をすべてカバーする一つの連邦の設立を一貫して支持したのである。

実際、撤退のおよそ一年前である一九七〇年一〇月の時点でも、イギリスの外務・英連邦省は、近く行われる会議の後に起こりうるシナリオを五つも検討していた。

（A）会議が成功し、九首長国で構成される連邦の憲法が採択される
（B）会議は開催されないか、開催されても結論が出ないまま終了する
（C）会議の結果、代替となる国家が成立することなく、九首長国がバラバラになる
（D）バーレーンが会議で離脱し、八首長国による連邦が形成される
（E）バーレーンとカタールが会議で離脱し、残りが七首長国による連邦を結成しようとする[*57]

イギリスは、最も望ましいと考えたシナリオ（A）を「最も可能性の低い結果の一つ」と認識してはいたが[*58]、それでも五つのシナリオすべてがありうると考えていたことには注目すべきである。佐藤もこの点について同様の見解を示している。

保護国のあいだでの長年の対立を考慮すれば、「九首長国の連合」の破綻と、休戦諸国がＵＡＥになりバーレーンとカタールが別の国家として独立することは、最初から運命づけられていたように思えるかもしれない。しかし、一九七一年七月に発表された報告書は、少なくとも一九六九年一〇月までは、イギリスが三国ではなく一国の形成を目指していたことを示している。[*59]

以上の五つのシナリオの検討は、佐藤が引用した報告書の一年後でさえ、イギリスがまだ九首長国の一つの国家への統合を目指していたことを示す。また、連邦の形成が完全に失敗することもありうると関係者が考えていたことも、同様に重要である。合併計画が動き出してから四ヶ月も経たないうちに、早くも首長のあいだの意見の不一致を目の当たりにしたイギリス理事官のスチュアート・クロフォードは、「この連邦形成が失敗すれば、参加国が九であろうとそれ以下であろうと、他の試みも成功しない可能性が非常に高い」と報告している。[*60] こうした事実は、カタールとバーレーンの独立が最初から予測可能であり、意図された結果であったというような後付けの議論に対する強い反証となるだろう。

「資源の呪い」に関する最近のある研究は、石油利権に由来するイギリスの介入によって、サウジアラビアが周辺のイギリス植民地を併合することができなかったことを明らかにしている。[*61] この研究では、クウェート、バーレーン、カタール、ＵＡＥ、そしてオマーンの国家としての成立が、イギリスの介入に負うところが大きいことを示している。これは湾岸諸国の形成に関する重要な指摘ではあるものの、五つの国家の存立をもっぱらイギリスのイニシアチブによるものとし、首長国自身には主体性がないかのように扱っている点に問題がある。そしてさらに重要な問題は、イギリスの保護下にあった首長国が、なぜほかでもないこの五つの主権国家になったのかを説明できていないことである。つまり、湾岸の小国が全体としてサウジアラビアに併合されなかった理由は説明できても、この五つの特定の国家の形成は説明できていないのである。たしかに、過去の行政単位がそのまま国家になる可能性が高いことは研究でも指摘されており、[*62]これでオマーンとクウェートの成立は説明できそうである。しかし、他の三つの国家、すなわちバーレーン、カタール、UAEの誕生はこれでは説明できない。すでに述べたように、九首長国は、一つの国家として統合される可能性もあれば、逆に九つの独立した小国家となる可能性もあった。イギリスの介入がサウジアラビアの侵略から湾岸南部の首長国を守ることを意図していたのであれば、三つの国を別々に独立させるよりも、これらを統合したより大きな国家を作る方が合理的であろう。つまり、上記の研究では、カタールとバーレーンの独立を説明できていないということになる。

連邦計画

これまでに説明したように、イギリスは、国家としてその後も存続できるように、小さな植民地を連邦に再編成したうえで主権を移譲する政策をとることが多かった。[*63]イギリスは、小規模植民地は経済的・政治的に自立した単位にならないと独立を達成できないと考えたのである。この原則は湾岸南部にも適用され、首長国の存続のためには連邦制が最適であるとして、連邦構想が推進された。

地域協力という考え自体は、その範囲についてはあまりコンセンサスがなかったものの、湾岸南部でこれまでも提案されてきたものであった。一九三七年には、イギリスが主導しバーレーン、カタール、休戦諸国、クウェートが参加するかたちで、初めて地域機構の設立が提案された。このプロジェクトは、イギリスの第二次世界大戦への参戦により立ち消えになったが、この種の議論としては最初のものであり、一定の認知度があった。[*64]イギリスがインドから撤退し、湾岸地域にはとどまることを決めた後、このアイデアをベースとして、一九五二年に初めて地域協力のための具体的な計画が立案された。そしてイギリスの主導により、アブダビ、ドバイ、シャールジャ、ラアス・アル＝ハイマ、ウンム・アル＝カイワイン、アジュマーン、フジャイラからなる「休戦諸国評議会」（ＴＳＣ）が設立された。その後二〇年間にわたって、ＴＳＣは地域フォーラムとして機能し、関係者が経済発展、教育、医療といった地域の問題を議論する場となった。[*65]

このように地域協力にある程度馴染みがあったからこそ、イギリスの撤退発表からわずか一ヶ月後の一九六八年二月一八日に、早速アブダビとドバイが合併に合意し、他の七首長国を新しい連邦に招待することができたのだと考えられる。九人の支配者たちは、二月二五日から二七日にかけて、新しい連邦の可能性について議論する会議に出席した。会議の最後には、カタールが提出した草案に基づき、「アラブ首長国連合」（Union of the Arab Emirates）という名の連邦を設立することで合意し、イギリスもこのプロジェクトに支持を与えた。[*66] この最初の会談は非常に充実したもので、イギリスを驚かせるほどであったが、これはその後行われる数多くの会議のうちの一つにすぎず、実際にはこの後、数多くの不一致が生じることになるのである。

三つの国家の成立

九首長国のうち、アブダビ、ドバイ、カタール、バーレーンの四者が交渉を主導する主要なアクターであり、残りの五つは弱小で、ほとんど影響力はなかった。[*67] アブダビは、一九六〇年代に石油生産が開始されたことに伴い、九つのうち最大でかつ最も裕福な首長国となっていた。上述のドバイ合意は、アブダビとドバイに対等な地位を付与していたが、実際にはアブダビはドバイよりはるかに強大であった。[*68] イギリスによれば、アブダビのザイド首長は「残りの支配者たちは、いずれにしても『私の』連邦に参加せざるをえないだろう」と高をくくっていたという。[*69] イギリス自身、「ザイドの資金が、最終的に彼に優位な立場を与える可能性は高い」とも指摘している。[*70] The Economist 誌によれば、アブダビは「その莫大かつ急激な富という一つの決定的な理由によって、自然に、そして決定的に、リーダーであった」という。[*71]このように、アブダビは他の首長国に圧力をかけて連邦に参加させた側であって、圧力をかけられた側ではないため、第1章で説明した本書の理論の説明対象外となっている。

ドバイは石油資源に恵まれていたわけではないが、[*72]この地域で石油の生産が始まる以前から、主要な港でありまた商業の中心地であった。[*73]ドバイの支配者であるラシード首長は、極小の都市国家であるドバイが単独で生き残ることはできないことを十分認識していた。[*74]彼は新しい連邦でアブダビが独占的な権力を握ることを好ましく思ってはいなかったが、アブダビのザイド首長が両首長国の国境問題に関して譲歩を示し、[*75]ドバイに連邦における拒否権を与えるという、双方のパワーバランスを考えれば破格の条件を提示したため、一九六八年にドバイ合意に調印した。[*76]

前述したように、カタールとバーレーンは湾岸南部で最初に石油収入を得た首長国であった。カタールの埋蔵量はアブダビより少なく、バーレーンは他の二つよりはるかに生産量が少なかったが、比較的長い期間にわたって石油を生産していたため、両首長国は他の地域より高いレベルの発展を遂げることができた。[*77]それに加えて、湾岸におけるイギリスの拠点が一九四六年にイランのブーシェフルからバーレーンに移って以来、バーレーンはこの地域におけるイギリスの支配の中心地であったため、行政的にも発展していたのである。[*78]

これら四首長国は、二つの陣営に分かれた。一方はアブダビとバーレーン、もう一方はドバイとカタールである。アブダビとドバイ、そしてバーレーンとカタールのあいだには、かつて一方が他方の一部であったという経緯を一因として、それぞれ歴史的に緊張関係が存在した。また、アブダビとカタールのあいだには、アラブ民族主義に対する立場やサウジアラビアとの関係をめぐって意見の相違があった。[*79]この四大首長国の分裂が合意形成を困難にしており、さらに残る五つの小首長国は、自らが軽視されているとの考えのもと、四首長国のイニシアチブに不満を抱いていた。[*80] たとえば、フジャイラの首長は、「小さな五つの国は、全体を一人の支配者で代表し、一票だけ与えるべきだ」という四首長国の提案に強い反対を表明したことが記録に残っている。[*81] しかし、アブダビには巨万の富があり、ザイドがこれを他の首長国にも寛大に分配すると約束したことで、結局ほとんどの支配者はアブダビの側につかざるをえなくなった。例外はラアス・アル゠ハイマで、同国だけはアブダビの主導的役割に強く反発し、ドバイとカタールの陣営に属していた。[*82] 一九六九年一〇月の最高評議会会合が失敗すると、九首長国全部が参加する連邦を作ることは著しく困難であることが明らかになったが、イギリスは当時この理由を以下のように分析している。

スチュアート・クロフォード卿の総括によると、連邦形成のうえでの困難は、カタールとバーレーンの支配者一族が古くから敵対関係にあること、カタールとドバイでは、より教育程度の高いバーレーン人が連邦で大きな影響力を持ちすぎるという懸念があること、ドバイはバーレーンと競争するために商業活動の自由を保ち、アブダビの影響を相殺したいと考えていたこと、ラアス・アル゠ハイマのサクル首長がイランを恐れていること、評議会の長となるべきザイド首長の無能さなどが背景にある。[*83]

九つの首長国のあいだにはこれだけ大きな不一致と対立があったのだから、交渉の結果、九首長国の連合が成立しなかったのは当然といえば当然である。しかし、九首長国による連邦が成立しなかったからといって、ただちに七首長国の連邦が成立し、カタールとバーレーンがそれぞれ独立するということにはならない。冷戦とアラブ民族主義の台頭のなかで、カタールやバーレーンのような小さな首長国の存続は不可能と判断されたからこそ、連邦の結成が目指されたのである。一方、他の支配者たちも新しい連邦のなかでの自分の立場に不満を持っており、その代表がラアス・アル＝ハイマのサクル首長であった。ではなぜ、カタールとバーレーンだけが独立することになったのだろうか。

カタールの単独独立

植民地化から脱植民地化まで

カタールは歴史的にバーレーンの属領とされていた期間が長かった。バーレーンの支配者一族であるハリーファ家は、クウェートからカタール半島北西部沿岸の港であるズバラに移住し、そこからバーレーンに渡ったという経緯があるためである。同家はバーレーンに移った後も、依然として独自にカタールの知事を任命していたが、現在のカタールの支配者であるサーニー家を中心としたカタール人はこれに反発し、対立は武力衝突へと発展した。イギリスはこの紛争でカタールを支持し、一八六八年にカタールをバーレーンから独立した存在として認知して、ムハンマド・ビン・サーニーの支配者としての地位を認めた。このイギリスの介入により、カタールは独立した政治的単位としての地位を確立したのである。[*84]

しかし、これでただちにカタールがイギリスの条約システムに組み込まれたわけではなかった。一八六〇年代から七〇年代にかけて、オスマン帝国がアラビア半島に進出し始めていた。オスマン帝国の圧力に直面したカタールは、その影響力を受け入れざるをえず、その後四〇年間、カタールの支配者は、「オスマン帝国の力と、湾岸における自分たちの権益をオスマン帝国に侵されるのではないかというイギリスの不安の高まりとのあいだでバランスをとる」必要に迫られた。[*85] オスマン帝国とイギリスのこの競争は、一九一三年に両国のあいだで協定が結ばれ、オスマン帝国がカタールに対するすべての権利を放棄したことで終結する。[*86] それに伴い、カタールの支配者は一九一六年にイギリスと排他的協定を結び、イギリスの条約システムに入ることとなった。

とはいえ、オスマン帝国が去った後も、石油生産が始まるまでカタールは深刻な国内外の脅威に直面していた。たとえばサウジアラビアのイブン・サウードは、当時湾岸で拡張主義的な政策をとっており、イギリスの理事官は「イブン・サウードは一週間でカタールを併呑するだろうし、私は実際そうなることを恐れている」と発言していたほどであった。[*87] また、バーレーンもいまだにズバラの領有権を主張しており、一方国内でも支配者一族の内部で権力闘争があったため、支配者は自身の権力基盤に不安を抱えていた。

こうした状況が大きく変わったのは、石油会社が操業を開始してからである。アングロ・ペルシャン石油会社（APOC）は、イギリス政府関係者との協力の下、カタールのアブダラ・ビン・カシム首長から石油利権を獲得することに成功した。一九一六年の条約によって、すでにアブダラはイギリス企業に独占的な利権を与えることになっていたのだが、イギリス側は、この条約が厳密にはアブダラ個人にしか適用されず、彼の後継者は利権を取り消すことができることに気づいた。[*88] アブダラはこれを巧みに利用し、イギリスに利権を与える代わりに、外的・内的な脅威から自らを守り、また息子のハマドを後継者と認めることを承諾させたのである。[*89]

この協定をきっかけに、イギリスはサウジアラビアに対してより強い立場を取るようになり、カタールに対する脅威を抑止するようになった。[*90] また、バーレーンとの紛争にもカタールを支持するかたちで介入し、ズバラがカタールに帰属することを確認した。[*91] イギリスは内政面でも支配者を支援し、この結果、支配者一族内での権力強化が進んで体制はますます安定したものとなる。[*92] カタールがこの地域のより強力な国家に取り込まれうる局面は歴史上何度もあったのだが、上記のように石油とイギリスとの条約関係によって、脱植民地化の時点まで政治的単位として存続し続けることができたのである。[*93]

交渉過程

少なくとも当初の段階では、カタールは九首長国による連邦形成交渉に積極的に参加していた。カタールの代表は連邦の詳細な計画を発案し、またイギリスや他の支配者たちに、自分たちは純粋に連邦に参加したいのだということを繰り返し伝えてもいた。一九六八年一〇月一五日にアフマド首長は、他の支配者たちが連邦形成のために十分な努力をしないことを批判してさえいる。

カタールはこれまでも、そしてこれからも近隣諸国との協力に全力を尽くすだろうが、その協力は一方的なものではありえない。バーレーンやアブダビも、さらに努力しなければならない。[*94]

それから二年が経っても、アフマド首長とハリーファ副首長は、「他の支配者たちも連邦を望んでいるとすれば、われわれは彼らと完全に意見が一致していることになる」と述べるなど、依然として連邦に対する積極的な姿勢を崩していなかった。[*95]アフマド首長は、九首長国の連合が「この地域の将来の安定にとって最も重要なことだ」とまで考えていたという。[*96]さらに、「何らかの理由でバーレーンが連合から離脱し、独自の道を歩むことになっても、カタールは他の七ヶ国と一緒に進むだろう」とも付け加えている。[*97]カタール抜きでＵＡＥが成立するわずか数ヶ月前の一九七一年八月の時点でも、このときすでにカタールが独自に独立することはかなり明白になっていたにもかかわらず、アフマド首長はカタールが「九首長国連合に賛成している」と語っていたのだ。[*98]

イギリス政府関係者もまた、カタールが本気で連邦加入を目指していると認識していたようである。たとえば、一九六九年五月のドーハでの会合の前に、駐カタールのイギリス官僚エドワード・ヘンダーソンは、「カタールの支配者たちは、この会合の進展と連邦の成功を本気で願っている」という見解を示している。[*99] 前述のように、一九六八年の会合で連邦の詳細について具体的な提案を行い、議論を加速させようとしたのはカタールであった。カタールが積極的に交渉に参加し、ある時点まで連邦への加盟の可能性を追求していたことは、否定できない事実だと考えてよいだろう。

カタールが交渉に参加した最大の理由は、安全保障上の懸念であった。[*100] すなわち、カタールは「周辺首長国から取り残されて、サウジアラビアに併合される」ことを恐れていたのである。[*101] 理事官のクロフォードは、カタールの懸念を以下のように推量している。

彼［アフマド首長］は、アブダビとドバイの連合が成功し、他の小国を惹きつけるようなら、バーレーンよりはるかに小さいカタールは、取り残されてサウジアラビアに吸収される以外にない、という結論に達したのかもしれない。そのため、湾岸南部に複数の小国を維持し、そのあいだを緩やかに結合させることが最もカタールの利益のためになると考えたのだろう。[*102]

サウジアラビアは、歴史的な経緯からカタール（あるいは湾岸南部全体）に対する野心を持っていた。サウジアラビアという地域大国に地理的に近接していることで、同国の出方にカタールは特に注意を払わざるをえず、だからこそ、連邦が外部の脅威に対抗するために有用だと考えたのである。したがって、カタールが最初から単独で独立するつもりであったと考えるのは、端的に言って誤りである。

一方で、カタールの指導者たちが、交渉過程で連邦構想に何度も不満を表明していたこともまた事実である。アブダビに牛耳られた連邦では二次的な地位しか望めないにもかかわらず、自国の石油収入の多くを連邦に吸い上げられるというのは、カタールにとって受け入れがたいことだった。カタールの首長らは当初からドバイ合意を「ザイドによる買収」と見ており[*103]、ザイドから主導権を奪おうとしたが、小首長国の多くが実際にはアブダビを支持していることが明らかになり、自分たちが主導権を握ることはできないことを悟ると、連邦に対する熱意を失っていく。ヘンダーソンは、カタールの姿勢の変化を的確に言い当てている。

今年［一九七〇年］の五月までは、カタールは湾岸諸国のなかで最も熱心にＵＡＥを支持していた。［……］五月から一〇月頃までは、連合のための計画がすべて失敗に終わったという失望だけを感じているようだった。一〇月以降、あるいはそれより少し早い時期から、カタールは日を追うごとに連合からますます遠ざかっている[*104]。

カタールが連邦への参加をためらった最大の理由は、財政的な問題であった。自国がせいぜい二次的な地位しか与えられない連邦に、多額の石油収入を拠出することに抵抗があったのである。新しい連邦では、石油が出る首長国は石油収入の一〇％を連邦に納めることになっていた。ハリーファ副首長によれば、カタールは連邦予算二億カタール・ドバイ・リヤルのうち五五〇〇万を拠出することになり、アブダビに次いで二番目に大きな拠出国となる予定だったという[*105]。自分たちが率いることのできない連邦にこれほど多額の拠出をする可能性に直面したアフマド首長は、「カタールが連邦政府に多額の拠出をすることは、カタール国内の開発計画を削減するかすべて切り捨てることになるため、人々はそれを望んでいない」と発言した[*106]。同様に、ヘンダーソンも以下のように述べている。

カタールは豊かな国なので、貧しい国との結びつきを恐れるという人が何人もおり、そのため、情報通の人たちでさえ、連合に対する熱意は予想したほど強くない。[*107]

このような連合に対する疑念は、そのまま単独独立という考えにもつながっていく。[*108]前述のように、カタールが連邦に懐疑的になったのは、自分たちが主導できない連邦で他の首長国と石油の富を共有したくなかったことが大きな理由であったが、この石油収入こそが、そのまま単独独立を目指すことができた理由にもなった。アフマド首長によれば、その富のおかげで、カタールは「他の国よりも［連邦の］必要性が低く、単独でやっていける」のだという。[*109]イギリスの官僚である理事官のクロフォードも、本国外務省に対して「カタールが望めば、国連に加盟できない理由はない」と述べており、カタールの三五〇〇万ポンドの年間石油収入、八万人の人口、OPECのメンバーシップなどをその理由に挙げている。イギリス政府が九首長国の連邦構想を推進していたにもかかわらず、このような主張がなされていたことは注目に値する。[*110]

これは、カタールが近隣地域と分かれて単独独立するためのインセンティブが存在したことを明確に示している。しかし、インセンティブがあるだけで即座にそれが実現できるわけではない。莫大な富を有していることで、より強力な隣国の格好の餌食にもなりかねず、また独立戦争を回避するためには宗主国の支持を得ることも必要であった。ここで重要な役割を果たしたのが、イギリスによる保護の歴史である。

まず、カタールは法的にはイギリスの植民地ではなく、自国の将来を決める権利を持っている保護国であったため、たとえイギリスが反対したとしても、究極的には単独独立を阻止することは困難であった。もちろんイギリス政府関係者は、七首長国による連邦よりも九首長国の連邦を望み、カタールの脱退を思いとどまらせようとした。たとえば、ハリーファ副首長がヘンダーソンに、「カタールよりもずっと小さな国が国連に加盟している」

と指摘したとき、ヘンダーソンは「そのような考えを持つことをやめさせようとした」し、「カタールがUAEの外でやっていくことがいかに困難であるか」を強調している。[*111] しかし、植民地支配の取り決めのうえでは、イギリスには自分たちの望む結果を強制する力がなく、最終的にはカタールの決定を受け入れざるをえない立場にあったのだ。[*112]

イギリス政府関係者が、カタールの単独独立の意図を現実的なものとして疑い始めたのは、一九七一年三月頃のことで、三月九日には、ダグラス＝ホーム外務・英連邦大臣が「バーレーンが連合を脱退したらカタールがどうするかは不明だが、少なくともカタールも脱退する可能性はある」と書いている。[*113] ヘンダーソンも同様に、三月二九日の時点ではカタールの意図について確信が持てず、次のように述べている。

〔アフマド首長が〕本当はどうするつもりなのか、評価するのは非常に難しい。確かなことはわからないが、彼はカタールの独立に傾いているように思える。しかし、彼は最後まで連合を望むと宣言し、その失敗の責任を自分以外のすべての人になすりつけるだろう。[*114]

その後首長たちと、あるいは官僚たちのあいだで議論を重ねるうちに、イギリス政府関係者はカタールの意図を徐々に把握できるようになり、四月八日には、外務・英連邦省が首相に「バーレーンが独立を選択すれば、カタールもそうなる可能性が高まっている」と報告している。[*115] 五月には、ハリーファ副首長がヘンダーソンに、「カタールの独立は連邦に代わる唯一の選択肢」であり、「カタールはバーレーンに続いて独立を宣言したい」と述べたことで、カタールが連邦から分離独立する意思があることがようやく確定した。[*116] このときから、カタールの単独独立の意思は既成事実となり、イギリスはこの理解に基づいて行動するようになったのである。

重要なのは、この過程で主導権はつねにカタール側にあり、宗主国であるイギリス側にはなかったということである。全体を通じて、カタールの指導者たちが自国の将来についての希望をイギリスに伝えたのであって、その逆ではなかった。イギリスは、自らのカタールへの影響力の限界を認識していた。議会でカタールとバーレーンの単独独立について質問されたダグラス゠ホームが、「単独での独立は、もちろんこの二つの国家にとって可能な選択肢だが、その決定は彼らのものでなければならない」と答えたのは、それを端的に示している。[*117]

しかし、それでもカタールの独立がただちに実現したわけではなかった。前述したようにカタールは、九首長国による連邦以外を認めず、またカタールの安全保障上の不安要素でもあったサウジアラビアからの圧力にさらされていた。そもそもカタールが交渉に参加したのはサウジアラビアへの不安のためであって、同国の反対のせいでカタールは一年以上も独立を宣言するのを躊躇していたのだという。[*118]

こうした不安を解消したのがイギリスであった。首長国の外交を担い、西側世界に石油を供給するこの地域の安定を図るという責任から、イギリスは地域の大国に積極的に状況を説明し、交渉の展開についてその賛同を得るべく活動した。[*119] ダグラス゠ホームは議会で、「将来、疑惑と敵対を生むような問題を引きずらないようにするため」湾岸南部の首長国と近隣諸国とのあいだの問題を可能なかぎり解決することがイギリス政府の方針であると述べている。[*120]

サウジアラビアのファイサル国王がもともと九首長国の連合を強く望んでいたのは、「連合に参加する国が多ければ多いほど、アブダビが支配する可能性は低くなる」と考えていたためである。[*121] サウジアラビアとアブダビは領土問題を抱えており、折り合いが悪かった。そこでファイサルは、「アブダビの力を相殺する」ためにカタールとバーレーンを連邦に入れたいと考えていた。[*122] 九首長国連合が不可能であることを悟ると、ダグラス゠ホームは「今こそ、ファイサル国王に九首長国連合がもはや実現不可能であることを認めさせ、より少数での連合を目指して協力するよう説得する時である」と宣言し、[*123] それを受けたイギリス官僚が国王とその顧問と繰り返し会談して、カタールとバーレーンの単独独立を認めるよう説得を行った。[*124]「カタールとバーレーンの独立を前提としたその後の連合設立に公然と反対すれば、連合失敗の原因とみなされる恐れがある」と感じたファイサル国王は、イギリスの説得の結果、最終的に両国の独立に同意した。[*125]

二つの要因の効果

「世界で最もありそうにない政治的単位」[*126] の一つであるカタールが、周辺地域とは別個に独立した歴史的過程を本節で分析した結果、石油と保護領制度によってこれを説明できることが明らかになった。このプロセスは、三つのメカニズムを通じて生じた。

第一に、石油とイギリスの保護が、カタールに独立を目指すインセンティブ、すなわち莫大な収入と支配者の揺るぎない権力を与えた。一九三五年の石油コンセッション契約、一九四〇年の石油発見、そして一九四九年の生産開始を経て、カタールは脱植民地化の時点で、湾岸南部の最も豊かな首長国の一つとなっていた。そのカタールが、ライバルであるアブダビが主導する連邦に入り、周辺地域に富を分け与えることに警戒心を抱くのは当然のことであった。他方で、石油とイギリスの保護があるため、支配者は、首長国全体の将来について自ら決定を下すことができた。国内において比類なき権力を持つ支配者は、現在の権力を維持するため、カタールを独立した存在として維持する強い動機を有していた。一九一六年に条約を結んで以降、イギリスは一貫して支配者とその後継者に対する支援を行い、その結果一族および社会全体に対する彼らの支配力は決定的に強化された。[*127] この権力は、石油開発によってさらに強固なものとなった。というのも、支配者が石油のロイヤリティの唯一の支払先だったからである。[*128] より根本的には、そもそもカタールを周辺地域とは別個の存在だと規定したのもイギリスである。カタールはかつてバーレーンの属領とされていたが、イギリスは一八六八年にこれを別個の存在として認め、脱植民地化までそれを維持した。この植民地支配のうえでの扱いが、カタールのアイデンティティを強め、単独独立を目指す動機に影響したことは否定できない。

第二に、石油と保護領制度は、カタールを独立国家として生存可能にした。石油収入があることで財政的な自立が可能になり、またイギリスがカタールの独立を阻む外的脅威の排除を担った。上述のように、イギリスは二〇世紀初頭にカタールが抱えていたサウジアラビアやバーレーンとの領土問題の解決に重要な役割を果たし、脱植民地化の局面では、カタールの単独独立に反対していたサウジアラビアを説得し、独立を認めさせた。

第三に、これら二つの要素によって、カタールはイギリスに対して強い交渉力を持つようになった。カタールは重要な産油国であり、イギリスはその意に反した政策を強制することで、両国の友好関係を失うことを恐れた。さらに重要なのは、カタールが植民地ではなく保護領であったため、イギリスは支配者の意見に耳を傾ける必要があったということである。イギリスにとって、「新植民地主義的」という批判を受けることは避けなければならず、植民地支配への批判を強めていた当時の国際社会に対して、国内主権を保持する支配者に無理強いしているような印象を与えないよう、細心の注意を払っていた。オーウェンが指摘するように、イギリスはこの地域で君主制を支援してきたが、皮肉なことに、その支援によって現地支配者を植民地と宗主国との関係における強力な拒否権プレーヤーに仕立て上げてしまったのである。[*129]

このように、カタールの事例は、主権国家としての単独独立が、石油と保護領制度という二つの要因によって引き起こされたことを示している。石油がなければ、アブダビの資金援助なしにカタールが存続していくことは難しく、結局は連邦に加盟してアブダビに従うという選択をせざるをえなかっただろう。同様に、イギリスの保護がなければ、カタールはバーレーンやサウジアラビアといった周辺国にどこかの時点で併合されていたに違いない。

バーレーンの単独独立

植民地化から脱植民地化まで

現在のバーレーンの支配者一族であるハリーファ家が同地にやってくる以前、この辺りの島々はペルシャの支配下にあった。[*130] クウェート出身のハリーファ家は、一七六六年にカタール西海岸のズバラに移り住み、その後一七八三年にバーレーンを征服してペルシャ人を追い出した。[*131] バーレーンは歴史的には真珠の生産と貿易で栄えており、湾岸の真珠は「バーレーン・パール」という名前で呼ばれていたという。[*132]

バーレーン経済は比較的安定し発展していたものの、政治状況は内外の脅威のせいで安定とは程遠いものであった。オマーン人やワッハーブ派がバーレーンをたびたび攻撃しており、たとえば一八〇〇年にはマスカットのイマームが島を占領し、人質を取った。一年後、ハリーファ家がバーレーンを奪還したが、その過程でワッハーブ派の助けを借りたため、今度はワッハーブ派の保護下に置かれてしまう。[*133] 国内的にも、支配者一族がバーレーンへの移住後すぐに二つの派閥に分裂し、武力衝突にまで至るような有様だった。

この不安定な状態は、イギリスが積極的に介入するようになると徐々に解消されていく。一八二〇年にイギリスはバーレーンと包括平和条約を結び、その後一八六一年に結んだ条約によってバーレーンをイギリスの条約システムに組み込んだ。その結果、バーレーンは外敵からイギリスの保護を受けることができるようになった。[*134] イギリスはまた、支配者一族の内部対立を解決するために、まずムハンマド・ビン・ハリーファ首長の正統性を認め、その後アリ・ビン・ハリーファを新しい支配者に、その息子イーサ・ビン・アリを後継者に据えた。[*135]

もう一つの転換点は、戦間期に石油が発見されたことである。世界恐慌と日本の養殖真珠の出現で、当時湾岸経済は壊滅的な打撃を受けていた。[*136] ザーランによれば、バーレーンのような首長国は、石油の発見がなければこの危機を乗り越えることは不可能に近かったという。[*137] 湾岸諸国の首長国のなかで、バーレーンは最初にコンセッション契約を結び（一九三〇年）、石油生産を開始した（一九三二年）国である。二番目のカタールが生産を始めたのは一九四九年で、首長国のなかで最大の生産量を誇るアブダビの生産開始は一九六二年だったことを考えると、バーレーンの先行性はきわめて顕著である。カタールやアブダビに比べれば生産量ははるかに少なかったものの、バーレーンは早くから生産をしていたため、教育などの社会事業や官僚制の確立などの政治的発展に投資することができ、結果として脱植民地化の時点では九首長国のなかで最も発展した首長国となっていた。

交渉過程

バーレーンは当初から連邦結成の交渉に積極的に参加していたが、カタールと同様、連邦への参加に熱意があるかどうかは議論の分かれるところであった。イーサ首長は、九ヶ国のなかで最初に湾岸南部に連邦を設立したいと公言した支配者であり、[*138] 九ヶ国連合への継続的な支持を何度も表明している。イギリスの官僚であるA・D・パーソンズも、バーレーンの姿勢を肯定的に受け止めていた。

連合に対するバーレーンの態度は、この構想が持ち上がった当初よりも満足のいくものになっていると思う。懐疑的な見方はいまなおあるが（これがうまくいくと思っている人を見つけるのは不可能に近い）、支配者とその助言者たちは、少なくとも自分たちが真剣に努力をしていると確信しており（逆にほかの人々は誰も努力していないと思っている)、すでに報告したように、彼らはこの件全体に対してかなり落ち着いてきており、心理的に連合のリズムに慣れ始めている。[*139]

バーレーンには、連邦の設立を目指す理由があった。バーレーンが交渉に参加した最も大きな動機は、安全保障に関するもの、すなわちイラン要因であった。イランはバーレーンを自国の領土と長年主張しており、一九六八年七月八日に同国外務省は、「バーレーンのUAEへの加盟は認めない」という声明を発表した。この脅威に対抗し、「イランに対するバーレーンの立場を強化する」[*140]ためには、バーレーンをより大きな、より強い存在の一部にする必要があった。したがってイーサ首長は、「現実または想像上のイランの脅威に直面すると、サウジアラビアとの関係がより複雑になり、バーレーンの単独独立への妨げになる可能性があるとしても、アラブ連帯のジェスチャーを示すようになった」のである。[*141]したがって、バーレーンが交渉の当初から連合からの離脱を意図していたと考えるのは誤りである。

しかし、バーレーンが早くから連邦構想に対してためらいを見せ始め、他の首長国やイギリス政府関係者がその意図を疑っていたこともまた事実である。たとえば、カタールの首長の顧問であるハッサン・カメルはヘンダーソンに、「他の湾岸南部諸国からバーレーンを訪れた多くの首長や名士が、バーレーンは連邦に入るつもりがないという結論に達している」と語っている。[*142]また、イギリスの官僚であるA・J・D・スターリングは、バーレーン政府は公式には「憲法を持つ密接な連邦としてのUAEの概念を支持」しているものの、非公式には「支配者とその顧問たちは、連邦に深い疑念を持っている」と指摘している。[*143]

バーレーンが連邦を望まなくなった最も重要な要因は、他の首長国と比べて開発の水準が高いことであったと考えられる。バーンウェルは、バーレーンの発展度を他の首長国と比較して以下のように述べている。

バーレーンは第二次世界大戦前に石油の発見と輸出の恩恵を受け、学校を建設して設備を整え、国民に初等教育と職業教育を提供し、行政や政府の機能を担うことができる層を育て始めていた。アブダビは、一九六八年までには石油の埋蔵が確認されていたが、石油の輸出は一九六六年からで、それまでは行政機関や公共サービスの整備は最小限であった。また、アジュマーンやラアス・アル＝ハイマなどの他の首長国は貧しく、ほとんどアブダビ、クウェート、そしてイギリスからの資金援助に頼っており、独立した自治体の役所や政府機関を設置する余裕もなかった。[*144]

このようなバーレーンの高い発展水準は、長期の石油生産によって可能となったものであり、それは「未発展」の首長国との合併を難しくしたのである。[*145]

バーレーンの政策担当者は、このような理由から他の首長国との合併に懸念を示していた。たとえば、バーレーンの首長の顧問であるアフマド・アル＝ウムラーンは、「バーレーンは、後進的で社会的に未発達な国家の集まりを、都市化し高度に発展した国家（バーレーン）にくっつけようとする連邦に引きずり込まれることを何としても避けなければならない」と主張している。[*146] また支配者や政府全体として、「バーレーンは他国の遅れたベドウィンたちに巻き込まれてはならない」という見方があったとされている。[*147] イギリス政府関係者もまた、バーレーンの認識を理解していた。パーソンズは、「社会的・政治的観点からバーレーンより少なくとも一〇〇年は遅れている（バーレーン人の意見では）国々のグループに自らを縛りつけることは、バーレーンの望むところではないだろう」と述べている。[*148]

さらに、バーレーンの発展水準が高いことは、バーレーンは単独でやっていけるという見方にもつながった。

The Economist 誌は、バーレーンが「単独で完全な独立国家になることができるだろう。［バーレーンの独立は］すでに独立している多くの小国よりもはるかに普通のことだ」と指摘している。[*149] イギリスもバーレーンの単独独立の実現可能性を認めており、財政的な支援を必要としてはいるものの、「バーレーンを除いて、自立してやっていけると断言できる首長国はない」と発言した。[*150]

また、バーレーンの経済状況について、バーレーン人自身が他国よりも概して楽観的であったことも重要である。たとえば、バーレーンの首長の顧問であるモハメド・ビン・ムバラクは以下のように断言している。

バーレーンは完全に自立しており、他の小さな首長国はもちろん、アブダビよりも経済状態が良い。そして新たな開発によって生まれる雇用に働き手の確保が追いついていないような状況である。[*151]

当時のバーレーンが実際に経済的に自立していたかどうかは別として、バーレーンの人々は、湾岸南部の他地域との発展水準の違いを考えると単独独立を目指すことは可能であり、望ましいとさえ考えていた。このような認識は、数十年にわたる石油生産とともに形成されたものであった。

またバーレーンは交渉中、他の首長国、特にカタールやドバイから強い反発を受けていた。このため、自国が新しい連邦の主要なプレーヤーにはなれないことがすぐに明らかになったのも、連邦を忌避するようになった要因の一つだと言える。カタールとドバイは、バーレーンのリーダーシップや、時には連合への参加にさえも反対していたのである。その背景には、さまざまな政治的・外交的・経済的要因があり、特にイラン問題が顕著であった。ヘンダーソンはそれらを次のように要約している。

(a) バーレーンはイラン問題のために、連邦の足枷になる
(b) バーレーンは資金がないため、他の国（実際にはカタールとアブダビだけを意味する）から収奪することになるため、足枷となる
(c) カタールが計画した現実的なUAEプログラムに対するバーレーンの妨害的な態度
(d) バーレーンが明らかに連邦を支配しようとしていること
(e) バーレーンの閣僚や職員が、UAEのすべての公職を独占しようとすること
(f) そして最後に、バーレーンの首長たちが民衆政治になびこうとしていること[*152]

バーレーンの幻滅は、新連邦の首都の位置の問題をめぐって象徴的に表れた。バーレーンは当初、自国領内に連邦の首都が置かれるべきと主張していた。地元紙のオーナー兼編集者であったマフムード・ムルディによれば、バーレーンが首都を必要としたのは、「首都に付随する活動の全体的な増加の恩恵を受けたい」という理由だけでなく、「プライドと威信の問題」でもあったからだった。[*153]しかし、バーレーンの提案はカタールとドバイの強い反対を受け、最終的には却下された。これによって、バーレーンは連邦で主導的な立場にはなれないことが明らかになったため、「支配者は連邦に懐疑的になり、連邦に対する国民の関心や支持は低下した」という。[*154]イーサ首長によれば、「バーレーンは連邦の二流メンバーにはなれない」のであり、二等国のように扱われたことで、支配者もその顧問も、バーレーンの未来は連邦にはないと考えるようになった。[*155]

しかし、連合への不満はあっても、イランの脅威が差し迫っていたあいだは、バーレーンが独立すればイランの格好の餌食になるため、即時独立はできなかった。また前節で述べたように、サウジアラビアは九首長国による連合を強く支持し、バーレーンとカタールの分離独立に反対していた。

ここで、バーレーン独立の障害を排除するのに重要な役割を果たしたのが、イギリスであった。[*156] イギリスはイラン側と二年間にわたり何度も会談し、バーレーンの人々が独立を望んでいるかどうかを調査するため、バーレーンに調査団を派遣するよう国連に要請することについて、イラン国王の同意を取り付けた。この措置は、国王がイギリスに譲歩した、あるいはイギリスと結託したという印象を与えることなく領土的主張を放棄させるためにイギリスが考え出したものであった。この合意に伴って国連はバーレーンに特使を派遣し、バーレーン人の圧倒的多数がアラブの独立国家を望んでいるという結論を報告した。一九七〇年三月一一日、国連安全保障理事会はこの報告書を支持し、これに従ってイラン政府は主張を放棄した。同様に、すでに述べたようにイギリスはサウジアラビアのファイサル国王とも会談し、七つの首長国のみで構成される連邦の設立と、バーレーンとカタールの独立を承認させたのである。

イラン問題が解決したことで、バーレーンは連邦からさらに距離を置くことになった。これまでは、バーレーンがいかに連邦に不満であっても、独立すれば外国の侵略を受けやすくなることを恐れて、参加を模索しなければならなかった。しかしその脅威がなくなれば、他の首長国との関係だけを考えればよくなったのである。これは同時に、連邦で二等国として扱われることを容認する理由がなくなったことを意味し、バーレーンはますます強硬な態度に出るようになる。[*157] イラン問題が解決した直後、クロフォード理事官は本省に、「バーレーンはアブダビ会議以降状況が変わり、今やカタール、ドバイ、アブダビと同等の扱いを、特に省庁の分配をめぐって主張しなければならない」と報告している。[*158] しかし、「カタールとドバイの支配者がバーレーンを含む連合に反対したのは、イランへの配慮だけではなかった」ため、バーレーンにより良い地位を与えることについては依然として消極的であった。[*159] 結局、バーレーンは連合に希望を見出せず、こうして単独での独立を選択したのである。カタールの場合と同様、イギリスはバーレーンが植民地ではなく保護国であったことから、バーレーンの希望を尊重せざるをえず、最終的に単独独立を認めたのだった。

二つの要因の効果

バーレーンの単独独立は、石油と保護領制度の賜物であった。これは三つのメカニズムを通じて実現した。まず、バーレーンの石油生産と保護領制度によって、単独独立を目指す強い動機が生まれた。バーレーンの生産量はカタールやアブダビに比べれば少なかったが、カタールに一七年、アブダビに三〇年先行しており、九首長国のなかで最初の生産国であった。石油を中心とした経済・政治・社会の発展の歴史がはるかに長いため、バーレーンの人々は、自分たちは他の首長国よりも発展段階が進んでおり、それゆえにより遅れた地域と合併すべきではないと考えていた。さらに、イギリスによる支配者への保護によってバーレーンの政治は安定性を増しており、特に長子相続制が導入された後はこれが顕著で、イギリスが支配者に正統性を与えたことで一族が支配者に異議を唱えることはなくなった。[*160] したがって、脱植民地化の時点では、支配者は自国の将来について専権的な決定を行うのに十分な力を有していたのである。これが、バーレーンを自分とその後継者がいつまでも支配できる独立した存在として維持したいという強い動機につながり、特に、新たに創設される連邦を主導することが不可能であることがわかってからこの傾向は強まった。

また、カタールと同様、バーレーンが独立した存在としてあり続けてきたことは、イギリスに負うところが大きい。ハリーファ家が支配するバーレーンという首長国は、イギリスの条約システムに入った時点では一〇〇年にも満たない歴史しかなかったが、イギリスに承認されたことで、独立した地位を恒久化することができた。植民地時代を通じて独自の地位を保ったという歴史が、バーレーンを他国と差別化する意識を高め、脱植民地化の際に単独独立を目指すもう一つの動機となった。

第二に、バーレーンの石油生産と保護領制度によって、関係者はバーレーンを単独でも生存可能な国家とみなしたという点も重要である。すでに述べたように、イギリス政府関係者は、湾岸首長国が個別に生き残ることはできないという考えを持っていたが、バーレーンが早くから石油を生産していたことで、これを例外とみなすようになった。また、イギリスはイランの脅威を排除し、サウジアラビアを説得することで、自国の保護領であるバーレーンの安全保障上の障害を取り除き、その単独独立に道を開いたのである。さらに一九世紀までさかのぼると、イギリスとの条約締結によってバーレーンはフランスやドイツなどの欧州勢力、オスマン帝国やイランなどの地域勢力といった外的脅威や、ワッハーブ派やオマーン人の干渉から解放された歴史がある。[*161]

第三に、石油と保護領制度は、宗主国イギリスに対する強い交渉力をバーレーンに与えた。バーレーンの政策担当者は、自国の発展レベルが高いために、単独独立が実現可能であることをイギリス側に納得させるのは比較的容易であると考えた。さらに重要なことは、カタールの場合と同様、バーレーンが植民地ではなく保護領であったため、イギリスが脱植民地化の結果を直接コントロールすることができなかったということである。イギリスは、内的主権を持つ支配者の要望を無視して自分たちの望む脱植民地化政策を強行することで、諸外国や国際機関から批判を受けないよう、細心の注意を払う必要があった。極小国の誕生には不満が残ったが、決定権はイギリスではなく現地支配者にあったため、バーレーンの単独独立を受け入れたうえで、その実現に協力せざるをえなかったのだ。

したがって、カタールと同様、バーレーンの単独独立は、その石油生産と保護領制度に起因するものと考えられる。カタールと比較すると、バーレーンの石油と単独独立のインセンティブとの関連は、それほど直接的なものではないかもしれない。バーレーンにとっての連邦のメリットはカタールの場合よりも大きく、湾岸南部の他の首長国と合併していれば、アブダビからある程度の財政援助を受け、また教育水準の高い自国の人々のために多くの仕事を見つけることができたことは想像に難くない。

しかし、バーレーンの石油生産の長い歴史を考えると、間接的ではあるが、やはり単独独立の動機につながる明確な因果関係を見出すことができる。早くから石油を生産していたことにより、バーレーンは九首長国のなかで最も高い発展水準に達しており、それが結果的に二等国として扱われることへの不満や、逆に単独独立を成功させる自信を生んだ。第1章で説明した、単独国家のメリットと規模の経済のトレードオフにおいて、結局前者が後者を上回ったのは、本書の理論が指摘する、二つの説明要因による。バーレーンは、イギリスが外国の脅威から守ってくれ、地域大国との問題を解決してくれたことで、独立した主権国家として国際社会のメンバーとなることができた。石油がなければ、バーレーンの発展水準は他の湾岸南部諸国と同程度にとどまり、その結果連邦への加入は避けられなかっただろうし、イギリスの保護がなければ、イランから身を守るためには連邦にすがるしかなかったであろう。

ラアス・アル゠ハイマの失敗

カタールとバーレーンの単独独立にとっての石油の重要性は、ラアス・アル゠ハイマがそれに追随しようとして失敗したことと比較すればより明確になる。一九七一年一二月二日、アラブ首長国連邦が設立されたとき、参加した首長国は七つではなく六つであった。ラアス・アル゠ハイマは参加を拒否していたのである。

ラアス・アル゠ハイマは、カワーシムの部族連合が拠点としていたかつての湾岸南部の中心地の一つで、当時はこの地域に大きな影響力を持っていたが、イギリスと戦って敗れた後は、地域の小首長国の一つにすぎなくなった。一時期はシャールジャの一部とされていたが、一九二一年にイギリスが別個の単位として承認したため、保護領制度の上ではカタールやバーレーンと同等の存在となった。

連邦結成の交渉過程で、ラアス・アル＝ハイマはカタールやドバイの陣営に近い立場をとっており、連邦における アブダビの優位に反対していた。同国のサクル首長が連邦を拒否した背景には、いくつかの理由がある。まず、彼はアブダビのザイド首長に強い不信感を抱いており、「提案された連邦内におけるメンバー間の不平等、特に最高評議会におけるアブダビとドバイの拒否権」に不満を持っていた。[*162]また、イランとのあいだに抱えていた領土問題に関して、イギリスが十分な支援を与えてくれないことにも不満を募らせていたという。[*163]

興味深いことに、ラアス・アル＝ハイマが、同様に連邦の二等国であることに不満を持っていた他の小首長国よりも強硬な立場をとったのは、石油発見の見込みがあると考えていたからであった。[*164]当時、同国ではアメリカの石油会社が探査を行っており、サクル首長は、自国の領土でもすぐに石油が発見され、アブダビの権力に対抗できる力が得られるだろうと期待していた。[*165]そのため、連邦のなかで弱い立場を受け入れる必要はないと考え、カタールやバーレーンと同じように単独独立を目指したのである。イギリスの政府関係者は、サクル首長が「石油発見を期待して毎日を過ごしており、それによって、連邦加入交渉が自分にとって有利な方向に向かうと間違いなく信じていた」と指摘している。[*166]また、Times Daily紙は、サクル首長が「石油調査が進み、大規模なセメント工場が建設中で、商業テレビ局の計画が議論されており、約一〇〇人の自分の軍隊を手にしたことで、必要ならば自国は単独で生きていけるという考えに浸ってご満悦である」と報じた。[*167]

しかし、結局ラアス・アル＝ハイマで石油が発見されることはなく、イギリスはサクル首長の独立要求に真剣に取り合わなかった。イギリスの消極的な態度に幻滅したサクル首長は、軍事基地の提供と引き換えにアメリカに保護を求めたが、アメリカもこれを拒否した。[*168]結局、連邦設立から二ヶ月後の一九七二年二月、ラアス・アル

＝ハイマは連邦に加盟せざるをえなくなったのである。

この事例は、石油発見の見込みが、脱植民地化に関する支配者の選好や態度を劇的に変化させ、また石油がないことで単独独立の実現可能性が大きく損なわれることを示している。カタール、バーレーン、ラアス・アル＝ハイマはいずれも同じイギリスの保護国という植民地的地位を有しており、いずれも単独独立を目指した。しかし、カタールとバーレーンがそれに成功したのに対し、ラアス・アル＝ハイマは失敗した。前者と後者の違いは、石油の存在である。ラアス・アル＝ハイマでは石油が出なかったため、他の二つと比べて、インセンティブ、生存可能性、そして交渉力に欠けており、この違いが交渉の結果を決定的に左右した。

第1章で説明したように、アジュマーン、ドバイ、フジャイラ、シャールジャ、ウンム・アル＝カイワインは、保護領制度の要件を満たしているが石油を欠いており、本書の理論的枠組みではラアス・アル＝ハイマと同じカテゴリーに属している。ラアス・アル＝ハイマは、独立を実際に目指して失敗した唯一の首長国という象徴的な事例であるため、本節でのより詳細な分析の対象に選んだ。ここでは取り上げないが、他の五つの首長国の脱植民地化の結果も、同じ二つの要因で説明できる。これらとは異なり、アブダビは、第1章で説明した本書の理論の適用外であり、異なるタイプの事例である。というのも、アブダビは連邦への加入を迫られていた側ではなく、むしろ自国が主導する連邦に参加するよう、他の首長国に圧力をかけていた側だったためである。すでに述べたとおり、本書の理論は連邦参加の圧力を受けた植民地の対応を説明しようとするものである。したがって、アブダビは石油と保護領制度の両方を有していながら独立を果たさなかった事例ではあるが、本書の適用範囲には含まれていないため、本書の理論の反証にはならない。

結び

本章では、湾岸南部における脱植民地化の結果について説明した。当初交渉に参加した首長国のうち、カタールとバーレーンだけが単独独立を果したが、本章での分析の結果、これは石油と保護領制度という二つの要因によるものであることが明らかになった。イギリスの条約システムは、この地域に主権の概念を導入し、地域秩序を再編し、各政治単位の個別性を認め、内外の脅威から支配者を保護するものであった。さらに、石油の発見によりこのプロセスは加速し、国境の画定が進んで支配者の保護が強化され、インド独立後もイギリスがこの地域にとどまるという結果を生んだ。

カタールは、いち早く石油生産が始まった首長国の一つであり、また最大の産油国の一つでもあったため、二次的な地位しか与えられないアブダビを中心とする連邦で自国の豊かな石油収入を吸い上げられることを嫌った。バーレーンの石油生産量はカタールほどではなかったが、石油生産の歴史が最も長いため、湾岸南部で最も高いレベルの発展を遂げていた。そのため、バーレーンは「後進国」である他の首長国との合併に消極的になった。

ヘンダーソンが「バーレーンの知的優位と、それに対するカタールとアブダビの豊かさ」が交渉過程で問題が起きる原因となったと述べているのは、実に的を射た指摘である。[*169] カタールは九首長国のなかで二番目に豊かで、バーレーンは最も発展していたため、二等国の扱いを容認するわけにはいかなかった。そこで、イギリスの支援を受けながら障害を取り除き、単独独立を実現させたのである。しかし、それは他の首長国にはできないことだった。カタールのように石油が豊富なわけでもなく、バーレーンのように発展していたわけでもないラアス・アル＝ハイマが同じことをやっても、相手にはされなかったのである。湾岸南部のイギリス保護領は、石油の存在があって初めて、連邦を拒否し、単独独立を果たすことができたのだ。

他の説明はありうるのだろうか。第1章では、二つの対抗仮説を挙げた。一つは、ナショナル・アイデンティティの形成や近隣諸国との武力紛争など、内的な政治過程に着目し、石油資源の豊富な植民地が単独独立したのは、独自のアイデンティティを有していたから、あるいは自力で外国勢力に対抗できる強い国家を築くことに成功していたからだとするものである。もう一つは、外部のアクターに焦点を当て、単独独立は、外国勢力の意図によると主張するものである。

カタールやバーレーンの場合、後者の外的説明はすぐに排除できる。繰り返しになるが、イギリスはカタールとバーレーンの単独独立を望んではいなかった。イギリスは一般に小国の存続に懐疑的であり、カタールとバーレーンが独立すれば、湾岸南部が不安定化すると考えていた。そのためイギリスは、交渉の最終段階まで一貫して七首長国ではなく九首長国での連合を支持していた。したがって、イギリスが湾岸南部の脱植民地化のあり方を決めたという議論は成り立たない。また、カタールとバーレーンの単独独立は、サウジアラビアとイランという地域大国が引き起こしたものではないことも、これまでの分析から明らかであろう。

しかし、内的な説明の方は簡単に退けることはできない。イギリスの条約システムの下、湾岸南部では武力紛争が国家形成の手段となることはなかったものの、カタールとバーレーンの単独独立に、両国の強固なナショナル・アイデンティティが作用していたことは確かである。この両国、特にその支配者が単独独立を目指したのは、一部には近隣諸国との違いを強く認識していたからである。前節までの分析では、カタールとバーレーンの政策担当者が、独立を目指すという場面で、国家としてのプライドを垣間見せた瞬間をいくつか紹介した。ラアス・アル＝ハイマなどの他の首長国も、強いナショナル・アイデンティティを有していたという点では同じであるから、それだけで脱植民地化の結果を説明することはできないにしても、強いナショナル・アイデンティティがなければ、カタールやバーレーンも連邦に加入していたかもしれないという推測は成り立つだろう。

しかし、カタールとバーレーンのナショナル・アイデンティティの強さは、石油と保護領制度によって説明できる部分がある。というのも、両国が他の湾岸諸国と一線を画していると考えるようになった大きな要因の一つは石油の産出によってもたらされた豊かさや発展であり、また植民地時代にカタールやバーレーンを独立した存在として認めたのは、イギリスの条約システムであった。[*170] もしイギリスがカタールやバーレーンに個別性を認めていなければ、これらの国々が強いナショナル・アイデンティティを持つことができたかどうかは甚だ疑問である。したがって、カタールとバーレーンの場合、ナショナル・アイデンティティは、それ自体が原因であるというよりは、二つの説明要素と結果をつなぐ、媒介要因と考えるのがより自然である。したがって、本書の理論は、対抗仮説よりも結果をうまく説明することができると言って差し支えないだろう。

第4章　他地域における単独独立とその不在
――クウェート、西インド諸島、南アラビア

第2章と第3章では、ブルネイ、カタール、バーレーンが石油と保護領制度の作用によって単独独立した一方で、周辺の植民地行政単位はこれら二つの条件の少なくとも一方を欠いていたために、より大きな単位に吸収されたことを示した。前章までの分析結果は本書の理論の内的妥当性を担保するものではあるが、まだ回答すべき問いは残っている。すなわち、この理論は他の事例も説明することができるのか、それとも前章までの枠組みは、あくまでボルネオと湾岸南部に限定される話なのか、ということである。もちろん、本書の理論がすべての国家形成、脱植民地化、あるいは単独独立の事例に当てはまるものだとはそもそも想定していない。理論とはその適用範囲に入る事例だけを説明するためのものであり、またボルネオや湾岸の事例を取り上げること自体も重要であると本書では考えている。とはいっても、この理論が他地域の文脈にも当てはまるかどうかを議論することは、理論の適用範囲を明確にするという意味では有意義であり、したがって本章ではこの作業を行うこととする。

本章の主張は、ボルネオと湾岸南部以外の事例も、本書の理論で説明ができるというものである。まず、植民地時代の石油による単独独立と呼べる事例は、前章までで扱った事例のほかには一つしかない。ペルシャ湾岸の首長国、クウェートである。一九六一年に独立したとき、クウェートは隣国イラクからの差し迫った脅威に直面

していた。イラクはクウェートが自国の領土の一部であると主張し、この小さな産油国に侵攻してこれを強制的に併合する意思を示していたのだ。しかし、クウェートはこの脅威をはねのけることに成功して、主権国家としての独立を達成し、維持することができた。

同じ枠組みで説明可能な成功事例を検討した後は、理論の外的妥当性をさらに検証するため、単独独立の失敗事例に分析対象を広げる。マホニーとガーツは、失敗事例を選ぶ指針として「可能性の原則」を提唱している。[*1] 彼らによれば、「少なくとも一つの独立変数の値が、関心のある結果と正に関連している」失敗事例を研究することが望ましいという。これを本研究に置き換えると、二つの条件のうち一つだけを満たす失敗事例を選ぶべきだということになる。この原則に従い、本章ではまず西インド諸島、特にトリニダード・トバゴのケースに着目する。トリニダードは産油地域であったが、一九五八年に西インド連邦が設立されるとその一部となり、連邦が四年後に崩壊したことで後に独立国となった。ここでは、トリニダードが最終的に連邦から離脱したのは石油の富によるものであるが、一方で当初連邦に組み込まれたのは、保護領制度の不在によって説明できると主張する。続いて、南アラビアのイギリス保護領の一群を分析する。これらの保護領は、植民地時代には湾岸南部の首長国と同様の方法で間接的に統治されていたが、その多くは一九六二年に南アラビア連邦の一部となり、最終的には連邦の外に残っていた地域も含めてすべてが南イエメンに編入された。これらの地域と単独独立の成功例との違いは、石油の存在にあると本章では主張する。

クウェート

石油と条約システム

ペルシャ湾の北に位置するクウェートは、一八九九年にムバラク首長がイギリスと排他的協定を結んでイギリスの保護下に入るまで、長いあいだオスマン帝国の影響下にあった。[*2] この協定によって、首長とその後継者たちは「イギリス政府の事前の承認なしに、他のいかなる国の政府または国民に対しても、領土のいかなる部分も、割譲、売却、賃貸、抵当権設定、占領あるいはその他のいかなる目的のための譲渡もしない」ことを約束した。[*3] 経済的には、クウェートは真珠産業で栄えていたが、二〇世紀初頭に養殖真珠によってこれが壊滅的な打撃を受けると、財政状況は悪化した。

この辺境の首長国を救ったのは、石油産業であった。クウェートは一九三四年に石油コンセッションを結び、その四年後に石油が発見され、一九四六年に生産が開始された。クウェートの生産量はカタールやバーレーンを上回り、アブダビに抜かれるまで、イギリスの保護下にあった湾岸首長国のなかで最大の産出量を誇っていた。[*4] 石油産業は宗主国にとってのクウェートの重要性を高め、湾岸南部の首長国と同様に、支配者はイギリスの助けを借りて一族の他のメンバーや社会全体に対する支配を強化することに成功する。[*5]

クウェートの脱植民地化とイラク

ペルシャ湾のイギリス保護領のなかで、最も脱植民地化が早かったのがクウェートである。クウェートには商人階級からの民主化要求が繰り返された歴史があり、早くも一九三〇年代には首長が議会の開設を余儀なくされていたが、一九五〇年代にはナセル主義の影響を受けたナショナリズム運動が高揚し、イギリスの支配と体制への反発が強まった。[*6] アラブ民族主義の高まりを受けて、クウェート政府とイギリス政府はイギリスの駐留継続の是非について協議を行い、その結果、前者に主権を与えて独立させることが双方にとって有益であるという結論に達した。こうしてクウェートは一九六一年六月一九日に独立を遂げることとなる。この決定の背景には、独立後もクウェートとの経済的・軍事的関係を維持するためには、独立させることで国内の反発を和らげた方が得策だというイギリスの計算があったという。[*7] 一九五八年に起きたイラクでの革命による王政転覆、一九五一年のイランの石油産業の国有化など、この地域の直近の出来事により、イギリスにとってクウェートを安定した石油供給源として維持することはますます重要になっていた。[*8] そのため、クウェート駐留にこだわることでその社会を反英運動に押しやってしまうことを危惧したのである。クウェートは完全な主権を持って独立したものの、両国は、クウェートが外部からの侵略や国内の安全保障上のリスクによって脅威にさらされた場合にはイギリスの軍事支援を要請できるという協定を結んでおり、これが後述の事件で重要な役割を果たすことになる。[*9]

しかし、クウェートの独立を、これまで抑え込んできた領土的野心をふたたびむき出しにする好機と捉えた国があった。イラクである。イラクは、一九世紀にオスマン帝国の一部であったバスラ州がクウェートをその範囲に含んでいたことを根拠に、君主制時代（一九三二〜五八年）からクウェートは自国のものだと主張していた。[*10] クウェートは、オスマン帝国がクウェートに対して実際に権力を行使したことはないと主張してこれに反論し、イギリスもクウェートという国家をイラクと同等とみなしていると繰り返し言明することで、イラクの主張を強く牽制してきた。[*11] 植民地時代を通じて、イラク、サウジアラビア、イランの領土的野心を抑止するイギリスの「三重封じ込め政策」により、イラクは領土的野心をあからさまに表明することができずにいたのである。しかしながら、イギリスがクウェートを独立させ、この地域から撤退する方向に傾くと、イラクも態度を変えることとなる。イギリスの撤退によってそれまでの障害は取り除かれたと考えた当時のイラク首相、アブドルカリーム・カシムは、一九六一年六月二五日、クウェートは自国の一部であり、その全領土を領有すると発表した。

この発言によって、イギリスはイラクのクウェート侵攻が間近に迫っていると考え、クウェート政府に軍事援助を持ちかけた。クウェート側は当初、自国の独立を脅かしかねないとしてイギリス軍の再派遣に同意を渋っていたが、イラクからの脅威が解消することはなかったため、最終的には援助を要請することに同意する。これを受けてイギリスはアデンやアジア、アフリカのその他の基地から陸海空軍を迅速に集め、クウェートに展開した。[*12]アメリカは当初関与に消極的でイギリスの意図にも懐疑的であったが、後には支持を表明し、またソ連やエジプトなど、イギリスとの関係が悪かった国々も、公にはイラクを支持しないという態度をとった。[*13]ほとんどのアラブ諸国は、クウェートを離れた直後にまたイギリスが介入してくることを快く思っていなかったものの、イラクの侵略には反対であり、そのためクウェートに味方したのである。[*14]結果として、一九六一年にイラクによるクウェート侵攻は阻止され、クウェートは独立を維持することができた。

二つの要因の効果

カタールやバーレーンと違って、クウェートの事例は、連邦参加を拒否したという話ではない。クウェートはアラブ首長国連邦やその他の連邦案には含まれていなかったのである。しかし、自国をより大きな領土的枠組みに取り込もうとする企てに直面しながらも、独立国家としての地位を獲得し、またそれを維持したという点で、クウェートはこの二つの事例と類似していると言える。クウェートの場合、その脅威は隣国イラクからもたらされたものであった。

こうしたクウェートの独立は、石油と保護領制度によって説明することができる。クウェートは一八九九年以来、周辺他地域から独立した植民地的単位として統治され、また石油生産のおかげで湾岸で最も豊かな首長国の一つとなっていたために、単独で独立することが当然視されていたのである。危機が生じた当時、クウェートは世界第四位の産油国であり、中東最大の石油埋蔵量を誇っていたことから[*15]、この石油収入によってクウェートは経済的に自立することが可能であるとみなされていた。一方、イギリスによる支配者への支援は、支配者に独占的な権力を与え、クウェートを独立した単位として維持し続けるインセンティブを提供した。

クウェートにとって、単独独立のうえでの唯一の懸念は安全保障であった。イラクの領土的野心は、クウェートの存在そのものに対する脅威だったのである。しかし、イギリスは一九六一年に危機が生じた際、クウェートがこの脅威を取り除くための重要な手助けを行った（もっとも、この問題は三〇年後に再燃することになるのではあるが）。アラブ民族主義の台頭により各地で西側に友好的な君主制が打倒され、革命政権が台頭するという不安定な地域秩序のなかで、イギリスはクウェートを失うことが、湾岸南部の首長国を含むこの地域の他の国々におけるイギリスの利益にも深刻な悪影響を及ぼすことを恐れた[*16]。独立後も有事の際の防衛協定を継続していたからこそ、クウェートはイラクの脅威に直面した際、イギリスの軍事介入を当てにすることができたのである。

石油は、イギリスの介入の決断に決定的な影響を及ぼした。クウェートの石油は、主に三つの理由からイギリスにとって重要な意味を持っていた。第一に、イギリス自身がクウェートの石油に依存し、その恩恵を受けていた。クウェートは当時、イギリスにとって最大の石油供給国であり、後者が必要とする石油の四〇%を供給していた[*17]。さらに、クウェートの石油利権はブリティッシュ・ペトロリアム（ＢＰ）とアメリカのガルフ石油が対等な立場で共同所有するクウェート石油会社に帰属していたが、イギリス政府はＢＰの株式の五〇%を所有していたため、莫大な利益を上げる同社の事業からかなりの額を直接受け取っていたことになる[*18]。第二に、クウェートはイギリスが石油をスターリング建てで購入することを許したが、イギリスはこれによって自国のドル準備を節約することができ、またクウェートの首長は収益をスターリング圏に投資することを厭わなかったため、これがスターリング圏の経済の安定を支えていた。[*19] 最後に、イギリスは西側諸国への安定した石油供給を維持するため、クウェートを友好的な産油国として維持することを重視していた。クウェートは最大の産油国の一つであるのみならず、この地域に残された数少ない友好国の一つでもあったため、イギリスにとってもイラクの脅威からクウェートを守ることは不可欠だったのである。[*20]

もしクウェートが産油国でもなく、イギリスの保護領でもなかったなら、イギリスが一九六一年にわざわざクウェート救済のために軍事的なコミットメントをしたかどうかは甚だ疑わしい。少なくとも、その態度は上記のような断固としたものではなかっただろう。また、そもそもクウェートが周辺地域と合併することなく早期に独立したのも、クウェートという政治単位を維持することにイギリスがこだわったからでもある。このように考えると、上記二つの要因が果たした役割の大きさには疑問の余地がない。

西インド諸島

西インドの連邦化

イギリス領西インド諸島は、イギリス帝国の最も古い植民地の一つである。一七世紀に始まる砂糖プランテーションで当初は繁栄を謳歌していたものの、一九世紀になって産業は徐々に衰退した。度重なる経済危機の結果、かつては「帝国の寵児」と呼ばれていた西インド諸島は、本国にとって利益も重要性も大幅に低下していくことなる。[*21] こうした流れのなかで、イギリスは植民地行政の費用対効果を高めるために特に小さな植民地を連邦化し、ウィンドワード諸島連邦（一八七九〜一八八五年）とリーワード諸島連邦（一八七一〜一九五八年）を設立した。

同時に、西インド諸島の全イギリス植民地を対象とする、より広範な連邦の検討も開始した。[*22]

国内外の脱植民地化圧力が高まるなか、第二次世界大戦後にイギリス政府は西インド諸島の自治を検討し始める。イギリスが独立を認めうる唯一の国家形態は、西インド諸島の全植民地の包括的な連合体であり、個々の小さな植民地は国家になる資格がないと考えられた。[*23] 一九四七年、当時の植民地担当相であったアーサー・ジョーンズは、「ほとんどが小規模で孤立している現在の個々のコミュニティが、単独で完全な自治を達成し維持することは、現代世界では明らかに不可能である」と述べている。[*24]

この連邦計画に参加したのは、ジャマイカ、トリニダード・トバゴ、バルバドス、そしてウィンドワード諸島とリーワード諸島で、総人口は約三一〇万人、総面積は約二万平方キロメートルだった。このうちジャマイカは人口約一六〇万人で、面積は約一万平方キロメートル、第二位はトリニダードで、人口は約八二万六〇〇〇人、面積は約五〇〇〇平方キロメートル、そして第三位はバルバドスで、残りの人口の三分の一を有していた。[*25] 一九四七年、モンテゴ・ベイ会議において西インド諸島は連邦を結成することで合意に達し、一九五八年に西インド諸島連邦が発足した。

本国も現地指導者も連邦を支持していたのは同じだが、その理由はそれぞれに異なっていた。モービーによれば、イギリスが連邦を支持したのは、「各植民地が単独で独立するよりも、より強固な政治秩序につながる」ことと、「イギリスが財政負担から解放される可能性がある」ためであった。[*26] 他方、植民地側が連邦計画に好意的な反応を示したのは、それが早期の独立を可能にすると考えたからである。モービーは以下のように指摘する。

イギリスの帝国主義は経済的搾取のためのものであり、より大きな地域統合は、その経済的・政治的側面において帝国主義に挑戦する手段であった。この地域の小さな植民地が外部からの影響に脆弱であることは明らかであり、連合はより大きな自治のための前提条件であった。経済的な独立は政治的な独立と密接に結びついていたが、多くの点で、後者の方がより単純な問題であった。[*27]

さらに、ウォレスの以下の文章に示されるように、カリブ海諸国の指導者たちのあいだでも連邦についての認識には幅があった。

ジャマイカとトリニダードにとって、連邦は植民地主義からの脱出と独立への入り口を提供するものだった。自治権を獲得していない小さな島々にとっては、関税同盟と一九五二年に地域経済委員会の下で始まった経済開発と機能的協力の拡大を約束するものであった。西インド諸島の統一というより広範なビジョンに心を動かされ、そのために犠牲を払う覚悟をしていた植民地はほとんどなかったのである。[*28]

このように本国と現地、そして現地の指導者たちのあいだに認識の齟齬があったため、交渉の過程で深刻な意見のすれ違いがあることがすぐに明らかになり、これが最終的に連邦の崩壊へとつながっていく。

連邦の崩壊

一九五八年に西インド連邦が発足したからといって、それですべてが完了したわけではなかった。連邦発足以前からコンセンサスが得られないまま議論されてきた重要な問題が二つ残っていたからである。第一に、西インド連邦はまだイギリス帝国内の連邦にすぎず、主権国家になるためにはイギリスから独立する必要があった。連邦を作るということと、主権国家として独立するということは、同じ脱植民地化の流れのなかで起きたことではあっても、あくまで別々の問題だったのである。第二に、連邦政府とその構成単位との関係についてもまだ合意がとれていなかった。連邦政府がどの程度各地域の政策に関与するのか、どの程度の財政負担を求めるのか、といった未解決の問題があったのである。しかし以下に述べるように、交渉の過程でこれらの問題について合意することは不可能であることが判明し、連邦は最終的に一九六二年に崩壊する。

宗主国であるイギリスにとっては、連邦構想の支持は、西インド諸島の植民地にただちに独立を認める意思を意味するものではなかった。イギリスは現地の政治家が効果的な統治を行う能力があるかどうかについて懐疑的であり、そのため早期の独立には反対していた。イギリスはこの地域における帝国の解体を遅らせるため、独立の問題にはきわめて慎重なアプローチをとっていたのである。[*29] 他方で、カリブの民族主義者たちは、連邦を脱植民地化と結びつけて考え、イギリスの態度を批判して早期独立を迫った。[*30]

事態をより複雑にしていたのは、連邦の構成地域のあいだの不和だった。首都の位置や移動の自由など争点は複数あったが、最も論議を呼んだのは連邦の財政構造であった。参加地域のなかで最大であったジャマイカには、連邦政府を集権的なものとすることを支持する経済的インセンティブがほとんどなく、連邦は自国にとっての制約にしかならないと考える傾向があった。ジャマイカは各構成単位の自治権拡大を主張し、元バルバドス首相グラントレー・アダムス率いる連邦政府と衝突した。対立が先鋭化するなかで、連邦政府は過去にさかのぼって課税を行う可能性を示唆し、これが一九五二年のボーキサイト生産開始以来、着実な経済成長を遂げていたジャマイカの強い反発を招いた。[*31] ジャマイカのノーマン・マンリー首相は、「長い目で見れば、連邦には現実的で大きな利点があると考えるが、根本的な点でわれわれを破壊したり傷つけたりするような代償を払ってまで、これらの利点を受け入れることはできない」と発言している。[*32] 連邦からの離脱という考えは、こうしてジャマイカ国民のあいだでますます支持されるようになった。

イギリスと西インド諸島の指導者たちの対立、そして連邦の構成単位間の対立は複雑に絡み合っていた。ジャマイカが当初連邦を支持したのは、連邦が「構成単位間の経済統合と地域全体の経済活動の多様化を促進することによって、より大きな経済的自立と社会的平等」を達成するのに役立つと考えたからであり、また「帝国支配の終わりから独立の最初の数年のあいだの過渡期に、追加的な財政援助を確保することがより容易になる」と考えたからであった。[*33] しかし、イギリスは迅速な独立の承認や追加的な財政援助には消極的だった。そのせいで連邦の恩恵は相殺されてしまい、「独立後に連邦の後発地域を支援するため、ジャマイカにより大きな財政負担がかかる」ことが見込まれた。[*34] イギリスの無策は、ジャマイカを連邦から遠ざける結果になったのである。一九六〇年一月、マンリーはジャマイカが単独で独立を達成できるかどうかをイギリスに問い合わせ、それに対してイギリスは肯定的な回答を行った。これは、過去のイギリス政府の立場と矛盾するものだったが、ジャマイカにとっては連邦に残る意味をさらに減じさせる効果があった。[*35] 最終的に、一九六一年九月に国民投票が行われた結果、連邦からの離脱に対する強い支持が明らかになると、ジャマイカは連邦からの離脱を選択した。

ジャマイカが脱退すると、それに次ぐ地位にあったトリニダードが連邦を主導することが期待された。しかしジャマイカの脱退は、ジャマイカが負担するはずだった連邦の財政負担が今度はトリニダードにのしかかることを意味していた。具体的には、トリニダードは連邦予算の七五%を拠出しなければならない計算になっていたのである。[*36] にもかかわらずイギリスは、トリニダードの負担を減らすための援助を何ら提案しなかった。ジャマイカと同様、トリニダードが当初連邦を支持したのは、これが独立への近道であり、イギリスの財政援助をより多く受けられる手段だと期待したからであった。しかし、ジャマイカが一方的に独立したことで、連邦が独立の必要条件ではないことが明らかになり、またイギリスの援助も得られなかったことで、トリニダードは連邦に残らない方が自国の利益になると考えるようになる。結果として、トリニダードも連邦からの脱退を決めたのである。[*37]

二つの大きな構成単位が抜けた後、今度は三番目に大きな島であるバルバドスが連邦のリーダーとして期待されるようになった。しかし、ジャマイカやトリニダードと同じ理由から、バルバドスは小さな島々への責任を引き受けることを嫌った。こうして西インド連邦は崩壊し、バルバドスは独立国家となって、他の島々は個別に「自治国家」(associated state) という新しい地位へと移行することとなったのである。*38

トリニダードの連邦への統合

西インド連邦の三大メンバー、すなわちジャマイカ、トリニダード、バルバドスが最終的に独立を果たしたのは、紛れもない事実である。西インド連邦の崩壊と三国の分離独立には、連邦と各領土のあいだの財政問題が大きく関係していた。周囲より裕福なこれら三つの地域は、ブルネイやカタール、バーレーンの場合と同様に、その富を分かち合い、周辺地域を支援することに消極的であった。しかし、これらの地域も一九五八年には連邦の一部になったという事実を無視することはできない。なぜ連邦に一旦加盟してわずか数年で脱退するのではなく、一九五八年の時点で最初から連邦を拒否して独立することができなかったのだろうか。

三つのなかでは、特にトリニダードの事例が興味深い。というのも、トリニダードは石油生産のおかげで、英領西インド諸島で最も豊かな地域であり、そもそもより大きな単位をあまり必要としていなかったからだ。そして実際に、財政的な理由で最終的に連邦を脱退したわけである。アーチボルドはその動機を次のようにまとめている。

石油の採掘と精製による収入によって最も裕福な領土であったトリニダードは、ウィンドワード諸島とリーワード諸島の小規模で貧しい隣国、特に人口過剰のバルバドス島から常に圧力を受けてきた。トリニダードが主張したのは、現在の経済状況では、移動の自由をただちに認めると移民の洪水が島の繁栄を押し流すことになるというものだった。[*39]

トリニダードと西インド連邦の関係は、ブルネイとマレーシア、あるいはカタールやバーレーンとアラブ首長国連邦（ＵＡＥ）の関係に似ているように見える。いずれも石油の豊富な植民地で、連邦を拒否あるいは脱退している。しかし、トリニダードは一旦連邦に組み込まれたため、本研究における単独独立の事例には当たらない。もしトリニダードが、より大きな単位に入る差し迫った必要性もなく、結局財政的な理由から連邦を脱退することになるのなら、なぜそもそも当初は連邦に加入したのだろうか。

連邦に入ったときと比べて石油の生産量が増えたから、後に脱退したのだと考える人もいるかもしれない。トリニダードが連邦成立後に豊かになったのであれば、態度を変えたのも納得がいくだろう。実際、ジャマイカの場合は、ある程度この仮説が当てはまる。ジャマイカでは、一九五〇年代にボーキサイトの生産が大きく伸びたことで財政状況が改善され、これが連邦に対する態度に負の影響を与えたと言われている。[*40] しかし、これはトリニダードには当てはまらない。トリニダードは、一八六〇年代に世界で最も早く石油が見つかった場所の一つであって、石油の商業生産は一九〇八年に始まり、輸出はその二年後に始まった。[*41] 二〇世紀初頭から、トリニダードはビルマやブルネイと並んでイギリス連邦最大の産油地域の一つとして君臨していたのである。[*42] したがって、トリニダードが他地域よりも豊かであることは、連邦計画が始まった当初から明らかであった。また、トリニダードのアイデンティティに理由を求めることもできない。西インド諸島の一員としてのトランスナショナルなアイデンティティが、トリニダードが連邦を当初支持した一因であると指摘する研究者もいるが、[*43] もしアイデンティティがトリニダードの態度を説明する決定的な要因であったなら、わずか数年で連邦から離脱するのはおかしいだろう。
　トリニダードが一旦は連邦に参加したのは、その植民地行政システムのせいだというのが、本節の主張である。すなわち、西インド諸島のイギリス植民地は王室植民地として統治され、現地の支配者ではなく、イギリスの植民地官僚による直接統治下に置かれていた。そのため、ブルネイやカタール、バーレーンに比べて、トリニダードの行く末に対する本国の支配力ははるかに強かったのである。西インド連邦が設立されたとき、トリニダードが独立するという選択肢はなかった。前述のように、イギリスは連邦がこの地域における唯一のありうる国家形態だと考えており、それに抗しうるような強力な現地支配者はトリニダードには存在しなかった。[*44]
　さらに、保護領制度がなかったため、トリニダードはイギリスに対する交渉力を強化するために石油収入を利用することもできなかった。石油のロイヤリティを受け取り、植民地の将来について決定を下す支配者がいなかったのである。連邦の一部としてのみ独立を認めると本国が決めつければ、トリニダードはそれに従わざるをえない状況にあった。連邦が成り立たないと本国が認識し、ジャマイカが独立の前例を作って初めて、トリニダードは分離独立を決断することができたのである。したがって、トリニダードの事例は、保護領制度がなかったために（少なくとも当初は）より大きな国家に入らざるをえなかった産油地域という意味で、ブルネイ、カタール、バーレーンよりもむしろオランダ領ボルネオの事例に類似していると言える。

南アラビア

植民地支配

イギリスが植民地帝国として南アラビアに進出したのは、ペルシャ湾に進出したのとほぼ同じ理由だった。他国の脅威に対抗し、イギリス帝国の最も重要な属領であったインドへのアクセスを確保するためである。[*45] 最初の脅威はフランスで、一七九八年のナポレオンによるエジプト侵攻はイギリスを警戒させるのに十分であった。この脅威は数年で去ったものの、一八三〇年代にはムハンマド・アリー支配下のエジプトという別の脅威が出現する。こうした脅威によってインドへのアクセスが危うくなると感じたイギリスは、一八三九年、この地域の天然の良港であったアデンを占領したのだ。[*46]

アデンを手に入れると、イギリスはその後背地への進出を開始する。しかし、直轄の植民地であったアデンを統治したのと同じ方法で、経済的魅力に乏しいこれらの地域を統治するつもりはなかった。後背地においては、現地の支配者と条約を結び、外交関係の委任を受ける代わりに保護を提供することで、間接的に支配を行ったのである。[*47] 以下に見るように、植民地としての地位という意味では、南アラビアの保護領は第3章で取り上げたペルシャ湾岸の首長国と同等であった。

アデン植民地では、イギリスは一八三九年以来、軍事占領による直接的な植民地支配を続けてきた。アデン保護領では、権限の行使はより間接的なものであった。WAP（西アデン保護領）とEAP（東アデン保護領）は、ペルシャ湾岸の自治的な首長国とほぼ同じ方法で管理されていた。イギリスは国内問題に対する直接的な宗主権を求めず、また獲得もしなかった。ロンドンは外交政策の管理人としての役割を提供し、親英派の支配者を保護するために軍事力を提供したが、日常的な統治からは概ね距離をとっていた。湾岸諸国もアデン保護領も、軍事占領や直接統治には直面しなかった。[*48]

統合へ

植民地時代には、アデン植民地、西アデン保護領、東アデン保護領の三つの行政単位が存在し、後者二つは複数の保護領の集合体であった。一九五〇年代、イギリスは後背地の保護領を統合して連邦化することを検討し始めた。ピエラゴスティーニが述べているように、これはイギリスの脱植民地化政策においては、西インド連邦や中央アフリカ連邦といった他の連邦の経験に基づいた「定番」のアプローチであった。[*49] 連邦には、統治を効率化し、安全保障とイギリスの影響力を維持する効果が期待されたのである。[*50] その結果、一九五九年に西アデン保護領に属する首長国によって、南アラブ首長国連邦が設立された。すべてではないものの、さらに多くの首長国がこの連邦に参加し、一九六二年には南アラビア連邦と改称される。[*51]

アデン植民地は当初は連邦に含まれていなかったが、連邦設立後まもなくその統合が検討されるようになった。その理由の一つは、保護領の支配者たちがアデンの統合を強く求めており、彼らの支持なしにはこの地域の秩序を維持することが覚束なかったイギリスは、これに抗しがたかったからである。[*52] もう一つのより重要な理由は、植民地を保護領と合併させることが、南アラビアにおけるイギリスの権益を守る効率的な方法になるということであった。ハリデーは、イギリス側の動機を以下のように説明する。

イギリスは、リベラル派の批判をそらし、民族主義者の脅威を抑え込むことのできるアラブ人協力者の政権を作るために、現地の政治的取り決めを形成しようとした。その方式は単純で、アデンと後背地を連邦として結びつけ、軍事基地をアデンに残しつつ、後背地がイギリスの利益を守るために必要な、保守的な政治勢力を提供するというものだった。[*53]

一九六〇年代初頭、中東の安全保障環境の変化に伴い、軍事拠点としてのアデンの重要性は急速に高まった。一九五〇年代にスエズ運河地帯やイラクなど、この地域の主要な軍事基地が失われたことで、イギリスはアデンをマルタ、ジブラルタル、キプロス、香港、シンガポールと並ぶスエズ以東の最重要基地の一つとみなすようになったのである。[*54] アデン駐留の中東司令部の作戦部隊は、一九六〇年代初頭に増強された。アデンの重要性を示す出来事として、前述した一九六一年のイラクの脅威に対するクウェート防衛が挙げられる。すなわち、アデンから迅速に派遣されたイギリス軍がイラクのクウェート侵攻を抑止することに成功した、という事例である。[*55] 残ったイギリス帝国の領土の安全を保障するためには、アデンの軍事基地は不可欠であり、アデンの安全保障のためには、保護領との連邦化が必要だとイギリスは考えた。そのため、アデンは一九六三年一月に南アラビア連邦に加盟したのである。

アデンの連邦への編入は、植民地の民族主義者たちの激しい反発を受けた。合併の一年前、連邦の北隣のイエメンでクーデターが起こり、イマームの政権が倒され、エジプトの支援を受けた共和制が樹立された。イマームが難を逃れて新政権に抵抗したことで、イエメンには内戦が生じていた。合併やイギリスの駐留に反対していたアデン植民地あるいは南アラビア全土の民族主義者たちは、この革命を「天恵」と捉えた。[*56] 彼らは南アラビアとイエメンの「不自然な」分離に終止符を打ち、両者を統合することを切望しており、イエメンでの革命によって、残された課題はアデンでの革命だけとなった。[*57] この目標を達成するために、民族主義者たちはイギリスとの武力闘争に訴えるようになる。

反英グループは複数あったが、最も対立的かつ暴力的だったのは民族解放戦線（ＮＬＦ）だった。ＮＬＦによるアデンでのテロは、イギリスにとって深刻な安全保障上の問題であったが、イギリスはこれを阻止できなかった。一九六三年一二月には非常事態宣言が出され、より穏健なグループでさえ、次第にイギリスから距離を置くようになった。やがてイギリスは一九六五年にアデンの憲法を停止し、直接統治を敷いたが、これがさらに現地の人々の支持を失わせる結果となる。[*58]

この時期、イギリスは政治的変化も経験している。一九六四年に誕生した労働党政権は、以下にピエラゴスティーニが指摘するように、アデンの価値について前政権とは異なる考えを持っていた。

新労働党政権の誕生は、軍事的手段としてのアデンに対する見方に重要な変化をもたらした。労働党は、ペルシャ湾の石油をはじめとする西側の経済的利益を守るためにアデンを利用すべきだという考えや、国際的な共産主義との戦いの一環としてアデン基地を利用すべきだという考えを明確に否定した。その代わりに政府は、今後基地の主な機能は、一九六四年初めに東アフリカで行われたように、イギリス連邦の平和維持の役割を支援することになると発表した。さらに政府は、アデンが極東への航空路の中継基地として必要であることも認識していた。アデンは軍事基地として必要とされてはいたが、違う理由からであった。平和維持という新しい原理が、その使用を規定することになったのである。しかし、この新しい原理には、非常に重要な注意事項が含まれていた。すなわち、たんにその国の政府だけでなく、現地の人々の明確な同意がなければ、海外に基地を維持することはできないこと、イギリスの援助を受け入れる国は、イギリスの助言も受け入れなければならないこと、そしてイギリスはこの役割において、同盟国、特にアメリカとヨーロッパからの援助を期待するという点である。[*59]

要するに新政権は、現地の強い反対がある場合には、南アラビアにおける既存のイギリス権益の保護へのコミットメントを維持したり、強めたりすることを望まなかったのである。

さらに一九六四年から六五年にかけて、アデンの軍事基地としての役割が疑問視されるようになった。国防省は、ペルシャ湾におけるイギリスの石油権益の保護は本国にとって死活的に重要ではあるが、それにはバーレーンの新しい基地で対応できると考え始め、アデンの基地を中継基地に格下げしてもよいと考えるようになっていた。[*60]そこからさらにイギリスがアデンの中継基地としての役割にも疑いを持つようになるまで、そう時間はかからなかった。アデンの部隊は、アデンでのテロに対応することで手一杯であって、イギリスの利益を守るために海外に展開できるかどうかは疑わしい状況だった。[*61]このため一九六六年には、南アラビアは一九六八年までに独立し、それ以降はイギリスが防衛施設を維持することはないという決定が下される。イギリスは一九六七年一一月に撤退し、NLFが同月、南アラビア連邦全体と、連邦の外に残った他のアデン保護領を編入して、南イエメン人民共和国を樹立した。

保護領の併合

南アラビアの保護領は、ペルシャ湾岸の首長国と同じように保護領制度の下にあったが、単独独立を果たすことはできなかった。その多くは南アラビア連邦に加入し、連邦の外に残ったものも含めて、最終的にはすべて南イエメンの一部となった。なぜこのような結果になったのだろうか。カタールやバーレーンとは異なり、南アラビア諸国はそもそも独立を目指すつもりはなかったという見方もできる。しかし、実際にはそうではない。ハリデーが指摘するように、一部の支配者は連邦に参加したがらず、個々の領土を保持することを望んだ。

後背地には、この連邦の成立を妨げるような矛盾があった。対立する部族指導者たちは協力することに消極的で、大きな首長国は小さな首長国との公式な対等関係に反対した。一部の国家指導者は、現実の、あるいは思い込みのナショナリズムから連邦に反対し、それがイギリスとの衝突につながった。[*62]

この地域で独立に成功した事例と比較してみると、脱植民地化の結果の違いは石油によって説明できることが明らかになる。注目すべきは、南アラビア連邦への加盟を拒否し、単独独立を目指した保護領は、主に石油が出ると期待したからこそそうした方針を採ったということである。しかし、結局これらの保護領は商業規模の石油に恵まれることはなく、イギリスの撤退に伴って最終的に南イエメンに吸収された。このようなケースは三つあった。クアイティ、カティリ、マフラのスルタン国である。これらの事例は、石油が南アラビアで独立国家となるための決定的な要因であると考えられていたこと、また石油がなければ合併という結果がもたらされることを示している。

ハリデーによると、クアイティとカティリが南アラビア連邦に加盟しなかった理由は、「単独独立するための経済基盤を石油に見出したい」という希望のためであった。[*63] 一九五〇年代には、イラク石油会社がこれらの地域で石油を探索し、一九六〇年代にはアメリカのインディアナ・スタンダード石油の子会社が別の探査を実施するためのコンセッションを得た。[*64] これは、石油収入によって自立でき、脱植民地化にあたっては単独で独立を遂げられるという期待につながったとされる。同様に、イギリスが南アラビアからの撤退を決定し、連邦内外の諸州をこの地域の将来を話し合う作業部会に招待したとき、マフラは消極的だったが、この理由についてピエラゴスティーニは、「当時、パン・アメリカン石油会社がマフラで石油の試掘を行っていたことも、マフラが統一国家の話に消極的であった一因かもしれない」と指摘している。[*65] いずれの国でも結局は商業水準に達する量の石油は発見されず、最終的には南イエメンに併合されたが、これらの例は、石油の存在が南アラビアの保護領の独立につながったかもしれない可能性を示唆している。

南アラビアの保護領は、カタールやバーレーンと同様に保護領制度を享受していたが、石油を有しておらず、これが脱植民地化の結果に決定的な違いをもたらした。石油は経済的な自立という面だけでなく、脱植民地化の過程で宗主国のプレゼンスと支持を保つためにも重要だった。南アラビア保護領の場合、石油の存在は、この地域全体におけるプレゼンスを維持することの重要性に対するイギリスの認識を変える可能性があった。ピエラゴスティーニはこの点について以下のように指摘している。

南アラビアで石油が発見されていれば、間違いなく大きな影響を与えていただろう。湾岸諸国が享受しているような富を利用できる独立した南アラビアは、イギリスの大規模な援助を必要としないだろう。そのような国家はイギリス製品に有益な市場を提供し、石油収入を賢く利用すれば、アデンや後背地が平和になり、ひいてはイギリスの軍事拠点が確保されることになったかもしれない。[*66]

もし石油があったなら、イギリスは南アラビアにおけるプレゼンスを維持し、ペルシャ湾岸の場合と同様に、保護領に対する内外の脅威を抑止することにもっと力を注いだだろうし、産油地域はカタールやバーレーンのように独立を達成できたかもしれない。南アラビアのケースは、保護領制度を持つだけでは単独独立には不十分であることを示している。石油は国家に財政的な自立をもたらし、宗主国がその国と支配者を保護するインセンティブを強化し、支配者に強い交渉力を与えて単独独立への道を開く。この重要な資源を欠いた南アラビアの保護領には、第3章で取り上げたラアス・アル＝ハイマの事例と同じように単独独立を試みるものもあったが、それを成し遂げることはできなかったのだ。

結び

本章では、分析の範囲をボルネオ島とペルシャ湾岸南部以外の事例に広げた。まず、隣国イラクによる脅威にもかかわらずクウェートが単独独立し、また存続したことは、これまでの各章で取り上げた三つの事例と同じ枠組みで説明できることを示した。

次に、二つの条件のうち一つだけを満たす西インド諸島と南アラビアの植民地的単位を取り上げた。成立後まもなく崩壊した西インド連邦の一部となったトリニダード・トバゴは、イギリス連邦有数の産油地域であった。しかし、直轄の王室植民地であり、そのために保護領よりもはるかに本国の意向に左右されやすかったために、当初は連邦計画を拒否できなかった。中央集権的な統治システムと伝統的な現地政治勢力の欠如のため、トリニダードの石油が現地支配者を潤すことはなく、それによって植民地が単独独立へと向かうことはなかったのである。

南アラビアの場合、植民地行政制度は問題ではなかった。南アラビアのイギリス保護領は、ペルシャ湾岸の保護国と同じ保護領制度を享受していたためである。にもかかわらず単独独立を果たせなかったのは、石油というもう一つの要素が欠けていたからである。一部のスルタン国は石油の発見を期待し、一旦は連邦計画を拒否したものの、結局は商業水準に達する量の石油が発見されなかったために、その期待は無駄に終わった。経済的価値のないこれらの保護領を保護し続ける理由がなかったイギリスは一方的に撤退を決め、これらの保護領は新たに独立した南イエメンに併合された。

本章の事例分析を通じて、本書の理論は、ボルネオ島と湾岸南部以外の事例にも適用可能であることを示した。石油と保護領制度の組み合わせは、植民地の単独独立を可能にする強力な要因なのである。

第5章　天然資源の多様な影響——歴史と比較の観点から

　これまでの各章では、石油が保護領制度と結びついて、本来存在しないはずの国家を誕生させた過程を明らかにした。脱植民地化における石油の役割が明らかになったところで、ただちに頭に浮かぶ疑問がある。他の天然資源はどうなのか、ということである。石油は、私たちが依存している唯一の化石燃料でもなければ、富を生み出す唯一の資源でもないが、どうやら単独独立につながる唯一の天然資源であるらしい。というのも、単独独立は小さな植民地的単位を大きな国家に統合する計画に端を発しているため、そこから生まれる国家は必然的に小さなものになるが、他の天然資源の生産によって存在していると言えるような旧植民地の小国は見られないようなのである。なぜ、他の天然資源は単独独立につながらないのだろうか。また、旧植民地の領域形成に対して、これらの天然資源は単独独立以外にどのような結果をもたらしうるのだろうか。本章では、これらの疑問を解決することで本書の射程を広げ、天然資源と領域主権の関係について、より包括的な理解に到達することを目指す。

　本章では、石油が他の天然資源と異なる影響を与えたのは、次の二つの理由からだと主張する。第一に、石油はヨーロッパ諸国が植民地時代に生産していなかった、非常に価値が高く輸送しやすい資源であったため、生産地に比類ない富をもたらしたこと。第二に、植民地における石油の発見は、すでにほとんどの非ヨーロッパ地域が植民地化され、宗主国が支配体制を整えた後の二〇世紀初頭に行われたことである。

より一般化すれば、天然資源は、その①商業的価値と②発見時期によって、合併、単独独立、脱植民地化後の分離独立運動という三つの異なる結果につながりうる。宗主国側にとって商業的価値の低い資源は国家の領域性に影響を与えないが、価値の高い資源は上記の三つの結果をもたらす可能性がある。植民地化以前、あるいは植民地化の過程で資源が発見されると、多くの場合その生産地は合併してより大きな単位に吸収されるのに対し、植民地化から脱植民地化までのあいだに発見されたものは、単独独立につながりうる。そして脱植民地化の後に発見されたものは、分離独立運動のきっかけとなりうるのである。

次節ではまず、資源収入によるさまざまな影響を説明するための理論モデルを提示する。次に、石油と類似しており、したがって理論的には単独独立につながりやすいと考えられる三つの資源、すなわち石炭、貴金属（金と銀）、天然ガスの歴史的影響について論じる。そして、これらの資源がなぜ単独独立をもたらさなかったのかを説明し、それ以外のかたちで主権国家の領域形成にどのような影響を与えたかを検証する。石油、石炭、天然ガスはいずれも化石燃料である。したがって、類似するこれらの資源を比較することで、影響の違いの決定要因を効果的にあぶり出すことができる。一方、「黒い金」という比喩からもわかるように、石油と貴金属はその生み出す富の規模において類似しているが、貴金属は単独独立にはつながっていない。したがって、金銀の事例を分析することで、資源の商業的価値以外の説明要因を特定することができる。

なお本章の分析は、理論の検証ではなく、理論構築のためのものである。したがって、次章で論じる理論モデルは、各事例に演繹的に適用するモデルではなく、事例分析を通じて帰納的に構築されたモデルである。この章の目的は、石油に関するこれまでの議論を踏まえ、より一般的な天然資源の歴史的影響に関する説明を提示することであって、すべての資源の影響を厳密に検証することではない。

また、以下では石炭、金銀、天然ガスが領域性にどのような影響を与えたかを論じるが、これらの資源がつねに同じ結果をもたらすと主張する意図はない。次節で述べるように、天然資源の影響を決定する最も重要な要因は、資源そのものの性質というよりは、その価値と発見のタイミングである。資源別に議論を整理したのは、各資源は価値と発見のタイミングが似ている傾向があるからにすぎず、そこにはもちろん例外が存在する。各節では、各資源が果たす役割が最も典型的なかたちで表れていると考えられる事例に焦点を当てている。

資源の分類

これまでの各章で明らかにしたように、産油地域の単独独立は、ある面では歴史的偶発性と石油の特殊性の賜物であった。二〇世紀初頭に石油は動力源として石炭に取って代わり、世界で最も重要な天然資源となった。自動車、船舶、飛行機はすべて石油を燃料とするようになり、また石油は工業用・家庭用の暖房にも使われ、あるいはプラスチック容器、タイヤ、衣類などのさまざまな製品の原料ともなった。

その重要性にもかかわらず、少なくとも本書で論じている時期において、石油は先進国（すなわちヨーロッパの植民地帝国）にとって容易に入手できるものではなかった。ほとんどのヨーロッパ諸国は、自国の領土では需要を満たすのに十分な石油を調達できなかったのである。そのため、各国は他地域にこの資源の供給源を探さなければならなかった。その結果わかったことは、石油は地理的にごく限られた場所にしか存在せず、これまであまり見向きもされなかったような植民地が、石油生産という意味では最も恵まれている場合があるということであった。このように、石油の重要性、希少性、そして地理的な集中性は、その価格を高騰させて生産国に莫大な富をもたらし、現地支配者に国内での絶対的権力と宗主国に対する強い交渉力を与えることとなった。だからこそ、たとえばブルネイのスルタンやクウェートの首長がイギリスの銀行に預けた資金が、スターリング圏全体の安定を支えている、というような状況が生まれたのである。

同様に重要だったのは、発見のタイミングであった。単独独立が生じた事例においては、石油はある特定の時期に発見されている。すなわち、植民地化と脱植民地化のあいだである。石油が発見された時点では、植民地行政制度はすでに整備されていたが、脱植民地化はまだ先のことだったため、現地支配者は脱植民地化までのあいだに政治権力の源泉となる富を蓄えることができた。一方、宗主国の側は、すでに行政システムを確立していたため、石油を発見したからといって強引に現状を変えることはできない。二〇世紀に入って植民地支配を取り巻く国際環境が厳しさを増すなか、たとえばイギリスがカタールの支配者を排除して首長国を直轄植民地にするといったことは、口で言うほど簡単ではなかった。保護領制度が導入されていた場合、宗主国側はそれを尊重し、あくまで既存の制度の枠内で石油の恩恵を享受する必要があったのである。この結果、石油が単独独立につながる素地が形成されたと言ってよい。

石油が領域主権に与える影響がこれらの要素に依存するとすれば、こうした条件が異なれば、異なる結果が生まれると考えるのが自然である。このような前提に立つと、天然資源がもたらす影響は、①資源の価値と②発見の時期によって、四つのグループに分類することができるだろう（図5－1）。まず、莫大な富を生み出さない資源は、旧植民地の国家形成に影響を与えない。たとえば、次節で述べるように、当時の先進国の多くは国内あるいは近隣の国から十分な石炭を得ることができたため、植民地で石炭生産をするインセンティブはほとんどなかった。石炭は必要不可欠な資源ではあったが、脱植民地化の流れを変えるほどの富を植民地にもたらすことはなかったのである。実際のところ、石炭のみならず、天然資源の大半はこのグループに入る。たとえば、水は言うまでもなく重要な資源だが、少なくとも植民地時代には富を生み出すような性格のものではなく、宗主国に輸出されるようなこともなかった。そのため、脱植民地化の展望や宗主国と植民地の関係を変えることはなかったのである。もちろん、だからといって水が何の影響力も持たないというわけではなく、たとえば旧植民地諸国のあいだで、水をめぐる領土紛争は数多く生じている[*1]。しかし、他の三つのグループに属する資源のように、国家の形成過程自体に影響を与えることはなかったのだ。

第二に、「新大陸」の金銀の例で述べるように、植民地化の前あるいはその途中で高価値の資源が発見されると、近隣の地域が合併して大きな国家が誕生することがある。高価な資源が存在することを事前に知っていた場合、宗主国はその情報を基に、得られる利益を最大化しコストを最小化するシステムを設計する。宗主国にとっては、資源収入を分配しなければいけないような現地支配者を維持する理由がないため、現地にもともとあった政治秩序を破壊し、直接的な植民地統治を樹立するインセンティブが働く。貴重な資源の存在は、本国からの移民を呼び込み、大規模な入植と内陸部への植民地の拡大を促進する。資源の生産に必要な労働力を確保するため、植民地は周辺地域を、鉱業を中心とした経済に組み込んでいく。その結果、拡大した植民地は、それまでの小規模な現地の政治的単位に取って代わり、脱植民地化の際には、資源開発によって形成された大規模な植民地の境界線を受け継ぐ、大きな国家が誕生することになるのだ。

第三に、石油の影響に関するこれまでの各章の分析によって、植民地行政制度の確立から、脱植民地化までのあいだに発見された高価値の資源は、単独独立というかたちで、本来存在しないはずの国家の誕生につながる場合があることがわかった。上記の二番目のグループの場合と同様に、このグループに属する資源についても、植民地帝国は自己の利益の最大化を希求する。しかしながらこのケースでは、資源発見以前にすでに支配体制が確立しているため、資源が出たからといって好き勝手に制度をデザインし直すことはできない。もし、既存のシス

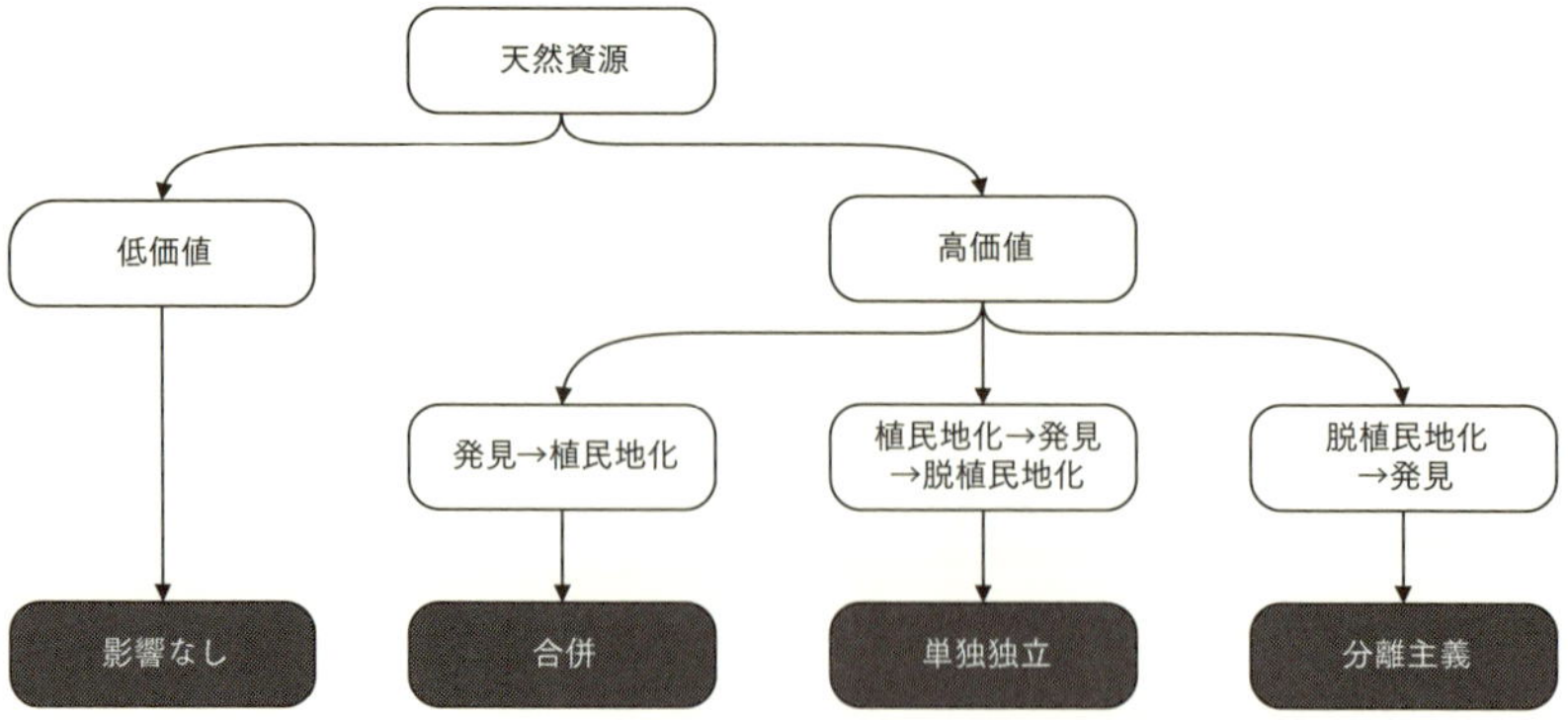

図 5–1　領域主権に対する天然資源のさまざまな影響

テムが直接的な植民地支配であった場合は、このグループの資源も二番目のグループと同様の結果をもたらす可能性がある。しかし、現地の支配者を通じた間接統治を事前に選択していた場合、今度はこの前提条件の枠内で利益を最大化するような制度を設計しなければならないことになる。そのため、友好的な支配者に力を与えて保護し、多額のロイヤリティを与えてコンセッション契約を結ぶのである。しかし、その結果として、脱植民地化の際には単独独立が起きる可能性が生まれる。

最後に、後述するアチェの天然ガスの事例のように、脱植民地化後に発見された高価値の資源は、分離独立運動の引き金となることがある。旧植民地の多くには、所属する国家とは異なる歴史・文化・アイデンティティを持ち、中央政府からの抑圧を受けている地域が存在する。しかし脱植民地化の時点では、単独独立につながる条件が整っていなかったため、独立を遂げる選択肢はなかった。しかし、脱植民地化の後に大量の天然資源が発見されると、分離独立の機運が高まる。資源生産を通じて、中央政府による長年の不当な扱いへの不満が、経済的な搾取というイメージによって深刻化し、分離独立運動が生じるのである。以下では、石油以外の三つの資源について、上記で説明した各グループから一つずつ選び、事例分析を行う。

石炭

石油は今日最も重要な化石燃料だが、人類の生活に大きな影響を与えた最初の化石燃料は石油ではない。その「前任者」とも呼ぶべき石炭は、一九世紀から二〇世紀初頭にかけて、経済・社会・政治・国際関係のすべてにおいて、石油よりも劇的な変化を促したとさえ言えるだろう。石炭の生産は、産業革命、社会の階層化、階級闘争、労働者階級の投票権、帝国主義の台頭など、数え切れないほどの現象を直接的・間接的に引き起こした。[*2]

しかし、石炭が旧植民地の領域主権、より具体的には脱植民地化に影響を及ぼした事例は、おそらく存在しない。石炭生産が植民地の単独独立に結びつかなかったのは、植民地における石炭生産が、石油ほど重要でなかったからである。ヨーロッパの宗主国は、石炭の需要のほとんどを、国内あるいはヨーロッパ他地域での生産でまかなうことができたため、遠く離れた植民地からの石炭供給を必要としなかった。帝国は植民地に石炭の供給基地を設けて海軍や商船に石炭を供給していたが、そこで必要な石炭はヨーロッパから輸送したため、石炭生産が植民地に富をもたらすことはほとんどなかった。つまり、石炭は商業的にも戦略的にも、かつて植民地だった国家の領域形成に影響を与えるほどの価値はなかったのである。

石炭生産の歴史

石炭産業は、中国では紀元三〇〇年頃から存在し、ローマ人も石炭を利用していたとする史料がある。中世のヨーロッパでは、木材の不足が主な原因となって、石炭の採掘と燃料としての利用が増加した。木材不足はイギリスで最も深刻であり、人口の増加とともに森林は急速に失われ、経済成長の鈍化を防ぐために代わりのエネルギー源が必要とされたが、このエネルギー危機を解決したのが石炭であった。[*3] イギリスの石炭生産は急増し、フリースによれば、一七〇〇年までにイギリスは世界の他のすべての地域を合わせた量の五倍もの石炭を生産していたという。[*4] 一七世紀初頭には、石炭は同国の主要な燃料源となっていた。[*5]

石炭の台頭はさまざまな技術革新につながり、経済にも大きな影響を与えた。炭鉱の洪水問題を解決するために蒸気機関が発明され、石炭を焼いて作るコークスの使用により、エンジンや工場の建設に大量に必要な鉄の生産が増加した。石炭はそれを動力とする機関車によって運ばれ、石炭を使って大量生産される鉄を用いて鉄道網が急速に全国に張りめぐらされた。[*6] このように、石炭、蒸気機関、鉄鋼の各産業の発展過程は深く絡み合っていたことが指摘されている。

石炭の運搬の難しさは、常にその燃料としての最大の欠点であったが、機関車によって石炭は自らを運搬できるようになり、同様に、蒸気機関によって石炭は石炭を含む鉱山を自ら採掘できるようになった。パターンはすべて同じである。石炭が問題を起こし、それを解決するための動力源となり、その解決策が石炭産業の枠を超えた革命的な結果をもたらすのだった。[*7]

石炭と石炭を動力源とする産業は、それまでで最大で、かつ最も劇的な経済的変化をもたらした。イギリスが他のエネルギー源をことごとく使い尽くしてしまっていたことを考えれば、産業革命は石炭なしには実現しえなかったと言えるだろう。[*8]

石炭に支えられた産業革命は、社会や政治にも大きな影響を与えた。人口が増加し、農村から都市へ大量の人々が流入した。石炭とその関連産業は大量の肉体労働者を必要としたため、炭鉱労働者や工場労働者という新しい社会階層が誕生したが、困難な労使関係はしばしばストライキを引き起こし、労働者階級は強力な政治勢力となって、イギリスや他の工業社会の政治のあり方を変えることになったのである。[*9]

ヨーロッパ内外の他の国々は、イギリスに後れをとっていた。産業革命はイギリスでは一七六〇年から一八四〇年にかけて起こったが、ベルギーではイギリスに後れをとっていた一八三〇年頃まで起こらなかった。その後、フランス、アメリカ、ドイツが数十年をかけて産業革命を経験し、一九世紀末までにはほとんどの西ヨーロッパ諸国、ロシア、日本がこれに続いた。[*10] 石炭の生産量では、一九世紀の末までイギリスが圧倒的に世界一であり、一八三〇年には世界の石炭の実に五分の四を生産していた。しかし、アメリカの石炭産業が急速に発展し、一九世紀末にはその生産量はイギリスを上回ることとなる（表5－1）。

石炭と植民地

石炭産業の発展は、国際秩序にも大きな影響を及ぼした。第1章で説明したように、一九世紀後半から、西ヨーロッパ諸国は植民地を手に入れるための競争を世界各地で繰り広げていた。帝国主義の台頭とそれに伴うヨーロッパの拡張は、石炭を燃料とする急速な工業化と経済成長によって間接的に、また蒸気船の登場によって直接的に後押しされたものであった。[*11] 一八七一年、蒸気のみを動力源とするイギリス海軍初の艦船、デバステーションが進水すると、従来の帆船よりも重武装な蒸気船は、すぐに海軍の主流となった。[*12] イギリスは「化石燃料によるエネルギー革命を経験し、石炭による余剰エネルギーで世界帝国を築いた最初の国」であり、競合国もそれに倣った。[*13] 海軍は石炭を動力源として非ヨーロッパの土地を訪れ、攻撃し、併合していったのである。[*14]

表 5-1　年別・国別　石炭生産量（100 万トン）

年	世界	イギリス	アメリカ	ベルギー	ドイツ	フランス	日本	中国
1830		22.8	0.9	2.3	1.8	1.9		
1850		69.5	6.4	5.8	4.2	5.0		
1860	135	80.0	13.2	9.6	12.3	8.3		
1870								
1871		117.4	42.5	13.8	24.0	13.2		
1880	332	147.0	64.9	16.9	47.0	19.4	0.9	
1890	512	181.6	143.2	20.4	70.2	26.1	2.6	
1900	700	225.2	244.2	23.5	109.3	33.4	7.4	< 1
1910	1160	264.4	454.6	25.5	151.1	38.3	15.7	4.2
1913	1341	287.4	517.2	22.9	277.4	40.9	21.3	14.0
1920	1320	233.2	597.1	22.4	131.4	24.3	30.5	19.5
1930	1414	262.1	487.1	27.4	142.7	53.9	33.4	26.4
1932	1124	212.1	326.1	21.4	104.7	46.3	28.1	28.0
1940	1497	227.9	462.0	25.6	240.1	39.3	57.3	46.5
1950	1508	220.0	509.4	27.3	113.8	52.5	38.5	41.1
1952	1496	228.5	484.2	30.4	143.7	52.4	43.4	66.6
1960	1991	197.8	391.5	22.5	148.0	56.0	57.5	397.2
1970	2208	147.1	550.4	11.4	118.0	37.8	40.9	354.0
1980	2810	130.1	710.2	8.0	94.5	20.2	18.0	620.2
1990	3566	94.4	853.6	2.4	76.6	11.2	8.3	1050.7
2000	3639	32.0	899.1	0.4	37.4	4.4	3.1	1171.1

年	オーストラリア	南アフリカ	インドネシア	ポーランド	ロシア	コロンビア	インド
1830							
1850							
1860							
1870	0.9			8.0	0.4		0.4
1871							
1880	1.6	< 0.1		14.0	2.0		1.0
1890							
1900	6.5	0.9	0.2	31.0	10.0		6.2
1910							
1913	12.6	8.9	0.5	36.0	32.2	< 0.1	16.5
1920	13.2	10.4	1.1	32.0	7.6		18.2
1930	11.5	12.2	1.7	34.0	36.2		21.9
1932	11.3	9.9		28.8	53.7		22
1940	11.8	17.2	2.0	77.1	148.7	0.5	29.9
1950	16.5	26.5	0.8	78.0	185.2	1.0	32.8
1952	19.4	28.1	1.0	84.4	215.0	1.0	36.9
1960	21.9	38.2	0.7	104.4	374.9	2.6	52.6
1970	45.4	54.6	0.2	140.1	206.7	2.75	73.7
1980	72.4	115.1	0.3	193.1	553.0	4.2	113.9
1990	158.8	174.8	10.5	147.7	527.7	21.4	211.7
2000	238.1	225.3	78.6	102.2	321.6	37.1	309.9

出典：Daemen, Jaak J. K. “Coal Industry, History Of.”

しかし、脱植民地化のなかで石炭が旧植民地国家の領域形成に与えた影響は、控えめに言ってもはるかに限定的である。石油とは異なり、石炭は本来存在しないはずの国家を誕生させることはなかった。石炭は石油のように植民地を豊かにすることはなかったため、その領域性に目に見える形で影響を与えることはなかったのである。石油との最大の違いは、石炭の生産地の世界的な分布にある。表5－1に見られるように、一九世紀末から二〇世紀初頭にかけての石炭生産は、ヨーロッパまたはその他の工業国に集中していた。石炭の需要は一般に国内または地域内で満たされていたのである。一九世紀の英米の有識者たちは、「神は世界の石炭のほとんどを自分たちに与えた」と考え、その豊富な石炭を「アングロサクソン・プロテスタントを発展させるという神の長年の計画」の証拠と思い込んでいた。[*15] 後に欧米だけが石炭の生産地ではないことが明らかになるものの、旧植民地世界での石炭生産が増加したのは、石油のように本国の需要に応えるためではなく、主に独立後の自らの工業化需要に応えるためであった。

もちろん、植民地においても石炭の供給が欠かせなかったのは確かである。蒸気船は定期的に燃料を補給する必要があるため、植民地を含む世界各地に石炭を供給するための基地が設置された。そのため石炭は戦略的資源とみなされ、その安定供給は先進国の政府にとって重要な任務となった。[*16] イギリスは、シンガポール、アデン、セントルシア、フォークランドなど、世界有数の石炭基地網を構築し、他国もこれを活用した。

しかしながら、この石炭基地で使用される石炭は、ほとんどが現地産ではなく、本国からの輸入品であった。たとえば、イギリス海軍では、使用する石炭に明確な基準が設けられており、「一トン当たりのエネルギー量が最大で、貯蔵しても劣化が少なく、戦艦のエンジンを詰まらせないようにきれいに燃え、戦闘中に敵に発見されるような黒煙が出ない高品質の蒸気石炭」であることが必要とされていた。[*17] 数ある産地のなかで、ウェールズ産の石炭は最高級品とされ、これがイギリスから世界中に運ばれた。一八八二年にニュージーランドのウェストポートで良質な石炭が発見された後も、イギリス帝国はほとんど全面的にウェールズ産の石炭に固執し続けたのである。たとえば、一九〇三年には一〇〇万トンのウェールズ石炭が海外の石炭基地に輸出されたが、ウェストポートを含む他の場所から送られたのはその一〇分の一程度であった。[*18] イギリスはその後も、さまざまな植民地で良質な石炭のさらなる供給源を探したが、うまくいかなかった。このような国産石炭への依存は、イギリスに限ったことではなく、表5－1が示すように、ドイツ、フランス、アメリカ、日本など、他のほとんどの大国も自国の領土に石炭の供給源を見出していたのである。つまり、「石炭の豊富な植民地」というのは、実際には存在しなかったと言ってよい。

また、そもそももし石炭を産出する植民地があったとしても、それほどの富を得ることはできなかったと思われる。石油産業と違って、石炭産業は労働集約的であって、石炭産業によって国庫に入る収入は、石油と比べれば微々たるものである。また、輸送も大きな問題となる。石炭は価値が低いうえにかさばるため、遠方に輸出するのは経済的に得策ではなく、既存の貿易の一部として輸出しなければ採算がとれなかった。[*19] イギリス海軍は石炭輸出の費用を補助していたほどである。つまり、植民地での石炭産業は、儲かるビジネスにはなりえなかったのである。石油とは対照的に、石炭は大きな富を生み出さず、単独独立のインセンティブ、生存可能性、あるいは植民地と本国の関係にほとんど影響しなかった。

価値の重要性

本節の分析により、石炭は旧植民地における国家の領域性に影響を与えなかったことが明らかになった。領域秩序に対する影響という面で、石油との決定的な違いは、その価値にあった。石油とは対照的に、石炭は本国国内で生産可能な比較的価値の低い資源であったため、植民地においては国家の領域形成に影響を与えるほどの富は生み出さなかったのである。

さらに、二〇世紀初頭になって石炭産業の最大の顧客であった海軍がエネルギー源を石炭から石油にシフトしたことで、石炭の時代は終焉を迎えた。石炭の没落によって、それが植民地の領域秩序に影響を与える可能性はますます低くなったのである。

金銀

貴金属、とりわけ金と銀は、石油に匹敵するほどの富を生み出す唯一の天然資源だと言えるだろう。金銀はヨーロッパではほとんど産出されなかったため、一五世紀以降、ヨーロッパ人はこれらの資源を他地域に探しに出た。ある意味では、貴金属が植民地化の原動力となったとも言える。スペイン領アメリカ、ブラジル、オーストラリア、南アフリカなどでは、膨大な量の金銀が掘り出され、ヨーロッパに輸出された。植民地からの金銀の急激な流入は、一六世紀から一七世紀にかけて、ヨーロッパ全土で価格革命を引き起こすなど、その影響力は甚大であった。

しかし金銀は、その価値においては石油に似ているにもかかわらず、旧植民地における主権国家の形成過程において、石油と同じような機能を果たすことはなかった。すなわち、本来存在しないはずの国家の誕生をもたらすことはなかったのである。それどころか、金銀は入植者の拡大、すなわち新たな領土を植民地に組み入れる原動力となり、より大きな植民地的単位、ひいてはより大きな国家の創設につながった。

貴金属と石油の決定的な違いは、その発見のタイミングにある。金銀は古くから人類に知られており、つねにその価値は高いと考えられてきた。スペイン人やポルトガル人が「新大陸」に到達したとき、彼らは金銀を発見する可能性をすでに念頭に置いており、その可能性がこうした遠征の原動力にもなっていた。一方、石油の価値が認識されたのは二〇世紀に入ってからであり、そのときには非ヨーロッパ地域のほとんどがすでに植民地に組み入れられていた。植民者たちは金銀を見つけると、自らの利益を最大化するために、新たに獲得した土地を直接支配の下に置き、もともとそこにあった政治システムのほとんどを破壊した。こうして、金銀の探求は植民地の拡大につながったのである。統治の効率性と労働集約的な鉱山労働に必要な労働力の安定供給のため、植民地はかなりの規模を維持する必要があり、それが後に植民地時代の境界線をほぼ継承した主権国家として独立することとなった。

金銀の世界的分布

金銀が植民地の領域秩序に与えた影響を正しく論じるためには、まずその世界的な分布状況を知る必要がある。図5－2、図5－3は、米国鉱山局の報告書に基づき、植民地支配の時代とほぼ重なる一四九三年から一九二七年のあいだの金と銀の国別生産シェアを示したものである。ここからは、石炭の場合とは異なり、ヨーロッパでは金も銀もほとんど生産されていないことがわかる。オーストリアは金銀とも二％、ドイツは銀を四％生産しているが、その量はごくわずかであった。

金に関しては、トランスバール（現在の南アフリカ）、アメリカ、オーストラリアの三ヶ国の合計で全体の生産量の六割近くを占めている。一％以上のシェアを持つ他の主要生産国のなかに、ラテンアメリカの国が四つ（コロンビア、ブラジル、メキシコ、チリ）あるのも注目される。ラテンアメリカ諸国のシェアは、全期間を考慮すると小さく見えるかもしれないが、一四九三年から一八〇〇年にかけてのシェアははるかに大きく（コロンビア 二七

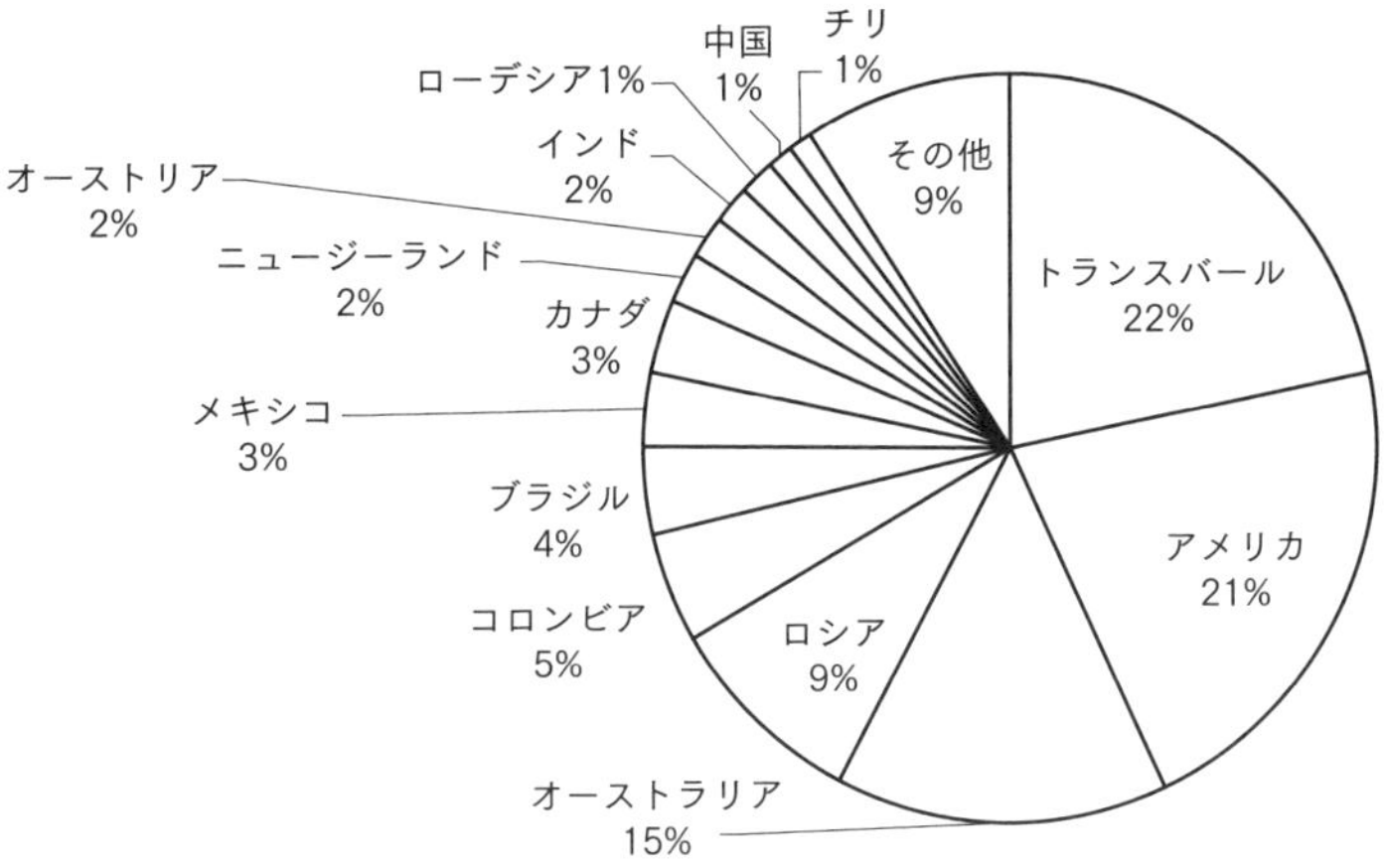

図 5–2　国別　金の生産シェア（1493–1927 年）

出典：Ridgway, Robert H. "Summarized Data of Gold Production." Economic Paper. Washington D.C.: United States Department of Commerce, Bureau of Mines, 1929. University of North Texas Libraries, UNT Digital Library.

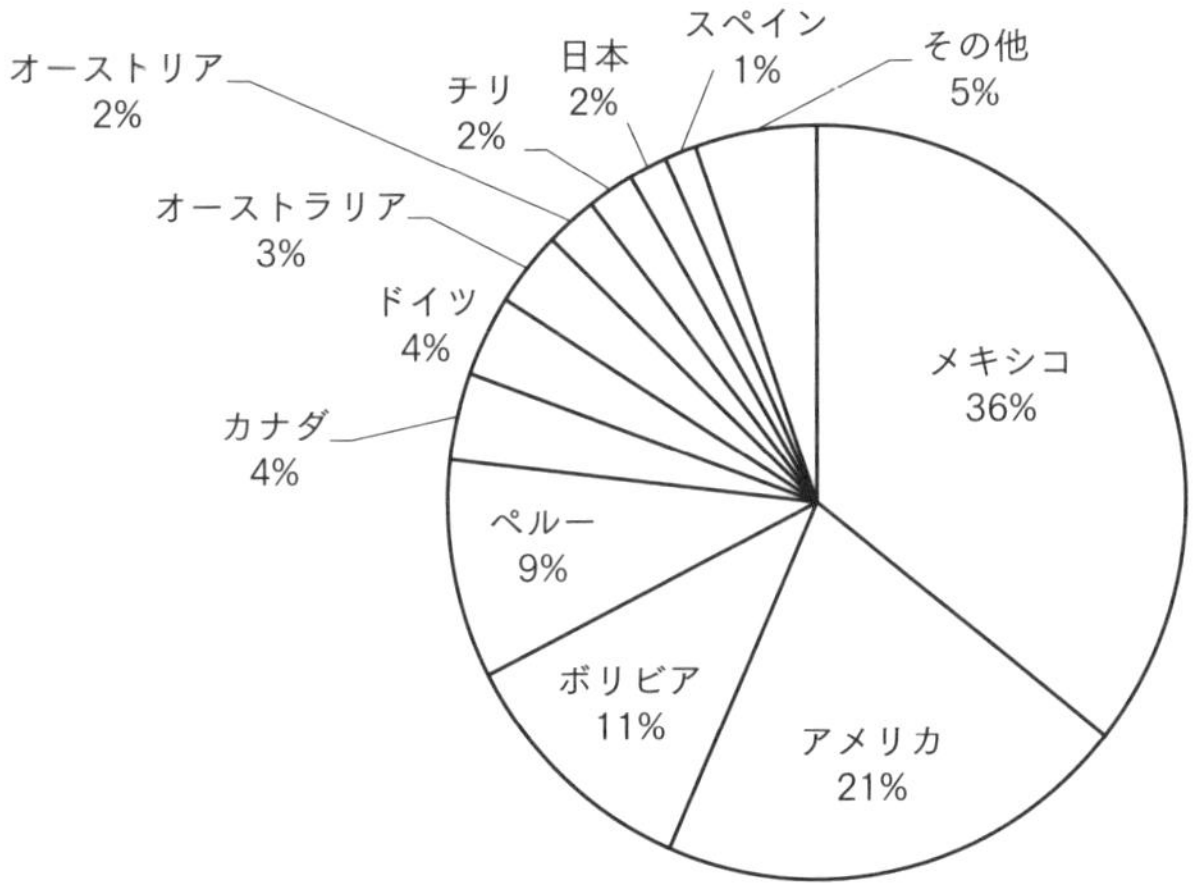

図 5–3　国別　銀の生産シェア（1493–1927 年）

出典：Merrill, Charles White. "Summarized Data of Silver Production." Economic Paper. Washington D.C.: United States Department of Commerce, Bureau of Mines, 1930. University of North Texas Libraries, UNT Digital Library.

%、ブラジル　二四%、ボリビア　六・六%、チリ　四・八%、ペルー　三・六五%）、合わせて植民地時代初期の世界の金供給の六六%以上を生産していたことになる。

ラテンアメリカのシェアは、銀の生産量においてはさらに高い。一四九三年から一九二七年のあいだにメキシコは世界の銀の三六%を生産し、ボリビア（一一%）、ペルー（九%）、チリ（二%）と続く。一七〇一年から一八〇〇年にかけては、メキシコが五七%、ボリビアが一二%、ペルーが二〇%に達し、合計で世界の生産量の九〇%近くを占めている。植民地時代を通じて、ラテンアメリカの銀が市場を支配していたことがわかる。

金銀の歴史において、他の主要生産国であるアメリカ、オーストラリア、南アフリカはもちろん非常に重要ではあるが、これらの国々で生産が始まったのは、イギリスからの独立、あるいはドミニオン（自治領）としてのイギリス連邦内での自治が始まった前後の時期であった。これに対して、ラテンアメリカのほとんどの国々は植民地時代に生産を開始している。したがって、天然資源と脱植民地化の関係という文脈では、ラテンアメリカの事例の方がより適切だと言える。そこで本節では主にラテンアメリカの植民地を中心的に取り上げ、その他の地域についてはごく簡単に触れることとする。

金銀と植民地

金は間違いなく「人類に最も認知され、求められている金属」であり、最初に「高価値の物質であり探求の対象」となった金属である。[*20] そして銀はそれに次ぐ地位にある。貴金属は古代ギリシャでも貨幣として使用されており、歴史を通じて世界的にそのように扱われてきた。金銀は、あらゆる金属のなかで最も価値のあるものと考えられてきたのである。[*21]

金と銀は通貨として重要な機能を果たしてはいたが、ヨーロッパで歴史上これらが豊富に産出したことはない。

特に金は希少なものであった。金は海外、特に「アフリカのヌビアと上エジプトのスーダンの鉱山から、貿易と征服を通じて中東から、地中海とエジプトの市場を通じて西アフリカの川岸から」ヨーロッパ市場にもたらされたという。[*22] 中世ヨーロッパで金の不足が喫緊の課題となったのには、さまざまな理由がある。

封建時代のヨーロッパで金が不足したのは、次のような要因によるものである。（a）贅沢な支出が続いたため、高価な品の代金の支払いに金が流出した。（b）特にノルマン人などの略奪を受けた。スカンジナビアの博物館にある豊富な金の品々はその証拠である。（c）宝物として、特に教会に保管された（緊急時に売却または徴発するための貯蔵品として機能した）。（d）ヨーロッパ自体がほとんど金を生産していなかった。[*23]

金は絶えずヨーロッパから流出し、国内では産出されなかったために流入量は限られていた。一五世紀、ヨーロッパでは「金飢饉」が起こり、金の価値はさらに高まったのである。[*24]

このような金の不足と価値の上昇によって、新たな供給源を探す必要が生まれた。また、既知のフロンティアを超えたどこかにあるとされる莫大な富を有する王国、エルドラドの伝説も、金鉱の探索を後押しした。[*25] コロンブス、コルテス、ピサロの「新大陸」への遠征も、こうした背景の下で行われたのである。[*26] コロンブスは、キリスト教の布教や東方の国とスペインの外交関係の樹立だけではなく、金と奴隷の確保も重要な原動力としていた。序章でも触れたように、彼は一四九二年一〇月一二日から一四九三年一月一七日までのあいだに、日記で少なくとも六五回、金について言及している。[*27] コロンブスと彼に続く冒険者たちは、「新大陸」に到着するとすぐに金の探索を始め、それを装飾品として使っているインディオに遭遇した。コロンブスは最初の航海ではほとんど金を得ることができなかったが、情報を集めるとともに、金を含む砂を発見した。二度目の航海の主な目的は金を得ることだった。[*28] 彼はスペインで金を発見したことを大げさに宣伝し、金に対する熱情を喚起して「新大陸」へのさらなる探検のきっかけを作ったのである。[*29]

ここで重要なのは、金の発見がラテンアメリカ各地での植民地の拡大と定住を促したという点である。ヴィラールによれば、コロンブスが金を発見したとき、「東方への道筋の探求と宣教の志は、探検と植民地化の意欲に取って代わられた」のだという。[*30] スペイン人は、「新大陸」をたんなる東方への道としてではなく、入植地として捉えるようになった。ダーウィンは、「新大陸」の植民地化における金の重要性を以下のようにまとめている。

> カリブ海の島々やティエラ・フィルメ近郊での束の間のゴールドラッシュがなければ、本土を征服するという欲求は生まれなかったかもしれないし、アステカに対する勝利に重要な役割を果たすこととなった、彼らを茫然自失とさせるような奇襲や不意打ちをコンキスタドールは利用できなかったかもしれない。[*31]

金は「新大陸」の探検と征服の引き金となり、現地の政体が破壊され、先住民社会が中央集権的な植民地行政に組み込まれ、入植者社会が確立するきっかけとなった。

スペイン人が最初に足を踏み入れたのはカリブ海の島々だった。「新大陸」で最初にスペイン人が入植したイスパニョーラ島には金の鉱脈があり、そこからスペイン人たちはプエルトリコやキューバへと移動し、さらなる金を発見した。[*32] カリブ海の金を掘り尽くすと、彼らは大陸を征服し、ペルーとメキシコで相当量の金を手に入れた。[*33] この段階では先住民の財宝を略奪して得た金が主であったが、コロンビアに進出すると、豊かな金鉱が見つかった。[*34] ポルトガル領の方では、一六九五年頃にブラジルのリオ・ダス・ベーリャスで金が発見されたことをきっかけに、広く探索が行われるようになる。ポルトガル人は、沿岸部から手つかずだった内陸部へと移動し、金が発見されるとさらに西へ西へと大移動した。[*35] そして、「探検の出発点、また後背地の広大な地域の商業・行政の中心地となる」町が次々と建設された。[*36] こうして、ブラジルの植民地化のフロンティアは西へと進み、その結果、植民地行政の再編やスペインの植民地との国境画定につながった。[*37]

当初征服の動機となったのは金だったが、後に「新大陸」は、金よりも銀が豊富であることが判明する。「新大陸」の「発見」直後に生産が始まった金とは対照的に、銀の生産が始まったのは一五二〇年代になってからである。しかし一旦生産が始まると、その産出量はすぐに金を追い越した。一五三〇年代には「新大陸」の貴金属産出量の約六〇%を金が占めていたが、一五四〇年代には二四%、一五六〇年代には一四%にまで低下した。一七世紀に入ると、その割合は一〇%を下回るようになる。一八世紀にはブラジルで大規模な金鉱が発見され、その比率は四〇%にまで高まったが、スペイン領アメリカでは銀が主要鉱物であり続けた。[*38]

金と同じように銀も、植民地化のフロンティアを周辺地域へと押し広げることで植民地の拡大を促進した。たとえば、一五四六年にメキシコのサカテカスで銀山が発見されると、戦争を経てその周辺地域がスペインの支配下に組み込まれた。[*39] 金であれ銀であれ、鉱業はあまねくラテンアメリカの探索と開拓に影響を与えた。[*40] 貴金属の発見が新しい人々を引きつけ、それが町を作り、後背地をスペイン帝国に統合したのである。ベイクウェルは、この過程を次のようにまとめている。

スペイン人は、この二つの金属を求め、アメリカ大陸を縦横無尽に駆けめぐり、驚くべき速さで大陸を開拓していった。金があるという魅力につられてカリブに入植したスペイン人は、その島々ではほとんど見つけることができず、さらに地峡部、ヌエバ・エスパーニャ〔現在のメキシコを中心とする副王領〕、そしてペルーへと向かった。〔……〕豊かな地域から金属が産出されるようになると、ニューグラナダ沿岸部、チャルカス高地、メキシコ北部の高原など、それまで先住民がまばらに住んでいただけの、人を寄せ付けない地域にも町ができていった。また、鉱山を起点とした新しい経済回路が発達し、道路や商業が急速に広がった。[*41]

このように金銀の探求は、現地の政体を破壊し、植民地支配に組み入れる動機となった。宗主国の側からすれば、石油の出る保護領の場合のように現地人と交渉し彼らを通じて統治することは、たんに自らの利益を制限し入植を妨げるだけであって、行う理由のないことだった。その代わりに彼らは先住民の社会を破壊し、その富を略奪したのである。その最も典型的な例は、インカの征服であろう。スペイン人のピサロは、ペルー遠征の際、インカ帝国の皇帝アタワルパを捕らえた。アタワルパは、スペイン人に二部屋分の銀と一部屋分の金の身代金を支払うと言い、仲間に実際に身代金を届けさせた。この身代金は、金約六トン、銀約一一トンにものぼったという。[*42]しかしながら、身代金を支払ったにもかかわらずアタワルパは処刑され、スペインはインカの首都クスコを征服してさらなる金銀を手に入れた。一五三〇年代にペルーで産出された金銀のほとんどは、採掘ではなく、インカの財宝の奪取によるものだったという。[*43]貴金属の魅力にとりつかれていたスペイン人は、数は少ないものの優れた軍事技術を持っており、疫病や先住民社会の分裂にも助けられて征服を進めることができた。[*44]莫大な富を手に入れるチャンスがあり、交渉や取引ではなく略奪に頼って利益を最大化することができるなら、そうするのはある意味必然だったと言える。金と銀は、「征服という残酷な事実を、植民地支配の構造に変えてしまった」のである。[*45]

石油とは異なり、スペイン領アメリカからもたらされた金と銀は、先住民社会を豊かにすることはなかった。貴金属の生産と流通の形態もまた、統合のプロセスに一役買っていたのだ。スペイン人は、鉱山労働者や商人に対して、金銀を国庫に持ち込み、税金を支払って登録することを要求した。またスペイン王室当局は、植民地で産出される銀がすべて王室の目の届くところに保管されるように、銀精錬に不可欠な水銀の流通と販売を独占した。さらに、「新大陸」で鋳造された銀には、その純度を保証し、登録された国庫を示すために、王室の印が押されることが義務づけられていた。この印のない銀は造幣局の役人に没収されることもあった。[*46] これらの措置により、王室は歳入を直接国家に還元することに成功したのである。

このように、本国が自らの利潤を最大化するシステムを編み出したことで、金銀は、かつて現地の政治的単位の支配下にあった地域が本国の政治・経済システムのなかに取り込まれるのを促進することとなった。新世界における貴金属の生産と流通には、地元住民が受益者としてではなく、労働力の供給者として関与した。[*47] 主要な生産地の多くは、もともと人がまばらにしか住んでいないか、植民地支配に反抗的な先住民が住んでいたため、スペイン人はどこか別の場所から労働力を連れてくる必要があった。[*48] 先住民は奴隷、徴用、賃労働など、いくつかのルートを通じて採掘に携わったが[*49]、その結果彼らは大規模な移住を余儀なくされ、これは人口学的な大惨事をもたらすこととなる。貴金属に衝き動かされた征服活動は、先住民社会を中央集権的で抑圧的な植民地システムへと変貌させたのである。[*50] ダーウィンは、「新大陸」における先住民社会の変容を歴史的文脈に位置づけ、その独自性を強調している。

ユーラシア大陸の旧世界では考えられないレベルで、スペインはコロンブス以前のアメリカ［大陸］で最も強力な社会を解体し、いくつかの弱小社会を事実上消滅させた。スペインは、征服後の新しい社会を自分たちの必要と考えに応じて作り上げられるような空間を創出したのである。[*51]

このような植民地支配の直接的かつ中央集権的なシステムを確立するには、植民地支配者側に相当なコストとコミットメントが必要であることは確かである。これが可能だったのは、貴金属の価値が並外れていたからだけでなく、その輸送が比較的容易であったためでもある。貴金属は新世界の主要な輸出品となったが、その理由の一つは、「小さな体積にもかかわらず大きな価値を持つため、遠く離れた大西洋から送っても利益を出せた」からである。[*52] これは、石炭がヨーロッパに豊富に存在し、かさばるわりに低価値であるという性質のために植民地では生産されなかったのとは対照的である。金銀は、遠く離れた植民地で生産しても利益になった。貴金属貿易の収益性がなければ、「新大陸」で金銀を探す理由はほとんどなかっただろうし、それはすなわち、植民地化と定住の動きがこのように激しく大規模なものにはならなかったであろうことを意味する。

金銀の併合効果

貴金属と石油は、それらが生み出す富の量という点では類似している。長距離輸送が容易な高価値商品として、「新大陸」の金と銀は莫大な富を生み出した。しかしこの富は、石油の場合とは異なり、本来存在しなかったはずの小国の誕生につながることはなかった。それどころか、第1章で述べたように、国家が大きいほど一人当たりの公共財コストが低く、経済規模も労働力も大きくなり、結果として統治がより効率的になることから、金銀の存在は現地の政体が巨大な植民地へと統合されることにつながった。「新大陸」での金銀生産は、分離ではなく併合をもたらしたのである。

貴金属と石油の決定的な違いは、発見のタイミングにあった。金と銀は古代から人類に知られ、つねに価値があると考えられてきた。「新大陸」が植民地化される過程においても、金と銀はすでに存在しており、そもそもヨーロッパ人のこの地域への進出は、金の不足が動機の一つであったくらいである。貴金属はヨーロッパでは産出されないが、どうしても必要なものだった。探検家たちは、金の新たな供給源を発見することによる一攫千金を狙って探検に出かけた。「新大陸」に到着すると、彼らは実際に金の発見に成功し、それが移民の流入とさらなる開発を促した。その結果「新大陸」の征服は急速に進み、既存の政治的・社会的・経済的秩序は破壊され、先住民社会は植民地システムに組み込まれていった。

植民地支配者たちは、「新大陸」の富を完全に搾取できるシステムを構築した。彼らは鉱山を管理し、納税と金属の登録を義務づけ、銀の精錬に必要な材料の供給を独占し、鋳造を規制し、現地の人々を労働力として利用した。「新大陸」の金銀が現地人の手にとどまることなく本国へと流入するように、巧妙に制度を設計したのである。彼らにとって「新大陸」の既存の政体を維持する理由は皆無であった。なぜなら、それは搾取と定住の障害にすぎなかったからである。金銀の存在を事前に知ったうえで、植民者は利益を最大化するのに最も効率的なシステムを構築したということになる。

これは石油の場合とは対照的である。石油に価値があることが知られるようになったのはようやく一九世紀に入ってからであり、植民地におけるその発見は、ほとんどの地域ですでに植民地支配が確立していた二〇世紀になってからのことだった。そこではすでに宗主国は石油以前の状況を前提に植民地支配のシステムを設計してしまっていたのである。

どちらの場合も、宗主国がコストを最小限に抑えながら利益を最大化するシステムを構築した点では同じである。唯一の違いは、植民地化の時点で希少資源があることを知っていたかどうか、つまり発見のタイミングであった。スペインとポルトガルは、ラテンアメリカを植民地化する際に金銀を発見することをはなから期待していた。「新大陸」は最初から本国にとって経済的に重要だったのである。対照的に、これまでの章で示したように、産油地域は経済的に重要視されていない土地であったため、宗主国は間接統治に頼っていた。「新大陸」の富はヨーロッパから多くの移民を招き寄せ、こうした入植者たちは当然自分たちの故郷に似た社会を作ろうとする強い動機を有していた。その結果、現地にもともとあった政治秩序は破壊され、脱植民地化の時点で現地の政治的単位が単独独立する可能性は潰えた。銀の生産には多大な労働力が必要であったため、近隣の領土の併合が促され、植民地は拡大していった。金銀の大々的な探索は、征服のフロンティアを内陸部へと押し広げ、これを本国の強い影響の下で植民地体制に組み込んでいった。金銀の誘惑がなければ植民地開拓の規模ははるかに小さかっただろうし、後背地に現地の政治的単位が存続する余地もあり、それが単独独立につながった可能性もあっただろう。このように、「新大陸」における貴金属は、単独独立ではなく、植民地の合併や編入をもたらしたのである。

この節で取り上げた時代は、他の節よりも数世紀早いが、ここで述べたメカニズムはラテンアメリカだけでなく、貴金属が生産される他の地域でもある程度観察可能である。たとえば、一八四八年にカリフォルニアで金が発見されたことで、同年にメキシコから獲得したばかりのこの州は急速にアメリカ合衆国へと統合され、大量の人口流入が生じた[*53]。同様に、アラスカで金が発見されると、この新しく獲得した領土に関心が集まり、多くの探鉱者が流入した[*54]。貴金属は、アメリカ合衆国がこれらの土地を獲得する原動力とはならなかったかもしれないが、間違いなく同国の膨張につながり、これらの周辺地域に他の政体が出現する可能性を排除したのである。ダーウィンは、アメリカとオセアニアにおけるゴールドラッシュの影響を次のようにまとめている。

ゴールドラッシュは、入植地の拡大の方向とペースを変え、新たな、そして予想もされなかった前進の動きを作り出した。人口統計学的な影響も大きかった。金の発見によって、オーストラリアでは一八五〇年代に、ニュージーランドでは一八六〇年代に人口が倍増した。アメリカでは、一八四九年にカリフォルニアのセントラル・バレーで金が発見されると、開拓農民の太平洋に向けた西進は奔流となった。サンフランシスコは極西部の鉱山の一大拠点として活況を呈した。サンフランシスコの商業的・財政的・技術的影響力は、やがて太平洋岸の上下、内陸のネバダ、ユタ、アイダホにまで波及した。カリフォルニアの新たな富は、一八六一年の電信と一八六九年のユニオン・パシフィック鉄道の到着を早めた。一八五八年、開拓のフロンティアから六〇〇マイル西のロッキー山脈で金が発見されると、一年あまりのあいだに一〇万人がコロラド州に押し寄せた。一八六三年にバージニア・シティで金が発見されると、さらに多くの希望者が北のモンタナ州へと殺到した。一年間で三万人もの人が到着したのである。その帰結は、たんに経済的なものにとどまらなかった。[*55]

以上をまとめると、金銀が国家の領域性に与える影響は、石油のそれとは正反対であった。金銀は、分離ではなく併合を促進した。両者の違いは、発見の時期によって説明することができる。植民者たちは、金銀の価値とその存在可能性について事前に知っていたため、内陸部への進出と定住を進め、現地の政治秩序を破壊して中央集権的な植民地体制に組み入れることができたのである。

天然ガス

金銀が植民地の合併を促進したのは、石油と違って植民地化以前から宗主国側に知られており、植民地化の過程で発見されたからであった。それならば、石油よりもさらに新しい資源はどのような影響を及ぼすのだろうか。本節では、天然ガスが領域形成に及ぼす影響を検討することで、この問いに回答する。

結論から言えば、天然ガスは分離独立運動の台頭につながる。天然ガスの開発の歴史は新しく、そのほとんどは植民地の独立後に発見されたものである。それゆえ、それが脱植民地化自体に影響を及ぼすことは論理的にありえない。しかし、脱植民地化の際に単独独立を逃した、中央国家とは異なる歴史とアイデンティティを持つ地域で天然ガスが発見されると、分離独立運動の引き金となる場合が多い。

多くの場合、研究者や実務家が「石油とガス」と一括りにするほど類似している天然ガスと石油の違いは、その開発時期にあると考えられる。天然ガスは後発資源であり、その開発は脱植民地化よりも後に行われたため、脱植民地化のプロセス自体に影響を与えることはなかった。植民地時代に天然ガスが産出されていれば、単独独立を目指せただろうと思われる植民地も存在するが、そのようなことは実際には起こらず、こうした植民地はより大きな国家の一部となった。しかし、そうした地域で脱植民地化後に天然ガスが発見されたことで、もともと存在していた対立が再燃し、分離主義が台頭するきっかけが生じたのである。

天然ガス生産の歴史

天然ガスは、石油と同じ地質構造から発見されることが多いため、当初は石油生産の副産物として人類に知られるようになった。エネルギー源として利用できる化石燃料でありながら、一九世紀後半までは輸送の難しさを理由にほとんど無視されていた。当時使われていた木製のパイプラインは、天然ガスを遠くの都市まで運ぶのには向かなかったのである。そのため、天然ガスを燃料として利用したのは、天然ガス井の周辺にある町だけであった。[*56] しかし二〇世紀に入ると技術の進歩により長距離パイプラインの建設が可能になり、天然ガス産業は拡大した。[*57]

とはいえ、国内では天然ガス産業が発展し始めても、国際取引は依然として難しかった。天然ガスが海外に輸出されるようになったのは、二〇世紀後半に液化天然ガス（ＬＮＧ）が開発されてからである。「国内あるいは地域内の燃料」[*58]であった天然ガスが世界中で取引されるようになったのは、液化することでタンカーによる輸送が可能になったからであった。ＬＮＧが初めてタンカーで輸送されたのは一九五九年で、ルイジアナ州のレイクチャールズからイギリスのキャンベイ島まで送られ、最初の商業貿易は一九六四年に行われ、アルジェリア産のガスがイギリスとフランスへ輸送された。さらに一九六九年までに、アルジェリアからフランスへ、リビアからイタリアとスペインへ、アラスカから日本へと、三つの貿易が開始された。[*59]需要の増大と輸送手段の発達に伴い、天然ガスの生産量は一九七〇年以降、四倍に増加している（図５－４）。このように天然ガス産業が生産国に大きな収益をもたらすまでに発展したのは、二〇世紀後半以降のことなのである。

表５－２は、過去半世紀の天然ガスの上位生産国を示したものである。アメリカとロシア（旧ソ連）がつねにトップ２の生産国であり、多くはカナダがこれに続く。オランダ、イギリス、ノルウェーなどの欧州諸国や、イラン、カタール、アルジェリア、サウジアラビアなどの中東・北アフリカ諸国も、一貫して主要な生産国であった。ソ連崩壊後は、トルクメニスタンやウズベキスタンなどの旧ソ連諸国が主要生産国に名を連ねるようになった。東南アジアでは、インドネシアとマレーシアが天然ガスのトップ生産国である。

アチェの事例

天然ガスが分離独立運動の引き金になるという議論それ自体は、新しいものではない。第１章で検討したように、石油やガスと分離独立運動の関連性を実証する研究は、内戦研究の分野に数多く存在しており、ここでそれらの主張を単純に繰り返すつもりはない。[*60]

天然資源のさまざまな効果を明らかにし、説明するという本章の目的に照らして、天然ガスの役割が石油とど

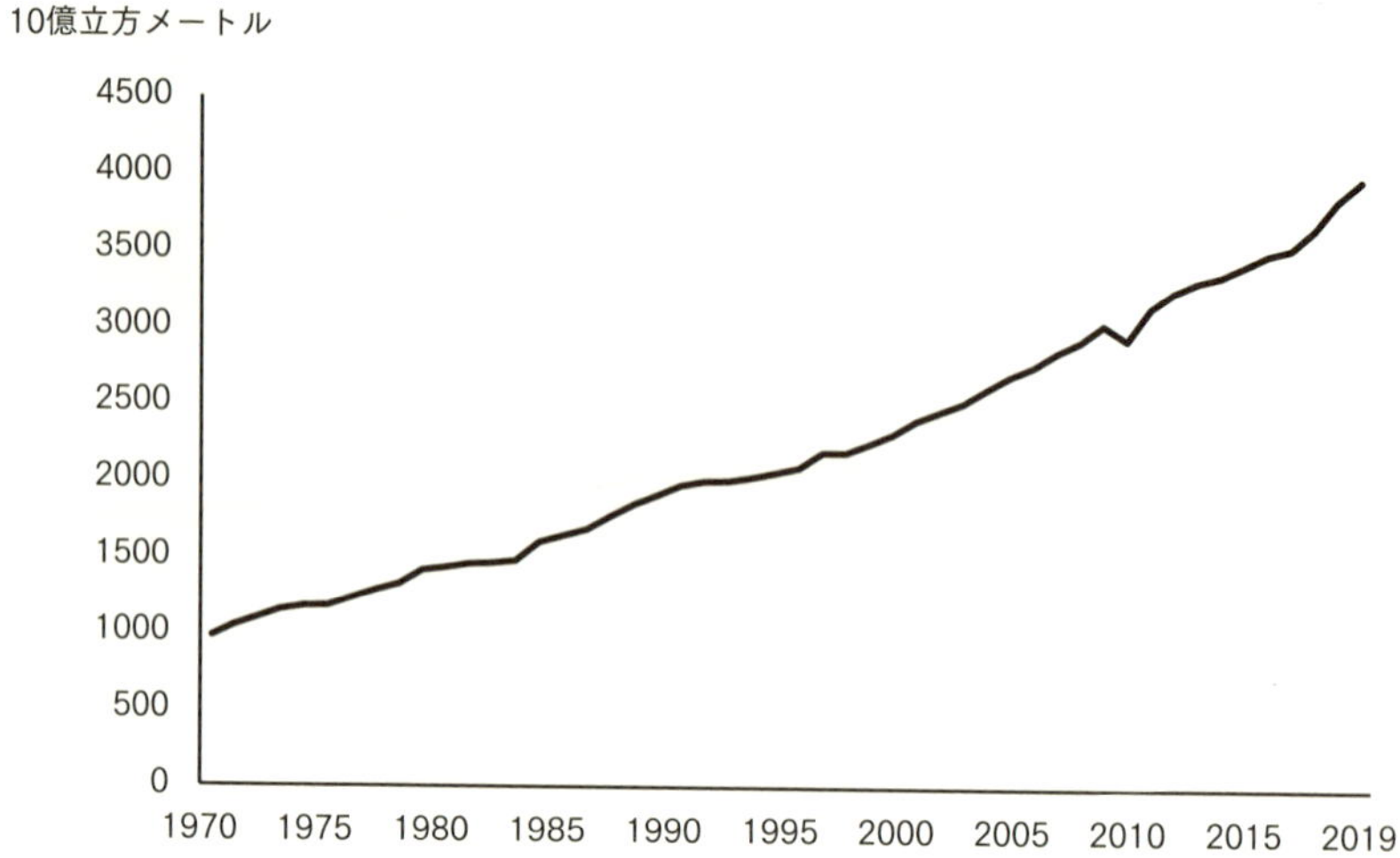

図 5–4　世界の天然ガス生産量（1970–2019 年）

出典：BP Statistical Review of World Energy.

表 5–2　天然ガス生産ランキング（1970–2019 年）

	1970	1980	1990	2000	2010	2019
1	アメリカ	アメリカ	ソ連	ロシア	ロシア	アメリカ
2	ソ連	ソ連	アメリカ	アメリカ	アメリカ	ロシア
3	カナダ	オランダ	カナダ	カナダ	カナダ	イラン
4	オランダ	カナダ	トルクメニスタン	イギリス	イラン	カタール
5	ルーマニア	イギリス	オランダ	アルジェリア	カタール	中国
6	イタリア	ルーマニア	アルジェリア	インドネシア	ノルウェー	カナダ
7	ドイツ	メキシコ	イギリス	オランダ	中国	オーストラリア
8	メキシコ	ノルウェー	インドネシア	イラン	インドネシア	ノルウェー
9	イギリス	インドネシア	ウズベキスタン	ウズベキスタン	サウジアラビア	サウジアラビア
10	ベネズエラ	ドイツ	サウジアラビア	マレーシア	アルジェリア	アルジェリア

出典：BP Statistical Review of World Energy.

う異なるのかを検証することはきわめて重要である。しかし、このテーマに関する既存の研究は、石油と天然ガスを一体として扱っている。たとえば、ある研究は「すべての液体または気体の炭化水素燃料の意味で、oil あるいは petroleum の語を使用する」としている。[*61] これがこの分野における慣行であり、研究者が独立後のみに焦点を当てているかぎりは、問題となることもない。しかしこれまでの章で示したように、石油が領域主権に与える影響は脱植民地化後の分離主義にとどまらず、単独独立というかたちで実際の国家の形成過程にも影響を及ぼしているのである。したがって、なぜ天然ガスは分離独立の引き金にはなるのに、単独独立にはつながらないのかを検証する必要は依然として失われていない。そこで本節では、一九七六年から二〇〇五年にかけて分離独立紛争を経験したインドネシアのアチェの事例を分析する。

スマトラ島の北端に位置するアチェは、オランダによって強制的にオランダ領東インドに編入されるまで、独自の言語、制度、文化を持ち、自治を行う別個のスルタン国として存在していた。[*62] 編入前のアチェは、経済的・政治的・文化的にジャワ海よりもインド洋やマレー半島との結びつきが強かった。[*63] 事実、リードは「経済的・文化的な論理が勝っていれば、アチェは海峡植民地の港を中心とする、イギリスの影響を受けた世界に緩やかに引き込まれ、おそらくブルネイやケダのような保護領になっていただろう」と論じている。[*64] アチェは一八一九年にイギリスと条約を結び、イギリスはアチェがイギリスの同意なしに外国との同盟を結ばないという約束と引き換えに、スルタンに軍事支援を提供した。[*65] 一八二四年にイギリスとオランダがスマトラ島全域をオランダ領とすることで合意した際もアチェは例外とされ、その独立は両者によって保証された。一九世紀、アチェは「ビルマやベトナムやシャムがそうであったように、伝統的に独立した国家であり、同盟の選択肢が複数あるという立場で考えており、ジャワ海周辺の諸侯が多かれ少なかれオランダと関係せざるをえなかったのとは違っていた」という。[*66] オランダがアチェを中央集権的な植民地行政に組み込むために強引な手段に出たのは、一九世紀後半になってからのことだった。[67]

アチェは一貫してオランダの支配に抵抗し、インドネシア建国直後の一九五〇年にも、中央政府に反旗を翻した。しかしこれらはいずれも、分離独立運動ではなかった。オランダに対する抵抗の過程で、アチェ人は二〇世紀初頭にインドネシア・ナショナリズムを受容していた。[68]この闘争のなかで、アチェ人の指導者たちはインドネシアに自らのアイデンティティを見出し、新しい国家が樹立されると、自分たちの自治が保証されるかぎりにおいて、喜んでインドネシアを受け入れたという。[69]彼らは「アチェ、インドネシア、そしてイスラームの目標を概念的に異なるものとして扱わなかった」のである。[70]アチェがインドネシアに反旗を翻したのは、自治権が剝奪され、領土が北スマトラ州に編入された後のことで、この反乱は編入と、アチェの強いムスリム・アイデンティティと対立するインドネシアの世俗的なパンチャシラ・イデオロギーをその主な標的とするものであった。[71]この反乱の目的は、アチェだけでなくインドネシア全土にイスラームのシャリーアを導入することだったと言われている。[72]反乱は一九五九年、アチェの自治を認める合意によって終結した。

しかし、一九七六年に起きた二度目の反乱は完全な分離独立運動であった。ハサン・ディ・ティロ率いる自由アチェ運動（GAM）は、インドネシアからの分離と独立アチェの樹立を目指していたのである。[73]マッカーシーはこの変化を次のように要約している。

> 以前の反乱の指導者たちは、インドネシアという（当時はまだ形成過程にあった）「想像上の共同体」に所属意識を持ち、アチェの編入条件を再交渉しようとしていた。アチェ人の心の中では、半世紀前に自分たちを打ち負かすことに成功した外国の「他者」に対する汎列島的な闘争のなかで、国家プロジェクトと同一化することが必要だった。しかし一旦オランダが敗北すると、インドネシア国家に裏切られたという意識と、イン

ドネシア共和国でのアチェ人の扱いに対する幻滅が生まれた。他の民族とは異なるアチェ人の自己認識が再び意味を持ち始めると、GAMはジャワやインドネシア国家という「他者」との対比において明確化されたアチェ人のアイデンティティに容易に頼ることができるようになった。したがって、以前の反乱が解決策としてインドネシア国内での自治を求めていたのに対し、GAMの闘争は「インドネシア」という概念を問題視した。[*74]

二つの紛争のあいだに何が起こったのだろうか。この変化の最も大きな要因は、天然ガスの発見だった。モービル・オイル・インドネシア社は一九七一年、アチェのアルン鉱区で天然ガスを発見し、ガス田の開発後、アチェは一九七〇年代から八〇年代にかけて急速な経済成長を遂げた。一九八九年までに、石油とガスはアチェのGDP全体の六九・五%を占めるようになっている。[*75] しかし、ガス産業はアチェの人々の不満の増大にもつながった。彼らは、収入の分配がアチェの人々と協議することなく中央政府によって決定されたと感じ、土地の接収や環境汚染などのガス開発の悪影響が彼らの不満を悪化させた。[*76] アチェが中央政府に搾取されているという認識は反政府運動に対する住民の支持を高め、GAMは、アチェの独立によって本来アチェの人々のものであるはずの資源収入がより公正に分配されるようになると約束したのである。[*77]

分離主義の引き金

天然資源が旧植民地における国家形成過程に与える影響という観点から、アチェの事例について特に注目すべき点が二つある。第一に、分離主義者たちは、アチェが独立すればブルネイと同じくらい裕福になると好んで主張していた。[*78] 実際にはそうではなく、一九九八年のアチェの一人当たりGDPは、独立したとしてもブルネイの一〇分の一以下にすぎなかったとみられている。[*79] しかし重要なのは、アチェの人々がブルネイを、「ありえたかもしれない反実仮想のアチェ」として見ていたということである。ブルネイの単独独立は、アチェが享受しえた果実としてみなされたのである。

第二に、GAMはその闘争を、「未完の脱植民地化」とでも呼ぶべきものを実現するための運動として位置づけた。GAMは、アチェの植民地支配以前と植民地時代の歴史に基づいて主権を主張した。ケルは、インドネシアの「脱植民地化」に関するディ・ティロの主張を次のように要約している。

> ディ・ティロによれば、「インドネシアは植民地帝国の領土保全の原則の上に存在しており、領土保全が保たれているかぎり、帝国が清算されることはない。したがってインドネシアは、オランダ人に代わってジャワ人が皇帝となっている、未清算の植民地帝国なのである」。[……]この苦境を脱する方法は、インドネシア（彼は「ジャワ人のインドネシア」と呼ぶ）をいくつかの独立国家に分割することだとディ・ティロは考えている。[……]したがって、「アチェ・スマトラはジャワとは別の植民地領土」であり、オランダの支配が終わったときには自決権を持っていた。アチェはこれを行使することを許されなかったが、現在でも自決権を持っているのだという。ディ・ティロは、オランダの撤退と同時に、植民地以前の原状復帰を行うべきだったと主張している。[*80]

要するに、ディ・ティロは、インドネシアは脱植民地化の成果ではなく、脱植民地化が必要な植民地的存在であると考えていた。「数世紀にさかのぼる国家としての歴史を持つ『正真正銘の』ネイション」[*81]であるアチェは、ふたたび脱植民地化を行うことで植民地化以前に戻る権利があると彼は主張したのである。

アチェの事例は、天然ガスが「未完の脱植民地化」への動きを引き起こす傾向があることを示唆している。植民地時代に生産を開始していれば少なくとも単独独立を目指すことはできただろうが、開発が遅かったためにそれができなかった地域において、特にこれは表出しやすい。分離独立運動は展開されたものの、アチェの紛争は結局その独立には至らず、二〇〇五年に大幅な自治権を獲得するかたちで終結した。第1章で述べたように、領土保全原則のために戦後の分離独立はきわめて稀であった。これは、主権国家への道が最初の脱植民地化とともに事実上閉ざされたことを意味し、アチェの場合はインドネシア建国がこれにあたる。石油とは異なり、天然ガスの開発は、単独独立をもたらすには遅すぎた。しかし、アチェのケースのように、言語、民族、文化、アイデンティティなど、生産地が明確な特異性を持っている場合、天然ガスは、国家樹立の「期限」を過ぎてもなお、独立とまではいかなくとも、分離独立運動を引き起こす可能性があるのだ。[*82]

結び

天然資源は、非西洋世界における主権国家の形成に多大な影響を及ぼす要因であった。石油が保護領の単独独立につながることを立証した前章までの議論に基づき、本章では他の天然資源にも分析対象を広げ、理論の適用範囲の拡大を試みた。石炭、金銀、そして天然ガスについて分析を行った結果、天然資源はその価値と発見の時期によって四つに分類できることが明らかになった。価値の低い資源は領域性に影響を与えない一方、価値の高い資源は、その発見時期によって、合併、単独独立、分離独立運動という三つの異なる結果をもたらすのである。

各資源がつねに同じカテゴリーに分類されると主張しているわけではないということは強調しておきたい。一般的な傾向はたしかに存在するものの、資源の価値は変動しうるし、発見のタイミングも事例によって異なる。たとえば、液化技術が開発される前に発見された天然ガスは、価値の低い資源ということになるだろう。また金銀は、植民地化の過程だけでなく、植民地支配体制が確立された後にも発見されている。もし、保護領制度が採用されていた植民地的単位で金銀が発見されていれば、単独独立につながった可能性は高い。保護領制度のない植民地でたまたま見つかったからそのような結果にならなかっただけであり、金銀が資源の性質上必ず合併につながる、というわけではないのである。

石油についても同じことが言える。植民地化の過程で石油が発見されることもあれば、脱植民地化の過程で、あるいはその後に発見されることもある。植民地化の過程で石油が発見されたケースとしては、イラクを挙げることができるだろう。現在のイラクにあたる地域は、第一次世界大戦でオスマン帝国が敗北・崩壊するまで、その支配下にあった。旧オスマン帝国の三つの州、バグダッド、バスラ、モスルが合併され、一九二〇年に国際連盟の委任統治領としてイギリスの統治下でイラク王国が誕生した。[*83] この国家自体が恣意的な決定によって成り立っていたわけだが、なかでもモスルの扱いは特に問題となった。他の二州とは対照的に、アラブ人ではなくクルド人が居住していたためである。トルコはモスルに対する領有権を放棄せず、クルド人は独自の独立国家の樹立を目指した。モスルがイラクに編入された背景には、クルド人の反乱やイラクの安全保障の問題など、さまざまな要因があった。[*84]

しかしながら、最も重要な要因の一つは、モスルに石油が存在したことだった。石油が出るという見通しを受け、イギリスはモスルを自国の委任統治領であるイラクに組み込むことで、自らの直接の影響下に置こうとした。ロンドンに本社を置くトルコ石油会社は、モスルの処遇が決まる前にイラク政府とコンセッション契約を結んだ。[*85] コミンズはその決定過程を次のようにまとめている。

第一次世界大戦中、ロンドンはフランスとのあいだでメソポタミアの分割を計画し、バグダッドとバスラの両州を直接の勢力圏とする一方、モスル州を同盟国に委ねた。戦後イギリスの外交官たちは、モスルには大量の石油が存在するという予想から、モスルにしがみつくことを決めた。モスルがメソポタミアの他の地域と一緒になることが確実になるまでには、数年にわたる外交工作が必要だった。一つには、一九一六年にロンドンとパリは、モスルをフランスの間接的勢力圏の一部とすることで合意していた。さらに、トルコ共和国はモスルを自国の領土と主張していた。イギリスは、トルコ石油会社が保有する古い石油利権に代わる新しい石油利権のシェアを約束することで、フランスの主張を退けた。イラク側はこの会社の少数株主としてのシェア（二〇％）を求めたが、イギリスの交渉担当者は難色を示し、バグダッドが条件を受け入れなければトルコがこの地域を占領するとの見通しを示した。一九二五年三月、トルコ石油会社（後にイラク石油会社〈ＩＰＣ〉に改称）とイラク政府は、七五年間のコンセッション協定に調印した。二年後、トルコはモスルのイラク編入を受け入れ、まもなく石油生産が開始された。[*86]

モスルにおける石油のケースは、植民地化の過程で貴重な資源が存在した結果、勢力圏の拡大を目的とした合併が行われたという点で、スペイン領アメリカにおける金銀のケースに似ている。石油はまた、アチェの天然ガスの場合と同様に、すでに独立した国で発見されることもあり、南スーダンやスコットランドなど世界各地で分離独立運動を引き起こしていることは、周知の事実である。

第１章で示したように、政治学者や国際関係学者たちは、天然資源が領域主権に与える影響について、分離独立の文脈でしか論じてこなかった。これは、研究者がもっぱら独立後の政治に焦点を当ててきたためである。分離独立を目指す地域は定義上植民地ではなく、すでに主権国家の一部となっている。しかし本章では、分離独立運動は天然資源と領域主権の関係の一側面でしかないことを示した。今日、クルディスタン、グリーンランド、あるいはアルバータで見られる現象は、天然資源が領域性に及ぼしうる影響のほんの一部にすぎない。独立後の政治に焦点を当てることで、分離主義の引き金となった石油とガスの共通点にばかり目が行きがちだが、石油が領域性に与える影響はそれだけではない。資源固有の性質というよりは、天然資源の価値と発見のタイミングが、領域性への影響を決定するのである。

石油と分離独立運動をより広い文脈のなかに位置づけることで、本章は天然資源と領域主権の関係のより包括的な理解に貢献したと言える。領域性に影響を与える資源は石油だけではないし、分離主義は天然資源がもたらす唯一の領域的帰結ではない。石油を他の資源と比較することで、何が石油に特有なのかを明らかにすることができ、また、複数の結果を分析することで、それぞれの結果をもたらす条件を理解することができるのである。

結論

今日の世界では、国家というのは実質的に不変の存在である。新しく国家が誕生することはもはやほとんどないと言ってよい。ソ連とユーゴスラビアの解体により、例外的に一九九〇年から九三年のあいだに二〇以上の国が誕生したが、二一世紀最初の二〇年間に誕生した新国家は、わずかに四つしかない。東ティモール（二〇〇二年）、モンテネグロ（二〇〇六年）、コソボ（二〇〇八年）、南スーダン（二〇一一年）である。同様に、主権国家が消滅することもほとんどなくなった。[*1] 一九四五年以降、国家消滅の事例は一一しかない。領土保全規範が広く共有され、また遵守されるようになったことで、国家の存在が流動化する時代はすでに過去のものになったのである。

しかしこのような状態は、歴史上まったく一般的ではなかった。それどころか、近代史は国家の誕生と消滅の歴史であると言って差し支えない。一八六〇年から一九一〇年のあいだに、一四七の国家が主に植民地化の結果として消滅し、一九五〇年から二〇〇〇年のあいだに、一一三の国家が主に脱植民地化によって誕生した。[*2] 現在存在する国家の半数以上は、七〇年未満の歴史しかないのだ。

脱植民地化は植民地を主権国家へと再編成するものであったが、その過程で多くの植民地が独立を達成することなく併合された。植民地主義の最盛期には七〇〇以上の植民地的単位が存在したにもかかわらず、脱植民地化によって成立した国家の数はその五分の一しかないことが端的にそれを表している。インドの藩王国、マレー世界のスルタン国、あるいは南アラビアの首長国などは、独立した存在としての地位を失い、より大きな領土的枠組みの一部となった。このような結果になったのは、地域大国の拡張主義に加えて、宗主国の合併推進政策に負うところが大きい。宗主国は自らの財政的負担になったり、国際秩序の脅威になったり、共産主義者の手に渡ったりすることのない、存続可能で安定した友好国を創設してそれに主権を譲り渡し、脱植民地化の後も影響力を保持しようとしたのである。[*3]

本書が焦点を当てたのは、この再編成の時期である。全体としての合併の流れにもかかわらず、一部に連邦計画や併合の試みを拒否した植民地が存在した。こうした国々の単独独立は、近代において最も重要な天然資源である、石油をめぐる植民地政治の産物だったのだ。

主な分析結果

本書の中心的な発見は、石油と植民地政治の相互作用によって、本来存在しなかったはずの国家が誕生したということである。保護領制度を採用していた地域で植民地時代に石油が産出されたことで、当初は近隣地域と同様に合併計画に参加していた植民地的単位が、合併を拒否して別個の国家になった。本書では主にボルネオ島と湾岸南部という二つの地域に焦点を当て、ブルネイ、カタール、バーレーンという三つの成功事例と、単独独立をしなかったその周辺地域を比較した。

石油と保護領制度は、合併が推進された時代に、独立国家となるために必要な三つの要素を植民地に与えた。

第一に、独立を目指すインセンティブである。産油地域にとって、国が大きくなるということは自らが受け取ることのできる石油収入の取り分が少なくなることを意味するため、大きな国家に組み込まれることは望ましくないという認識が生まれた。また、長い石油生産の歴史は、近隣地域と比べて自らがより発展しているという差異化の意識も生み出した。さらに、石油がもたらす富と宗主国の保護のおかげで絶対的な権威を享受してきた現地支配者は、より大きな領土的枠組みに組み込まれることでそれを失ってしまうのを嫌った。第2章で述べたように、ブルネイの事例はこのメカニズムの好例である。ブルネイがボルネオ三地域の連邦も、マレーシア構想も拒否した主な理由は、石油収入を貧しい近隣地域と共有したくなかったことと、領内で比類ない権力を持つスルタンが、マレーシアのなかで複数の支配者の一人として埋没してしまうのを忌避したことであった。

第二に、これら二つの要因は、植民地の生存可能性を担保するものでもあった。石油の大量生産は財政的自立につながり、また石油が豊富であることは、宗主国による外的・内的脅威からの保護につながるため、単独独立に対する安全保障上の懸念を取り除くことになった。たとえば、第3章で分析したカタールとバーレーンは、この地域でいち早く石油を生産し始めた首長国であり、その後数十年間の富の蓄積によって、主権国家として存続できると考えられるようになった。イギリスは外国の脅威、とりわけ、バーレーンを自国の領土と主張するイランの拡張主義からこれらの地域を守った。中東でアラブ民族主義が台頭するなか、イギリスは西側世界への石油の安定供給の存続を懸念し、湾岸首長国の安全保障によりコミットするようになっていたのだ。

第三に、石油と保護領制度は、宗主国に対する強い交渉力を与えた。保護領制度の下で、現地支配者は支配地域の脱植民地化について発言権を有していたことから、宗主国がこれを無視して一方的に政策決定をすることは、植民地主義に対する国際的な批判が高まっている状況を考えても無理であった。また冷戦のなかで、宗主国は自らに不可欠な資源を生産する植民地を東側陣営になびかせるわけにはいかず、現地支配者はこれを逆手に取って自らの意見を通すことができた。イギリスがブルネイから一方的に撤退しようとしたとき、スルタンがイギリスの銀行から預金を引き出すと脅したのは、その代表例である。スルタンには内的主権があったため、イギリスは脱植民地化の可能性について彼の意見に耳を傾けなければならなかった。また、ブルネイの富はスターリング圏の安定に大きく寄与していたため、イギリスはスルタンの意に反して自らが望む政策を実行することはできなかったのだ。

この二つの条件のどちらかが欠けている場合には、合併という結果が生じた。たとえばオランダ領ボルネオは、植民地時代にかなりの量の石油を産出していた。しかしオランダの植民地支配はより直接的なものであり、石油収入は現地支配者の手元には残らなかった。それどころか、オランダは彼らから権威と権力を奪ったのである。その結果、オランダ領ボルネオはオランダ領東インドのたんなる一部となり、最終的にはインドネシアに吸収されることになった。一方、ラアス・アル＝ハイマは保護領の条件は満たしていたが、石油は出なかった。首長がアブダビの独占的地位を嫌っていたため、当初はカタールやバーレーンと同様にアラブ首長国連邦（UAE）を拒否したのだが、この決定に踏み切ったのは、近々石油が発見され、それによって単独独立が可能になると期待していたからである。しかし商業水準に達する量の石油を発見することはできず、結局ラアス・アル＝ハイマは他の首長国より一年遅れて連邦に加盟せざるをえなかった。

第4章で示したように、本書の理論の適用範囲はこの二つの地域だけにとどまらない。クウェートというもう一つの単独独立の事例も、同じ枠組みで説明することができる。脱植民地化当時のクウェートは、イラクによる併合の脅威に直面していた。防衛協定と石油の安定供給のため、イギリスがクウェートを保護し、イラクの侵攻を抑止したことで、クウェートは単独独立を維持することができたのだ。西インド諸島では、トリニダード・トバゴがかなりの石油を生産していたにもかかわらず、西インド連邦の一部となった。トリニダード・トバゴはイギリス直轄の植民地であり、保護領制度を欠いていたため、イギリスが望めば一旦は連邦に加盟する以外に選択肢がなかったのである。一方、南アラビアの首長国には、保護領制度はあったが石油がなかった。イギリスがこの地域に連邦の設立を提案すると、ほとんどの首長国が連邦に加盟した。当初、連邦に加盟しなかった地域は石油の発見を見込んでおり、それが見つかれば独立国家になれると期待していた。しかし結局石油は見つからず、イギリスはこの地域からの撤退を決め、南アラビアの首長国は南イエメンというより大きな枠組みへと吸収されていったのである。

第5章では、天然資源が領域主権に与えるさまざまな影響についての分析を行い、両者の関係をより包括的に理解することを目指した。天然資源は、その商業的価値と発見の時期によって四つのタイプに分類され、植民地を合併、単独独立、分離独立運動という三つの結果に導く可能性がある。石炭の事例からは、価値の低い天然資源は国家の領域性に影響を与えないことが示唆され、金銀の分析からは、植民地化以前またはその途中に発見された高価値の資源は、植民地の合併につながる可能性が示唆された。最後に、天然ガスの影響を分析することで、脱植民地化後またはその途中に発見された高価値の資源は、より大きな単位に入っている地域を分離主義に導く可能性があることを発見した。

以上のように本書は、植民地時代の石油がどのようにして「あるはずのない」国家を生み出したかを明らかにし、天然資源が国家形成に与える影響について、理論的かつ体系的な説明を与えた。現代の政治体制、経済、社会に対する資源の影響を論じる研究も、資源開発の歴史を概観する研究も豊富に存在するが、本書のように資源が歴史的に国家の形成にどのように影響してきたかを論じる研究は、少なくとも英語圏と日本語圏には存在しない。その意味で本書はこれまでになかった研究であり、本書の分析結果は、以下の各節で示すように、国家形成と資源政治の分野に再考を促すものである。

本書の貢献

本書は、国家形成と主権に関する研究分野に三つの点で貢献する。第一に、天然資源を新たな説明要因として加えることで、現在の国際秩序の起源についての理解をさらに深めることができる。歴史を通じて、さまざまな要因が主権国家システムの出現、拡大、定着に影響を与えてきたことが知られている。ティリーは戦争が国家形成の鍵であると主張し、スプルートは経済活動が主権国家の台頭への道を開いたと主張した。[*4] さらに近年では、ブランチやアランがそれぞれ地図作成と科学的宇宙論を主権国家システムの形成に影響を与えた要因のリストに加えている。[*5] これらと同様に本書は天然資源、より正確には天然資源と植民地政治の相互作用もまた、今日の世界を形成するうえで重要であったことを示している。

第二に、本書はブルネイ、カタール、バーレーンの指導者たちが、いかにしてより大きな政治単位への編入計画に抵抗したかを示すことで、国家形成がいかに複雑でまた歴史的偶発性に満ちたプロセスであったかを描き出している。脱植民地化は非常に政治的な現象であったにもかかわらず、政治学や国際関係論は従来これに十分な関心を払わず、脱植民地化をたんなる植民地から主権国家への自動的な移行のように捉えてきた。重要視されたのは独立後に起こるもろもろの政治現象であり、独立そのものではなかったのである。しかし、本書が示すように、実際には国家の形態には他にも数多くの可能性があったのであり、今日私たちが目にする国家はあくまでその一つにすぎない。ある地域にどのような国家が誕生するかを決定づけたのは、宗主国、現地指導者、地域大国などのさまざまなアクターであり、このプロセスにおいて石油をめぐる植民地政治はきわめて重要な要素となったのである。新しい国家がどのような領土的範囲で成立するのかは、実際その時にならなければわからないものだった。このような国家形成の複雑さを明らかにすることの意義は、私たちが陥りがちな、既存の国家を当然視し、本質化するような動きを相対化する視点を提供するところにある。私たちの国家は、自然淘汰や人種の優劣、宗教的使命ではなく、歴史的偶発性の上に成り立っているのであり、そこに生煮えの「必然性」が介在する余地はないのだ。

第三に、本書は非ヨーロッパ世界における国際秩序の歴史の理解にも貢献するものである。主権、国家形成、そして国際関係全般の研究において、ヨーロッパ中心主義的なバイアスが強く働いていることは繰り返し指摘されてきた。[*6] 最近になって非西洋世界に関する研究が充実してきたのは事実である。たとえばザラコルは、ヨーロッパの主権国家システムとは異なる国際システムがユーラシア大陸に存在したことを示すために、チンギス型主権というモデルを提示している。またシャーマンは、ヨーロッパの拡大が優れた技術、制度、軍事力によって推進されたという従来の思い込みを、ヨーロッパ諸国がアジア、アフリカ、アメリカ大陸の国家との関係では弱い立場にあったことを示すことによって否定している。[*7] ヨーロッパ勢力が到来する前の他地域にどのような国際秩序が存在したのか、ヨーロッパ以外の国家システムはヨーロッパのそれとどのように交わっていたのか、あるいは西洋の主権国家体制がどのように普及するに至ったのかについての研究は、近年飛躍的に進んでいる。[*8]

これらの研究は、ヨーロッパの外にも多様な国際秩序が存在し、時にはヨーロッパの主権国家体制と長いあいだ共存していたことを指摘している。こうした研究のおかげで、私たちは「世界史を形成するうえでヨーロッパ以外の主体が中心的な役割を果たしてきた」ことを認識するようになり、「ダイナミックな西洋と受動的で静的な東洋（それ以外）という定型化された対比に基づいて語られがちな『西洋の台頭』をめぐる従来の物語」を見直し始めている。[*9] しかし、ヨーロッパに関する研究に比べ、他の地域に関する研究はまだ発展途上であることは否定できない。本書は非ヨーロッパ地域の植民地政治に焦点を当てることで、非西洋における国家形成に関する新たな知見を加え、この分野のバイアスを減らすことに貢献するものである。

さらなる研究の可能性

本書では、脱植民地化自体は必然であったという前提でその形態の如何を論じてきた。しかし、実際にはすべての植民地が独立を果たしたわけではない。たとえば、イギリスはバミューダ、ケイマン諸島、イギリス領インド洋地域、ジブラルタル、セントヘレナ、アセンション、トリスタン・ダ・クーニャなど、世界各地に海外領土を保持している。フランスの海外領土には、グアドループ、マルティニーク、フランス領ギアナ、レユニオン、マヨット、フランス領ポリネシアなどがあり、スペイン、オランダ、アメリカもまた、現在に至るまで海外領土を保有し続けている。地理的には、こうした海外領土はカリブ海や太平洋に浮かぶ島々が多い。なぜいまだに主権を獲得していない属領が存在するのだろうか。この問いは、本書の主題に関連するものであり、また今後の研究がこの問いに回答することは、国家形成と脱植民地化の政治に関するより深い理解につながるだろう。

海外領土が残っているのは宗主国が独立を許さないからだ、と考える人もいるかもしれない。たしかに第二次世界大戦後の最初の数十年間、植民地帝国は小さな植民地の独立を認めたがらなかった。しかし一九七〇年代に入ると、宗主国は小国家の創設を以前より積極的に認めるようになった。このことを考えると、一部の主権国家よりも人口の多い属領が、依然として「植民地支配」の下にあることは不可解である。たとえば、フランスの海外領土であるニューカレドニアの人口は約二九万人で、サモア、キリバス、トンガといった同じ地域の主権国家よりも多い。大きな植民地から独立していくのであれば、このような事例が存在していることは説明がつかず、結局宗主国が認めないというのは、「植民地支配」が続いていることの説明にはならないのである。

興味深いのは、独立を検討する機会が与えられながら、それを拒否してきた海外領土が数多くあるという点である。事例としては、バミューダ（一九九五年）、ボネール（二〇〇四年）、クック諸島（一九七四年）、キュラソー（二〇〇五年）、マヨット（一九七六年）、オランダ領アンティル（一九九三年、一九九四年）、ニウエ（一九七四年、一九九九年）、プエルトリコ（一九六七年、一九九三年、一九九八年）、サバ（二〇〇四年）、シント・マールテン（二〇〇〇年）、セント・ユースタティウス（二〇〇五年）、米領バージン諸島（一九九三年）などがある。[*10] 住民投票の結果を素直に受け取るならば、こうした地域の住民は主権よりも従属を好んでいるということになってしまう。本国の方が独立に積極的であるという意味で、この現象を「逆さまの脱植民地化」と表現する学者もいる。[*11] なぜ、独立を拒否するような状況が生まれているのだろうか。

この問題を扱う研究者は、これが実は合理的で戦略的な選択の結果であることを指摘している。主権のない自治は、「本国との自由貿易や輸出における優遇、社会福祉の援助、特別税制優遇措置による外部資本へのアクセス、移民による外部労働市場の利用可能性、援助によるインフラや通信の充実、より質の高い医療・教育制度、自然災害からの救済、対外防衛・安全保障の援助」など、大きな経済的メリットをもたらすのだという。[*12]

この文脈では、海外領土の経済構造が特に興味深い。マッケルロイとパリーによれば、島嶼経済には三つの主要なモデルがある。①移民による送金と対外援助、②人や資源、対外関係、財政や課税、運輸に対する管理、そして③観光である。[*13] 彼らが二二の社会経済的・人口統計的指標を用いて二五の海外領土と三〇の島嶼国家を比較した結果、主権を持たない島嶼地域は主権を持つ島嶼国家よりも相対的に発展していることが示された。これらの島々は、援助を受けたり、オフショア金融センターやタックス・ヘイブンになったり、観光業を振興することで高いレベルの発展を遂げているのである。[*14] ここでは、本国との強い結びつきが有利になるというこうした産業の性質が重要な役割を果たしている。属領であり続けることは、援助や企業、観光客を誘致するチャンスにつながるのだ。

こうした事例をブルネイやカタールのような国家と比較すると、植民地の経済構造が脱植民地化に関する選好を左右することが示唆される。一方では、主要産業が観光業などの本国との強い恒常的なつながりを必要とする性質のものである場合、植民地は従属関係を維持する可能性が高くなる。他方、石油生産のように、主権を持つ国家により多くの収入をもたらす産業が主要産業となっている場合、植民地は独立を望む可能性が高いということになる。もちろん、ナショナリズムや本国の政策など他の要因も作用するし、また逆の因果関係もありうるが、産業と主権（あるいはその欠如）との関係はさらなる研究に値するだろう。

資源政治を再考する

本書の貢献

本書は天然資源をめぐる政治に関する研究にも三つの点で貢献している。第一に、脱植民地化を分析することで、天然資源が領域主権に与える影響について、従来とは異なる視点を提供した。天然資源と分離主義の関係についての既存研究においては、天然資源、特に石油やガスが少数民族の居住地域で発見された場合、分離独立運動の引き金になることがわかっている。これらの研究から導き出されるのは、天然資源は分離主義を引き起こすことによって主権国家を不安定化させるが、新国家の創設によってそれを変えるところまでは至らないということである。しかし、脱植民地化にまで分析範囲を広げれば、天然資源が新たな主権国家の誕生にまで影響を与えた例があることがわかる。つまり本書は、これまで過小評価されてきた、天然資源が領域主権に与える影響をより的確に理解する一助となるのである。

第二に、本書は政治学者や国際関係学者が分析の前提としてきた主権国家の存在そのものを問題にすることで、「資源の呪い」の研究一般にも示唆を与える。一九七〇年代の石油危機以降にほとんどの研究が集中していることもあって、この分野の既存研究は、主権を外生的に与えられたものとして扱う傾向がある。[*15]つまり、主権獲得は石油生産よりも時期的に先行するため、石油をめぐる政治と主権は無関係であるという前提が置かれているのだ。たしかに、主権を外生的なものとして扱える事例は多いものの、天然資源が新たな主権国家の誕生に関与したケースもあることを本書は示している。

たんに「そうした事例もある」というだけで済ませるべきではないのは、本書が中心的に扱ったブルネイ、カタール、バーレーンなどの事例が、「資源の呪い」の最も典型的な事例だからである。たとえば、これら三つの国々は、石油と民主主義の関係を示した図6-1の右下に位置している。つまり、石油が民主主義を阻害するという主張の最も典型的な事例であり、「資源の呪い」の理論にとって最重要の事例の一つだということになる。理論にとっての最も重要な事例が、理論の置いている前提を満たさないということは致命的ではないだろうか。天然資源が国家形成に与える影響を分析することで、本書は資源政治の研究における主権の扱いを「内生化」したのである。[*16]この新しい見方を採れば、民主主義、内戦、経済発展などに関する「資源の呪い」を分析する方法は、一様に変更を迫られることになるだろう。

この主権の内生性は、「資源の呪い」研究の方法論において非常に重要である。この分野における最近の研究は、いわゆる潜在的結果アプローチを採用している。このアプローチでは、たとえば石油が民主主義に及ぼす影響を、ある国で石油がある場合とない場合（一方は現実で他方は非現実）の民主主義のレベルの差として定義する。リウとマスグレイブは、ハーブを引用しつつ、[*17]「レンティア国家論の核心にある反事実的主張は、もし地質の神々がクウェートの砂の下に石油を置くことを適切と考えなければ、クウェートは実際よりも民主的であっただ

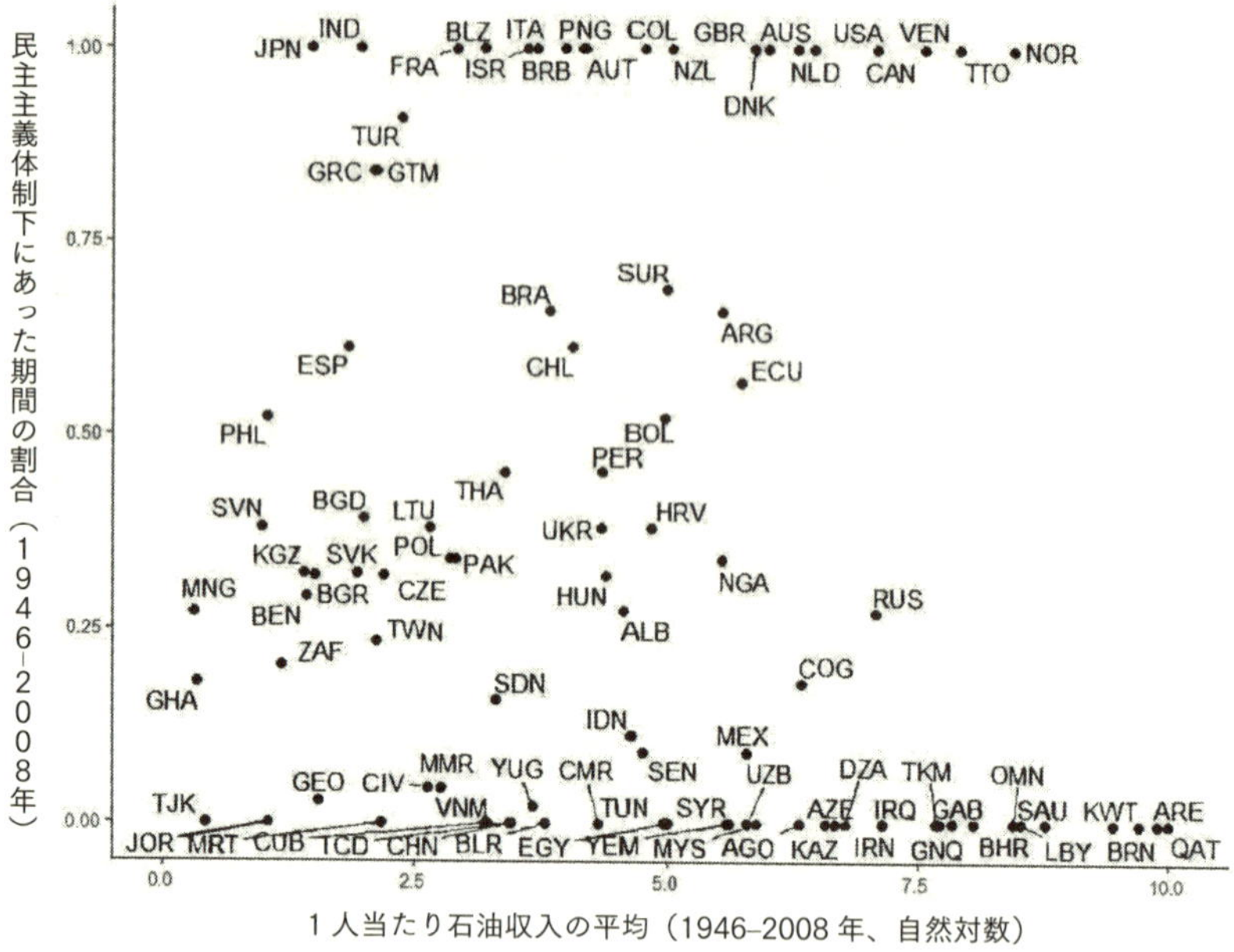

図 6–1　石油と民主主義

出典：1人当たり石油収入については Ross, “Oil and Gas Data, 1932–2014”、民主主義については Cheibub et al., “Democracy and Dictatorship Revisited” より。図中のアルファベットは ISO 3166-1 alpha-3 国名コード。

ろうというものである」と述べている。[18]

しかし、石油が民主主義に及ぼす影響を見極めるのに、これは必ずしも最善の方法ではない。というのも、少なくとも単独独立の事例については、石油がない場合の反事実をこのように考えることが不可能だからである。なぜなら、これらの国々の主権国家としての存在そのものが、石油の存在に負うところが大きいからだ。このような場合、これらの国々が国家として成立していなければ、この地域はどのようになっているかを考える必要がある。つまり、ブルネイの石油の影響を論じる際に適切な反事実は、「石油のないブルネイ」ではなく、「石油のない『ブルネイ』というマレーシアの一地域」だということになる。[19]平均的因果効果を求めるための方法論の洗練は歓迎すべき動きではあるが、それが依って立つ前提に問題があれば、当然方法論の如何にかかわらず、得られる結果もバイアスのかかったものになってしまう。これまで国家形成の歴史を考慮せずに行われてきた「資源の呪い」の分析結果は、基本的にすべて多かれ少なかれ問題を抱えたものであるということになる。

第三に、本書は小さな産油国の主体性に着目することで、石油をめぐる国際政治についての理解を修正する。資源政治とエネルギー安全保障に関する既存の議論は、ほとんど大国か、[20]それに挑戦する革命志向の地域大国[21]にのみ焦点を当ててきた。実際の産油国の数はこれらの国々の数よりもはるかに多いが、地域秩序のなかで必ずしも主要な役割を果たしているわけではない国々や、欧米諸国に安全保障上の直接的な脅威を与えない国々は、あまり研究のなかでは注目されてこなかった。言い換えれば、これまでの文献は、石油をめぐる国際政治において主体性を持つのは大国だけであり、石油は「強者の武器」であるとみなしてきたのである。しかし本書で得られた知見は、小国であっても、産油国であることで大国が強く望む政策を拒否するだけの力を持ちうることを示している。言い換えれば、石油は「弱者の武器」にもなりうるということである。

さらなる研究の可能性

本書の知見は、「資源の呪い」に関する新たな問題を提起している。本書の分析は、「資源の呪い」には二つの異なる因果メカニズムがあることを示唆している。一つは、石油と権威主義の直接的な結びつきによって既存の体制が「継続」することであり、もう一つは、国家形成を通じた間接的な結びつきによって権威主義体制が「誕生」することである。前者は比較的多くに見られる現象だが、後者はごく一部の国にしか存在しないようである。[22]

これらの知見から浮かび上がってくる仮説の一つは、産油国における権威主義の程度の差は、国家形成過程、より正確には石油の到来以前の民主主義の発展レベルに条件づけられているのではないかというものである。この「凍結仮説」は、石油の発見によって民主化プロセスが停止し、労働者階級の台頭、伝統的エリートの弱体化、国際的圧力など、民主化につながる可能性のある要因がそれ以上発達しなくなるということを意味する。石油発見後の民主主義の水準は、石油生産が続くかぎり変わらない。石油は権威主義化を進めるというよりは、民主主義化をストップさせるのであり、したがって、石油発見のタイミングが産油国の民主主義の水準を決定づけている可能性がある。要は石油が見つかるまでにどれだけ民主化に向けたプロセスを進められるかということが、その後の結果を左右することになる。もちろんこれはあくまで仮説であり、現在のところ十分な裏付けはないが、国家形成の過程に応じて産油国を分類することで、「資源の呪い」研究に新たな光が当てられるかもしれない。

発見のタイミングは分離主義の文脈でも需要である。第5章で論じたように、旧植民地国家における石油由来の分離主義は、石油の発見が遅れたために起こることが多い。分離主義的な地域は、植民地時代に石油が発見され、保護領制度があったならば、独立を達成できたかもしれない地域であった。分離主義的地域を従来のように非分離主義的地域と比較するのではなく、単独独立に成功した地域と対比することで、分離主義の長期的メカニズムについて新たな知見が得られるかもしれない。

現代政治への示唆

単独独立の後日談

単独独立の推進者にとって、主権国家になることはより多くの富、より広範な自治、そしてより大きな権力を約束するものであった。はたして、単独独立によって誕生した新しい国家は、期待された利益を享受することができたのだろうか。脱植民地化に焦点を当てる本書にとって、独立後に何が起こるかは分析の対象外である。しかしながら、植民地が単独で独立したか、あるいはより大きな単位の一部となったかが、独立後の進路に大きな影響を及ぼしたことは間違いない。本節では、単独独立が独立後にもたらした結果について、いくつか予備的な見解を示したい。

まず、カタールは多くの面で単独独立の恩恵を享受しているように見える。ＵＡＥも世界で最も豊かな国の一つであるが、カタールはＵＡＥよりもさらに豊かである。一人当たりのＧＤＰがＵＡＥの二倍近くにのぼるという事実は、カタールが単独独立によって経済的な利益を得ていることを端的に示している。カタールはまた、近隣諸国に縛られない自由を確保することにも成功しているようである。独立後二〇年間は、多かれ少なかれサウジアラビアの安全保障の傘の下にあったが、湾岸戦争でサウジアラビアが自国を保護できないことが明らかになると、カタールは安全保障をより積極的にアメリカに頼るようになった。しかしその一方で、カタールはイランや域内のイスラーム主義グループとも比較的友好的な関係を保ってきた。[*23] その積極的なヘッジ外交は、特にアルジャジーラや国際スポーツイベントの開催を通じたブランディング・キャンペーンと相まって、カムラヴァが言うところの「さりげないパワー」の源泉となり、結果として同国の国際政治における重要性を高めている。[*24] さらに、政権が非常に安定していることも特筆に値する。二〇一一年の「アラブの春」でも、カタールは動乱を経験しなかった。支配者一族は、体制に対する大きな脅威に直面することもなく、社会のコントロールを維持している。単独独立が直接の「原因」ではないにせよ、カタールがＵＡＥに加盟していれば、これらの結果はいずれもありえなかっただろう。しかし、カタールが独立した外交政策をとったからこそ、近隣諸国、特にサウジアラビアとそれに追随する国々は同国に不満を持つようになり、二〇一七年から二一年にかけて外交危機が発生し、カタールの将来に影を落とすことになった。

一方、バーレーンの単独独立はカタールほど実りあるものではなかったようだ。同国の一人当たりGDPはUAEの六割程度であり、それはつまり連邦に加盟していれば経済的にはもっと恵まれていたかもしれないということを意味する。もっとも、この状況は単独独立が直接の原因とはかぎらず、独立後の政策によるものかもしれないことには注意が必要である。外交面では、バーレーンは事実上サウジアラビアの衛星国として存在してきた。[*25] イランの革命政権がバーレーンの領有権の主張を復活させたとき、バーレーンはサウジアラビアに保護を求め、二国間の安全保障協定を結んだ。[*26] この強力な隣国は、アブ・サファ油田の権益をバーレーンと共有し（後に完全に移譲）、バーレーンの製油所を利用するなど、同国を経済的に援助することも多かった。[*27] サウジアラビアとの関係のため、カタールと比べるとバーレーンの外交政策における自由度はそれほど高くない。また、バーレーンの政権はカタールやUAEほど安定していない。シーア派の人口が多く、多くのブルーカラー労働者を抱えるバーレーンは、近代史を通じてたびたび民主化運動の舞台となってきた。それは二〇一一年、中東の多くの地域を覆った暴動の波で頂点に達した。政権はデモ参加者に対して強権的な手段をとったが、動乱を鎮圧することはできなかった。サウジアラビア軍二〇〇〇人とUAEの警官六〇〇人がバーレーンに派遣されて初めて、政権は反体制派を鎮圧することができたのだ。[*28] バーレーンは、かつて自らが拒否した連邦を含む近隣諸国の助けなしには、ほとんど秩序を維持することができない。バーレーンの苦難は、独立の動機が、圧倒的な富というよりは長期的な石油開発の歴史によるものであったことを考えれば、ある程度理解できるだろう。結局のところバーレーンは、単独独立を最大限に活用するための資源が不足していたと言えるのかもしれない。

連邦に組み込まれた場合との比較で言えば、ブルネイは独立の恩恵を最も受けていると言えそうだ。ブルネイはマレーシアの二・五倍以上豊かである。強大な国家ではないが、独立した外交政策を維持し、スルタンは政治的実権を持たない立憲君主になるどころか、国内では比類ない権力を維持している。

しかし、これを成功例と呼ぶことには注意が必要である。たしかに支配者にとって単独独立は大勝利かもしれない。スルタンはブルネイの富を独占し、その支配に対する挑戦もない。しかし、支配者の比類なき権力は、そのまま民主主義の欠如を意味する。ブルネイは「総選挙も、組織化された野党も、独立した市民社会もない唯一のASEANメンバー」なのだ。[*29] 現スルタンのハサナル・ボルキアは、首相、財務・経済大臣、国防大臣、外務大臣、そして陸軍・警察司令官を兼任している。ブルネイには選挙で選ばれた議会がなく、野党は実質的に存在しない。このような状況を可能にしたのは、第2章で述べた一九六二年のブルネイ反乱鎮圧のためのイギリスの介入である。ブルネイ人民党（PRB）が敗北した後、民主化を求める動きはなくなった。[*30]

もちろんマレーシアも完璧とは言いがたいが、少なくともブルネイより民主的であることは明らかである。ここでは、単独独立がブルネイにとって良かったか悪かったかを論じるつもりはない。単独独立によって人々は豊かさを手にしたし、国はより自律性の高い政策を実行できるようになった。しかし、ブルネイがマレーシアに加盟していれば、ブルネイの人々はもっと自由を享受していただろうということは言える。ブルネイを今日の姿に導いたものが石油と植民地政治であることを考えれば、独立が祝福であったか呪いであったかというのは単純な問題ではないが、数十年経った今でも、単独独立が政治的な結果に影響を及ぼしていることは確かである。

「呪い」の責任

本書の知見からは、規範的な示唆を導くこともできる。「資源の呪い」は、グローバル・サウスの各国政府による資源収入のマネジメントの失敗が原因とされがちである。たとえば、二〇一一年にモンゴルで開催された会議で、国連開発計画（UNDP）のヘレン・クラーク総裁（当時）は、「資源の呪い」に陥った国と陥らなかった国の違いは、「資源の富を人間開発に転換したかどうか」にあり、「グッド・ガバナンスと健全な長期開発計画によって、各国は『資源の呪い』の影響を回避し、国民に教育や医療などの質の高いサービスを提供することができる」と述べた。[*31] この見解に則ると、カタールにおける権威主義や、ブルネイの経済多角化の試みが今のところ成功していないのは、彼ら自身の責任ということになる。これは、本書を読んだ後にはとうてい出てこないような、歴史を無視した単純な発想であると言わざるをえない。

たしかに、「呪い」の有無は富の扱い方にも依存する。汚職や政治家のレントシーキング行動は、しばしば政治的・経済的な弊害をもたらす。しかし、産油国の歴史的な歩みを考えれば、産油国自身だけに責任をかぶせるのは間違っている。「資源の呪い」をグローバル・サウスの政府の政策だけに帰することは、「資源の呪い」の植民地的起源というより根本的な問題から目をそらすことにつながり、それは長期的で複雑な現象の単純化、ひいては責任の所在の誤認を招いてしまうのである。

植民地支配が「資源の呪い」の発生に大きな影響を及ぼしたという証拠は十分にある。先に見たように、イギリスは一九六二年のブルネイの反乱の鎮圧に協力し、この反乱は同国の民主化運動にとって致命的な打撃となった。植民地政策は内戦においても決定的な役割を果たした。第5章で述べたように、一九七一年にインドネシアのアチェで天然ガスが発見されると、分離主義が台頭した。しかし、天然ガスが分離主義の根本原因だったのではなく、植民地時代にさかのぼるアチェの主権と領域性に関する根本的な問題が、天然ガスによって再浮上したのである。オランダがアチェをオランダ領東インドに強制的に併合するまでは、アチェは独自の言語、制度、文化を持つ独立した自治スルタン国だったのであり、[*32] アチェとインドネシアの他の地域とのあいだに「不幸な結婚」をもたらしたのは、スマトラ島全域をオランダ領とした一八二四年のイギリス・オランダ間の協定、そしてオランダによる強引な併合だった。

これらの例は、植民地政治が「資源の呪い」に不可欠であったことを物語っている。資源国が抱える問題は、その歴史的・植民地的経験と深く絡み合っており、現在の「グッド・ガバナンス」だけで改善できるものではない。資源国が今日直面している問題を、グローバル・サウス諸国の政府だけに帰するのは端的に言って間違いであって、特にそうした言説が政治的・経済的な弊害の原因を作ってきた旧植民地帝国から発信される場合は、なおさらお門違いだと言わざるをえない。ノルウェーと赤道ギニアを資源の扱いについて比較しても、意味のある教訓を導くことなど決してできないのだ。

植民地支配に関与した人物の名前を冠した建物や通りの改名、ベニン・ブロンズの返還、ナミビアでの大量殺戮に対するドイツの謝罪など、欧米社会の多くでは近年、過去の植民地支配の過ちを反省する新たな取り組みが見られるようになった。それに伴い、植民地支配や植民地が独立した経緯に関する関心も高まっている。同様に、気候変動、エネルギー転換、中東の不安定化に対する懸念が高まるなか、石油政治に関する研究に対する需要も大きい。本書はこうした昨今の情勢の流れのなかで、天然資源と脱植民地化の歴史的関係を明らかにすることで、今日の主権国家が誕生した過程や、権威主義、内戦、国際紛争といった産油国における現代の諸問題を理解するための、より広い歴史的視野を提供するものである。

あとがき

何かにつけて、「起源」というものについて考えてしまう。自然界に真っ白なものなどほとんどないのにどうして白が最も基本的な色とされてきたのか、この風呂の水が関東に雨として落ちる前は世界のどこの水だったのか、いつ誰が「ソーダ味」などという実体のない風味を創り出したのか、といった具合である。そんなふうに大学院に入っても延々と起源について考えているうちに、いつしか世界に点在する「存在しないはずの国家」の成立過程に興味を持つようになった。

本書は、二〇二四年三月にケンブリッジ大学出版局より上梓した、*Fueling Sovereignty: Colonial Oil and the Creation of Unlikely States* の日本語版である。したがって本書の直接の母体はこの英語版なのだが、その起源はさらにさかのぼることができる。東京大学法学政治学研究科の修士課程の一年目に履修していた授業で、「資源の呪い」という分野の文献を読む機会があった。それなりに面白い議論ではあったが、何かが間違っている気がした。それも特定の文献がというわけではなく、この分野全体が、である。振り返ると学部を出たばかりの院生にしては大それた発想だったが、歴史的な国家形成過程を見なければ、現代の資源政治を議論することはできないのではないか、と感じた。そこからこの研究が始まった。

右も左も知らない院生の考える「大胆な発想」は、先達によって早々に打ち破られるのが世の常だが、法学政治学研究科の先生方は、適切な軌道修正を加えつつも、上記のような発想を面白がり、それを伸ばす方向へと導いてくださった。指導教員であった藤原帰一先生は、テーマ選びから修士論文の執筆に至るまで、常に温かい雰囲気のなかで建設的なフィードバックをくださり、また博士課程で学位留学して以降も現在に至るまで、研究やキャリア形成のあらゆる側面についてアドバイスをくださる、羅針盤のような存在である。前田健太郎先生は、上記の授業をご担当され、最初に私の着想について好意的な反応をくださった。その他にも、高原明生先生、ケネス・マッケルウェイン先生、大串和雄先生、加藤淳子先生などのゼミで多くのことを学んだおかげで、はなはだ不十分ではあるが、曲がりなりにも研究者としての基礎を身につけることができたと思う。この期間に、佐藤尚平先生、鈴木陽一先生という、本書で扱った地域の脱植民地化をそれぞれ専門とされる先生方からアドバイスをいただけたことも大きかった。さらにさかのぼれば、教養学部前期課程時代に、高山博先生、園田茂人先生、岡田晃枝先生らのゼミに参加したことが、研究者を目指すきっかけとなった。そのうちどれを欠いても本書の出版にはたどり着かなかったかもしれず、関わってくださったすべての先生方には、ただ感謝するばかりである。

二〇一七年からはオックスフォード大学に拠点を移し、Department of Politics and International Relations で二〇二一年に国際関係論の博士号を取得した。東京大学で芽を出した問題関心を育て、青い実を付けるまでにしたのがこの期間である。指導教員であった Ricardo Soares de Oliveira 先生は、博士課程の期間を通じて、必要なときに必要なアドバイスを提供してくれた。細かな管理よりも大筋でのコメントと承認を指導教員に求める私にとって、つねに穏やかにポジティブなことを言ってくれる先生は理想的であった。博士論文の中間審査や最終審査では、Andrew Hurrell 先生、Louise Fawcett 先生、Todd Hall 先生に重要な指摘をいただいた。

博士号を取得後、ケンブリッジ大学でポスドクを経験したことで、まだ熟していなかった本研究の果実を色づかせ、ついには出荷にまでこぎつけることができた。Jason Sharman 先生は信じられないほど生産的な研究者であるのみならず、稀有なメンターでもあった。最初は外部審査員として私の博論に素晴らしいフィードバックと評価を下さり、ポスドクになってからは出版やキャリアについて親身にアドバイスをしてくれた。また、ケンブリッジで歴史的国際関係論の研究グループの一員となったことで、ネットワークは格段に広がった。同じくポスドクだった Jaakko Heiskanen とは、セミナーの共同運営を通じて親しい友人となり、また研究の話を最初にするような相手にもなった。Ayşe Zarakol、Duncan Bell、Giovanni Mantilla の各先生は、外から来た私をコミュニティの一員として最初から受け入れてくれ、非常にフレンドリーに接してくれた。彼らの助けがなければ、ケンブリッジ大学出版局から英語版を出すことはとうていできなかっただろう。Carsten-Andreas Schulz、Alena Drieschova、Bill Hurst、Joseph Leigh の各氏など、感謝を伝えたい同僚たちは他にも数多い。「オックスフォードとケンブリッジ、どっちが好き?」と聞かれたときにうまく答えられないのは、ひとえに彼ら彼女らのせいである。

二〇二二年には母校の東京大学に戻り、未来ビジョン研究センター(IFI)で現職に着任した。IFIは大学の組織としては相当に異色な存在であり、独特の文化に慣れるのに時間を要したが、研究に集中できる環境、福士謙介センター長や城山英明前センター長をはじめとするフレンドリーな同僚の先生方、分野の垣根を越えた研究の議論など、着任から二年あまりが経ってその魅力を存分に味わうことができている。学会発表などで、「未来ビジョン研究センター」という怪しげな名前の組織に所属しています」という格好の「つかみ」を提供してくれたことにも感謝している。また、帰国したことで、佐橋亮、東島雅昌、粕谷祐子、川中豪、玉置敦彦、馬路智仁といった尊敬する先生方とふたたびご一緒する機会が生まれ、あるいはナジア・フサイン、華井和代の両氏をはじめとするセンター内外の研究者との新しい横のつながりを形成できたことも、本書の出版に役立った。

大学院時代から最初の就職に至る研究者としてのアイデンティティ形成にとって最も重要な時期に、公私にわたって並走してくれた同世代の友人、先輩、同僚たちには特別の感謝を述べる必要がある。東京大学では宮野紗由美、川口航史、黄喜佳、金子智樹、井口桑、江島舟星、藤川健太郎、鳥飼将雅、佐藤信の各氏をはじめとする方々と多くの議論を交わし、オックスフォード時代には Yuan Wang、Jan Eijking、Ameya Pratap Singh、Patrick Gill-Tiney、Chinami Oka、Monica Kaminska、Sharinee Jagtiani、Farsan Ghassim、Yutao Huang、Yuan Yi Zhu、Arthur Duhé、Eric Haney、John de Bhal の各氏らから研究上の刺激を受け、Dominic Gerhartz、Mike Yousef、Karim El Taki、Lillian Babayan、Katie Mann、Zhanna Ter-Zakaryan、Victor Beaume といった友人たちとは、パブやインド料理屋やダイニングホールで、研究とほとんど関係のない話をして楽しい時間を過ごした。

本書の刊行にあたっては、慶應義塾大学出版会の上村和馬さんからお話をいただいた。海のものとも山のものともつかない若手研究者にとって、どこかで誰かが自分の仕事を見てくれていて、声を掛けてくれるということは無上の喜びである。書籍の出版が初めてである私を、プロセス全体を通じて根気強く導いてくださったことに感謝したい。推敲の過程では、円光門さん、廣澤歩さんに原稿の下読みをお願いし、また石川由佳さんにはＩＦＩ着任以来、研究活動に必要なもろもろのサポートをいただいた。また、英語版の出版にあたって、日本語の版権を著者に残すことを快く認めてくれたケンブリッジ大学出版局、担当編集者の John Haslam 氏、そして LSE International Studies シリーズの編集担当である George Lawson 先生にも感謝する。本研究の遂行のうえでは、サントリー文化財団、高梨学術奨励基金、村田学術振興・教育財団から研究助成をいただき、日本学術振興会から出版助成（二〇二四年度研究成果公開促進費［学術図書］、課題番号 24HP5100）を得た。

最後に、研究者という仕事の魅力に最初に気づかせてくれた父の雅夫と、子どもたちを最優先に考えて育ててくれた母の規久子に感謝の念を述べて、本書を締めくくりたい。

二〇二四年一〇月

向山直佑

向山直佑（むこやま　なおすけ）
東京大学未来ビジョン研究センター准教授
1992年生まれ。東京大学法学部卒業後、同大学院法学政治学研究科総合法政専攻修士課程修了。2021年3月、オックスフォード大学政治国際関係学部博士課程修了（DPhil in International Relations）。ケンブリッジ大学政治国際関係学部ポストドクトラルフェローを経て、現職。主な論文に、“Colonial Oil and State-Making” *Comparative Politics*, 55(4), 2023; “The Eastern cousins of European Sovereign States?” *European Journal of International Relations*, 29(2), 2023;「第三国による歴史認識問題への介入の要因と帰結」『国際政治』187号，2017など。石橋湛山新人賞、日本国際政治学会奨励賞、佐藤栄作賞優秀賞等、受賞多数。

石油が国家を作るとき
——天然資源と脱植民地化

2025年1月30日　初版第1刷発行
2025年3月 5 日　初版第2刷発行

著　者————向山直佑
発行者————大野友寛
発行所————慶應義塾大学出版会株式会社
〒108-8346　東京都港区三田2-19-30
TEL〔編集部〕03-3451-0931
〔営業部〕03-3451-3584〈ご注文〉
〔　〃　〕03-3451-6926
FAX〔営業部〕03-3451-3122
振替　00190-8-155497
https://www.keio-up.co.jp/
装　丁————Boogie Design
組　版————株式会社キャップス
印刷・製本——中央精版印刷株式会社
カバー印刷——株式会社太平印刷社

Printed in Japan　ISBN 978-4-7664-3004-2

索　引

英数字

ア行

カ行

サ行

タ行

ナ行

ハ行

マ行

ヤ行

ラ行

註

序　章

＊1　Melissa Dell, "The Persistent Effects of Peru's Mining *Mita*," *Econometrica* 78, no. 6 (2010): 1863–1903, https://doi.org/10.3982/ECTA8121.

＊2　Timothy Mitchell, *Carbon Democracy: Political Power in the Age of Oil* (Verso Books, 2011), chap. 2.

＊3　Merze Tate, "Nauru, Phosphate, and the Nauruans," *Australian Journal of Politics & History* 14, no. 2 (1968): 177–92, https://doi.org/10.1111/j.1467-8497.1968.tb00703.x.

＊4　Pierre Vilar, *A History of Gold and Money, 1450 to 1920* (London: Verso, 1991), 62–63.

＊5　Philippe Le Billon, *Wars of Plunder: Conflicts, Profits and the Politics of Resources* (London: Hurst & Co., 2012), 8.

＊6　Michael Collins, "Decolonisation and the 'Federal Moment,'" *Diplomacy and Statecraft* 24, no. 1 (2013): 21–40, https://doi.org/10.1080/09592296.2013.762881; W. David McIntyre, "The Admission of Small States to the Commonwealth," *Journal of Imperial and Commonwealth History* 24, no. 2 (1996): 244–77, https://doi.org/10.1080/03086539608582978.

＊7　Jordan Branch, *The Cartographic State: Maps, Territory, and the Origins of Sovereignty* (Cambridge University Press, 2014); Hendrik Spruyt, *The Sovereign State and Its Competitors: An Analysis of Systems Change* (Princeton University Press, 1994); Charles Tilly, *Coercion, Capital, and European States, AD 990–1990* (Oxford Blackwell, 1992).

＊8　Hedley Bull and Adam Watson, *The Expansion of International Society* (Oxford: Clarendon Press, 1984); Barry Buzan and Richard Little, *International Systems in World History: Remaking the Study of International Relations* (Oxford University Press, 2000); Christian Reus-Smit, "Struggles for Individual Rights and the Expansion of the International System," *International Organization* 65, no. 2 (April 2011): 207–42, https://doi.org/10.1017/S0020818311000038.

＊9　Antony Anghie, *Imperialism, Sovereignty, and the Making of International Law* (Cambridge: Cambridge University Press, 2005); James Crawford, *The Creation of States in International Law* (Oxford University Press, 2006); Stephen Krasner, *Sovereignty: Organized Hypocrisy* (Princeton University Press, 1999).

＊10　David B. Carter and H. E. Goemans, "The Making of the Territorial Order: New Borders and the Emergence of Interstate Conflict," *International Organization* 65, no. 2 (April 2011): 275–309, https://doi.org/10.1017/S0020818311000051; Miguel Angel Centeno, *Blood and Debt: War and the Nation-State in Latin America* (Penn State University Press, 2002); Ryan D. Griffiths,

Age of Secession: The International and Domestic Determinants of State Birth (Cambridge: Cambridge University Press, 2016); Jeffrey Herbst, "War and the State in Africa," *International Security* 14, no. 4 (1990): 117–39, https://doi.org/10.2307/2538753; Philip G. Roeder, *Where Nation-States Come from: Institutional Change in the Age of Nationalism* (Princeton, N.J.; Woodstock: Princeton University Press, 2007).

＊11　John Darwin, *The End of the British Empire: The Historical Debate*, Making Contemporary Britain (Oxford: Basil Blackwell, 1991); David R. Devereux, "The End of Empires: Decolonization and Its Repercussions," in *A Companion to Europe since 1945*, ed. Klaus Larres (John Wiley & Sons, Ltd, 2009), 113–32, https://doi.org/10.1002/9781444308600.ch6; Jan C. Jansen and Jürgen Osterhammel, *Decolonization: A Short History* (Princeton, New Jersey; Oxford: Princeton University Press, 2017); William Roger Louis, "Introduction," in *The Oxford History of the British Empire: Volume IV: The Twentieth Century*, by Judith M Brown and William Roger Louis (Oxford University Press, 1999), 1–46; W. David McIntyre, *British Decolonization, 1946–1997: When, Why and How Did the British Empire Fall?* (Springer, 1998).

＊12　Edward Aspinall, "The Construction of Grievance," *Journal of Conflict Resolution* 51, no. 6 (2007): 950–72; Matthias Basedau and Thomas Richter, "Why Do Some Oil Exporters Experience Civil War But Others Do Not?: Investigating the Conditional Effects of Oil," *European Political Science Review* 6, no. 4 (2013): 549–74, https://doi.org/10.1017/S1755773913000234; Philipp Hunziker and Lars Erik Cederman, "No Extraction without Representation: The Ethno-Regional Oil Curse and Secessionist Conflict," *Journal of Peace Research* 54, no. 3 (2017): 365–81, https://doi.org/10.1177/0022343316687365; Massimo Morelli and Dominic Rohner, "Resource Concentration and Civil Wars," *Journal of Development Economics* 117 (2015): 32–47, https://doi.org/10.1016/j.jdeveco.2015.06.003.

＊13　Boaz Atzili, *Good Fences, Bad Neighbors: Border Fixity and International Conflict* (Chicago; London: The University of Chicago Press, 2012); Tanisha M. Fazal, *State Death: The Politics and Geography of Conquest, Occupation, and Annexation* (Princeton; Oxford: Princeton University Press, 2007); Mark W. Zacher, "The Territorial Integrity Norm: International Boundaries and the Use of Force," *International Organization* 55, no. 2 (2001): 215–50, https://doi.org/10.1162/00208180151140568.

＊14　Dietmar Rothermund, *The Routledge Companion to Decolonization* (London; New York: Routledge, 2006), 1.

＊15　この点に関しては以下を参照。Frederick Cooper, *Africa since 1940: The Past of the Present* (Cambridge University Press, 2002); Robert H. Jackson, *Quasi-States: Sovereignty, International Relations and the Third World* (Cambridge University Press, 1993).

＊16　Carter and Goemans, "The Making of the Territorial Order"; Griffiths, *Age of Secession*; Roeder, *Where Nation-States Come From.*

＊17　Jansen and Osterhammel, *Decolonization*, 5.

＊18　Winichakul Thongchai, *Siam Mapped: A History of the Geo-Body of a Nation* (Honolulu: University of Hawaii Press, 1994).

＊19　Tony Smith, "A Comparative Study of French and British Decolonization," *Comparative Studies in Society and History* 20, no. 1 (1978): 71, https://doi.org/10.1017/S0010417500008835.

＊20　COW Colonial/Dependency Contiguity Datasetの植民地的単位のリストを使用した。このリストには、全体的な傾向をわかりにくくしてしまうノイズが含まれていたため(同じものを複数回カウントしている、植民地ではない地域や領土紛争中の島を含んでいる、など)、以下のルールに従ってデータをクリーニングした。

—"occupied"および"claimed"とコードされたものを削除。

—基地、占領地、中立地帯、安全保障地帯を削除。

—"colony"、"protectorate"、"mandate"のいずれかに分類されるもの以外のヨーロッパの単位を削除。

—脱植民地化後の国家の一部としてコードされたものを削除。該当するものについては終了年を独立年に置き換える。

—別の植民地的単位の一部となった地域の終了年を、新しい植民地的単位の終了年に変更。

—構成単位の一部としてコードされた植民地的単位を削除。

—植民地化以前の国家の一部としてコードされた植民地的単位を削除。

—宗主国または植民地的単位によるものでないかぎり、"possession of"とコードされた植民地的単位を削除。

—中国とトルコの植民地的単位の終了年の上限を、それぞれ1949年と1923年に変更。

—複数回カウントされている場合は1回に限定し、開始年は早い方を、終了年は遅い方を使用。

—欠損値を削除。

＊21　Godfrey Baldacchino, *Island Enclaves: Offshoring Strategies, Creative Governance, and Subnational Island Jurisdictions* (Montreal: McGill-Queen's University Press, 2010), 47.

＊22　A. J. Christopher, "Decolonisation without Independence," *GeoJournal* 56, no. 3 (2002): 213.

＊23　Jackson, *Quasi-States*, 93.

＊24　Collins, "Decolonisation and the 'Federal Moment.'" Baldacchino, *Island Enclaves*, 53も参照。

＊25　McIntyre, *British Decolonization, 1946–1997.*

＊26　Simon C. Smith, "Failure and Success in State Formation: British Policy towards the Federation of South Arabia and the United Arab Emirates," *Middle Eastern Studies* 53, no. 1 (2017): 84–97, https://doi.org/10.1080/00263206.2016.1196667.

＊27　その他の事例については以下を参照。Christopher, "Decolonisation without Independence."

＊28　John Gallagher, *The Decline, Revival and Fall of the British Empire* (Cambridge: Cambridge University Press, 1982), 141–42, https://doi.org/10.1017/CBO9780511523847.

＊29　Collins, "Decolonisation and the 'Federal Moment,'" 21.

＊30　Collins, 24.

＊31　Tom Long, *A Small State's Guide to Influence in World Politics*, Bridging the Gap (Oxford, New

York: Oxford University Press, 2022).

＊32　ブルネイ、カタール、バーレーンは、国連加盟 195 ヶ国およびオブザーバー国のなかで、それぞれ 164 位、158 位、173 位の面積である。

＊33　本書では、現在のアラブ首長国連邦、カタール、バーレーンを含む地域を湾岸南部（lower Gulf）と呼ぶ。クウェート、オマーン、サウジアラビア、イランといったアラビア湾／ペルシャ湾の他の国々はここに含まれない。

＊34　シンガポール、トリニダード・トバゴ、東ティモール、南スーダンのように、当初は大きな単位の一部となったものの、後にそこから独立した事例も存在するが、本書ではこれらの事例を単独独立の事例とはみなさない。植民地的単位が単独独立の事例とみなされるためには、より大きな領土的枠組みの一部になってはならないこととする。また、本研究は国家形成のすべての事例を説明するものではない。本書で説明したいのは、脱植民地化の際、近隣地域との合併を求める圧力に直面した際の独立の有無である。

＊35　Stephen Krasner, *Problematic Sovereignty: Contested Rules and Political Possibilities* (New York, NY: Columbia University Press, 2001), 6.

＊36　Jackson, *Quasi-States.*

＊37　国連の国家形成における役割の歴史については、以下を参照。Thomas Grant, "Regulating the Creation of States From Decolonization to Secession," *Journal of International Law and International Relations* 5, no. 2 (2009): 11–57.

＊38　宗主国は植民地の現地支配者が国内の権限を保持していることから、その支配者を主権者とみなしている場合があるが、本研究ではそのような地域を主権を持つ独立国家とはみなさない。他の国々も独立国家として認めた場合のみ、主権の定義を満たすと考える。

＊39　Charles H. Alexandrowicz, *The European-African Confrontation: A Study in Treaty Making* (Leiden: Sijthoff, 1973); M. F. Lindley, *The Acquisition and Government of Backward Territory in International Law: Being a Treatise on the Law and Practice Relating to Colonial Expansion* (London: Longmans, Green and Co., 1926).

＊40　Helene von Bismarck, *British Policy in the Persian Gulf, 1961–1968: Conceptions of Informal Empire*, Britain and the World (Basingstoke: Palgrave Macmillan, 2013), 6.

＊41　David A. Lake, *Hierarchy in International Relations*, Cornell Studies in Political Economy (Ithaca, N.Y.; London: Cornell University Press, 2009); C. W. Newbury, *Patrons, Clients and Empire: Chieftaincy and Over-rule in Asia, Africa and the Pacific* (Oxford: Oxford University Press, 2003).

＊42　Lake, *Hierarchy in International Relations*, 14.

＊43　Michael Hechter, *Containing Nationalism* (Oxford University Press, 2001), 50, https://doi.org/10.1093/019924751X.001.0001; John Gallagher and Ronald Robinson, "The Imperialism of Free Trade," *Economic History Review* 6, no. 1 (1953): 1–15, https://doi.org/10.1111/j.1468-0289.1953.tb01482.x; McIntyre, *British Decolonization, 1946–1997*, 104.

＊44　Anghie, *Imperialism, Sovereignty, and the Making of International Law*, 105.

＊45　Newbury, *Patrons, Clients and Empire*, 14.

＊46　間接統治が何を意味するのかについては研究者のあいだでも意見が分かれている。直接統治と間接統治の違いについては、以下を参照。John W. Cell, "Colonial Rule," in *The Oxford History of the British Empire: Volume IV: The Twentieth Century*, by Judith Brown and William Roger Louis (Oxford University Press, 1999), 232–54. また、これらの概念の妥当性自体が議論の対象ともなっており、最近の研究は両者を線引きできるのか否かについて疑義を提示している。John Gerring et al., "An Institutional Theory of Direct and Indirect Rule," *World Politics* 63, no. 3 (2011): 377–433; Adnan Naseemullah and Paul Staniland, "Indirect Rule and Varieties of Governance," *Governance* 29, no. 1 (2016): 13–30, https://doi.org/10.1111/gove.12129.

＊47　Griffiths, *Age of Secession*; Roeder, *Where Nation-States Come From*.

＊48　James Mahoney and Dietrich Rueschemeyer, *Comparative Historical Analysis in the Social Sciences* (Cambridge University Press, 2003), 6.

＊49　政治学における比較事例分析の重要性については、以下を参照。Dan Slater and Daniel Ziblatt, "The Enduring Indispensability of the Controlled Comparison," *Comparative Political Studies* 46, no. 10 (2013): 1301–27.

＊50　Goertz and Mahoneyの用語を用いると、本研究では「原因の効果」アプローチではなく、「結果の原因」アプローチを用いていることになる。Gary Goertz and James Mahoney, *A Tale of Two Cultures: Qualitative and Quantitative Research in the Social Sciences* (Princeton University Press, 2012).

＊51　アブダビは、9首長国のなかで圧倒的に強大であり、新しい連邦を主導することが明らかだったという意味で他の首長国と明確に異なる。したがって、アブダビは合併や併合を迫られる植民地ではなく、むしろ他の地域を自分たちの支配する連邦に取り込もうとする立場であった。本書の理論の適用範囲については第1章を参照。

＊52　Alexander L. George and Andrew Bennett, *Case Studies and Theory Development in the Social Sciences* (MIT Press, 2005); Andrew Bennett and Jeffrey T. Checkel, *Process Tracing: From Metaphor to Analytic Tool* (Cambridge University Press, 2014).

＊53　宗主国の資料だけでなく、植民地化された人々によって書かれた資料も参照することが望ましいのは言うまでもないが、特に本書が扱っているような国々（権威主義的で、植民地時代の記録を多く残しておらず、アーカイブが十分に整備されていない）においては、実際にはそのような資料を入手するのはきわめて難しい。そのため、本書では主にイギリスの資料に依拠することとなるが、できるかぎり歴史家や地域の専門家が書いた二次資料と突き合わせることで、バイアスを軽減するよう試みている。

＊54　Philip E. Tetlock and Aaron Belkin, *Counterfactual Thought Experiments in World Politics: Logical, Methodological, and Psychological Perspectives* (Princeton University Press, 1996), 4. この点については以下も参照。Jack S. Levy, "Counterfactuals and Case Studies," in *The Oxford Handbook of Political Methodology*, ed. Janet M. Box-Steffensmeier, Henry E. Brady, and David Collier, vol. 1 (Oxford University Press, 2008).

＊55　Peter J. Katzenstein, *Small States in World Markets: Industrial Policy in Europe* (Cornell

University Press, 1985); Long, *A Small State's Guide to Influence in World Politics*.

＊56　Charles L. Glaser, "How Oil Influences U.S. National Security," *International Security* 38, no. 2 (2013): 112–46; Eugene Gholz and Daryl G. Press, "Protecting 'The Prize': Oil and the U.S. National Interest," *Security Studies* 19, no. 3 (August 31, 2010): 453–85, https://doi.org/10.1080/09636412.2010.505865; Joshua Rovner and Caitlin Talmadge, "Hegemony, Force Posture, and the Provision of Public Goods: The Once and Future Role of Outside Powers in Securing Persian Gulf Oil," *Security Studies* 23, no. 3 (July 3, 2014): 548–81, https://doi.org/10.1080/15325024.2014.935224.

＊57　Joshua R. Itzkowitz Shifrinson and Miranda Priebe, "A Crude Threat: The Limits of an Iranian Missile Campaign against Saudi Arabian Oil," *International Security* 36, no. 1 (2011): 167–201; Jeff D. Colgan, *Petro-Aggression: When Oil Causes War* (Cambridge: Cambridge University Press, 2013); Hye Ryeon Jang and Benjamin Smith, "Pax Petrolica? Rethinking the Oil–Interstate War Linkage," *Security Studies* 30, no. 2 (March 15, 2021): 159–81, https://doi.org/10.1080/09636412.2021.1914718.

＊58　Charles F. Doran, "OPEC Structure and Cohesion: Exploring the Determinants of Cartel Policy," *The Journal of Politics* 42, no. 1 (1980): 82–101, https://doi.org/10.2307/2130016; Dermot Gately, "A Ten-Year Retrospective: OPEC and the World Oil Market," *Journal of Economic Literature* 22, no. 3 (1984): 1100–14.

＊59　例外として、Inwook Kim, "A Crude Bargain: Great Powers, Oil States, and Petro-Alignment," *Security Studies* 28, no. 5 (October 20, 2019): 833–69, https://doi.org/10.1080/09636412.2019.1662478.

第１章　単独独立の理論

＊1　Jane Burbank and Frederick Cooper, *Empires in World History: Power and the Politics of Difference* (Princeton, New Jersey; Oxford: Princeton University Press, 2010); Barry Buzan and George Lawson, *The Global Transformation: History, Modernity and the Making of International Relations*, Cambridge Studies in International Relations (Cambridge: Cambridge University Press, 2015); John Darwin, *After Tamerlane: The Rise and Fall of Global Empires, 1400–2000* (London: Penguin, 2008); J. C. Sharman, *Empires of the Weak: The Real Story of European Expansion and the Creation of the New World Order* (Princeton, New Jersey; Oxford: Princeton University Press, 2019).

＊2　Darwin, *After Tamerlane*.

＊3　P. J. Cain and A. G. Hopkins, *British Imperialism: 1688–2015* (Routledge, 2016); Gallagher and Robinson, "The Imperialism of Free Trade"; J. A. Hobson, *Imperialism: A Study* (New York: Cosimo, 2005).

＊4　ドイルは、こうした列強の進出の原因は１つだけでなく、４つの要因、すなわち国際環境の性格の変化、本国の国内社会の変化、社会変化の進展、周辺地域における協力のバランスの変化の相互作用であったと主張している。Michael W. Doyle, *Empires*

(Cornell University Press, 1986), 353.

＊5　Doyle, chap. 10.

＊6　George Steinmetz, "The Sociology of Empires, Colonies, and Postcolonialism," *Annual Review of Sociology* 40, no. 1 (July 30, 2014): 83, https://doi.org/10.1146/annurev-soc-071913-043131.

＊7　Steinmetz, 83.

＊8　Doyle, *Empires*, 233.

＊9　Doyle, 254.

＊10　Mitchell, *Carbon Democracy*, 90.

＊11　Lindley, *The Acquisition and Government of Backward Territory in International Law*, 182.

＊12　Jansen and Osterhammel, *Decolonization*, 121; WM. Roger Louis and Ronald Robinson, "The Imperialism of Decolonization," *The Journal of Imperial and Commonwealth History* 22, no. 3 (1994): 464, https://doi.org/10.1080/03086539408582936.

＊13　Rothermund, *The Routledge Companion to Decolonization*, 64.

＊14　Griffiths, *Age of Secession*, 7; Hendrik Spruyt, *Ending Empire: Contested Sovereignty and Territorial Partition* (Cornell University Press, 2005), 4.

＊15　これは当たり前のことのように思えるかもしれないが、Correlates of War（COW）のような従来のデータセットにおける国家数の変化は、必ずしも植民地数の変化と対応していない。これは、国家の要件を厳しく設定しているためである。たとえばCOWは、イギリスかフランスのどちらかとの外交関係を国家としての要件にしているため、1920年までについては実質的にヨーロッパの国しかカウントしていない。対照的に、ここで使用しているInternational Systems Dataset（ISD）では、両国に限らない関連する外国アクターからの承認が要件となっているため、ヨーロッパの外に存在した植民地化以前の国家を多く含んでいる。詳しくは以下を参照。Charles R. Butcher and Ryan D. Griffiths, "States and Their International Relations since 1816: Introducing Version 2 of the International System(s) Dataset (ISD)," *International Interactions* 46, no. 2 (March 3, 2020): 291–308. https://doi.org/10.1080/03050629.2020.1707199.

＊16　国家の消滅については下記を参照。Fazal, *State Death*.

＊17　主権国家システムの拡大についてはReus-Smit, "Struggles for Individual Rights and the Expansion of the International System"; Roeder, *Where Nation-States Come from*を参照。ただし、これらの研究はCOWデータセットと同様、植民地化以前の国家を考慮していないことに注意。

＊18　Rothermund, *The Routledge Companion to Decolonization*, 43–44.

＊19　この出来事によって複数の新しい国家が誕生したのは確かであるものの、こうした新しい国々はソ連時代には「植民地」ではなかったし、ソ連に統合される前に独立国として存在していた国もあったため、これは脱植民地化ではなく解体と呼ばれている。この区別については以下を参照。Jansen and Osterhammel, *Decolonization*, 18–19.

＊20　Tanisha M. Fazal and Ryan D. Griffiths, "Membership Has Its Privileges: The Changing Benefits of Statehood," *International Studies Review* 16, no. 1 (2014): 79–106, https://doi.org/10.1111/misr.12099.

＊21　Atzili, *Good Fences, Bad Neighbors.*

＊22　Zacher, "The Territorial Integrity Norm."

＊23　Jackson, *Quasi-States*; Aleksandar Pavković and Peter Radan, "What Is Secession?," in *Creating New States: Theory and Practice of Secession*, ed. Aleksandar Pavković and Peter Radan (Aldershot: Ashgate, 2007), 5–30.

＊24　Gary Goertz, Paul F. Diehl, and Alexandru Balas, "Managing New States: Secession, Decolonization, and Peace," in *The Puzzle of Peace: The Evolution of Peace in the International System*, by Gary Goertz, Paul F. Diehl, and Alexandru Balas (Oxford University Press, 2016), 122.

＊25　James Mayall, *Nationalism and International Society*, (Cambridge University Press, 1990), 49.

＊26　Goertz, Diehl, and Balas, "Managing New States," 126.

＊27　石油産業の歴史に関する本項の記述は、以下の文献に依拠している。Mitchell, *Carbon Democracy*; Daniel Yergin, *The Prize: The Epic Quest for Oil, Money, and Power* (New York; London: Simon & Schuster, 1991); Daniel Yergin, *The Quest: Energy, Security and the Remaking of the Modern World* (London: Allen Lane, 2011).

＊28　Yergin, *The Prize*, 205.

＊29　例外はトリニダード・トバゴである。同国は石油生産の開始が他の産油国とほぼ同時期であったのに対し、独立するのが他のラテンアメリカ諸国より大幅に遅れた。

＊30　アンゴラは例外事例となっている。これはポルトガルが植民地から撤退した時期が他の宗主国よりも遅かったためである。アンゴラの石油政治については、Ricardo Soares de Oliveira, *Magnificent and Beggar Land: Angola since the Civil War* (London: Hurst, 2013) を参照。

＊31　William H. Riker, *The Development of American Federalism* (Boston, Mass.; Lancaster: Kluwer, 1987), 8–9.

＊32　宗主国は分割統治のために、操りやすいより小さな国家を作りたがったのではないかと思われるかもしれない。実際、たとえばサウジアラビア、イラン、イラクが湾岸の小さな首長国を併合するのを抑止するイギリスの政策は、強大な地域大国ができるのを嫌ったためであった。しかし、合併計画に組み込まれた国々に関するかぎり、大きすぎる国家を作ることは宗主国の懸念の対象ではなかった。むしろ、小さすぎる国家を作ることが問題であり、だからこそ勢力圏の安定のために合併を好んだのである。

＊33　Christopher, "Decolonisation without Independence," 215.

＊34　Christopher, 220.

＊35　Alberto Alesina and Enrico Spolaore, *The Size of Nations* (Cambridge, Mass.; London: MIT Press, 2003); Enrico Spolaore and Alberto Alesina, "War, Peace, and the Size of Countries" *Jaurnal of Public Economics* 89, no. 7 (2005): 1333–54, https://doi.org/10.1016/j.jpubeco.2003.07.013; David A. Lake and Angela O'Mahony, "The Incredible Shrinking State: Explaining Change in the Territorial Size of Countries," *Journal of Conflict Resolution* 48, no. 5 (October 2004): 699–722, https://doi.org/10.1177/0022002704267766; Chad Rector, *Federations: The Political Dynamics of Cooperation* (Ithaca, N.Y.; London: Cornell University Press, 2009); Riker, *The Development of American Federalism*; Daniel Ziblatt, *Structuring the State: The Formation of Italy and Germany and*

the Puzzle of Federalism (Princeton, N.J.; Oxford: Princeton University Press, 2006).

＊36　Alesina and Spolaore, *The Size of Nations*, 3.

＊37　Alesina and Spolaore, 4.

＊38　関連する研究のレビューとこれらの要因に関する議論については、以下を参照。Lake and O'Mahony, "The Incredible Shrinking State."

＊39　Riker, *The Development of American Federalism*.

＊40　Spolaore and Alesina, "War, Peace, and the Size of Countries."

＊41　Alesina and Spolaore, *The Size of Nations*, chap. 6.

＊42　McIntyre, "The Admission of Small States to the Commonwealth."

＊43　Matthew Jones, *Conflict and Confrontation in South East Asia, 1961–1965: Britain, the United States and the Creation of Malaysia* (Cambridge: Cambridge University Press, 2002); Jeffrey R. Macris, *The Politics and Security of the Gulf: Anglo-American Hegemony and the Shaping of a Region* (London: Routledge, 2010).

＊44　Bridget Coggins, "Friends in High Places: International Politics and the Emergence of States from Secessionism," *International Organization* 65, no. 3 (2011): 433–67, https://doi.org/10.1017/S0020818311000105.

＊45　Lindley, *The Acquisition and Government of Backward Territory in International Law*.

＊46　F. Gregory Gause, "'Hegemony' Compared: Great Britain and the United States in the Middle East," *Security Studies* 28, no. 3 (May 27, 2019): 565–87, https://doi.org/10.1080/09636412.2019.1604987; Gholz and Press, "Protecting 'The Prize'"; Rovner and Talmadge, "Hegemony, Force Posture, and the Provision of Public Goods"; Roger J. Stern, "Oil Scarcity Ideology in US Foreign Policy, 1908–97," *Security Studies* 25, no. 2 (April 2, 2016): 214–57, https://doi.org/10.1080/09636412.2016.1171967.

＊47　Kim, "A Crude Bargain," 835.

＊48　Alexandrowicz, *The European-African Confrontation*, 62.

＊49　Aspinall, "The Construction of Grievance"; Basedau and Richter, "Why Do Some Oil Exporters Experience Civil War But Others Do Not?; Hunziker and Cederman, "No Extraction without Representation"; Morelli and Rohner, "Resource Concentration and Civil Wars."

＊50　Aspinall, "The Construction of Grievance," 955.

＊51　より広い意味での「資源の呪い」研究のなかには、石油と国家形成の歴史に注目したものがいくつか存在し、本書でも後で取り上げている。Naosuke Mukoyama, "Colonial Origins of the Resource Curse: Endogenous Sovereignty and Authoritarianism in Brunei," *Democratization* 27, no. 2 (February 17, 2020): 224–42, https://doi.org/10.1080/13510347.2019.1678591; Naosuke Mukoyama, "Colonial Oil and State-Making: The Separate Independence of Qatar and Bahrain," *Comparative Politics* 55, no. 4 (2023): 573–95, https://doi.org/10.5129/001041523X16801041950603; David Waldner and Benjamin Smith, "Survivorship Bias in Comparative Politics: Endogenous Sovereignty and the Resource Curse," *Perspectives on Politics* 19, no. 3 (September 2021): 890–905, https://doi.org/10.1017/S1537592720003497.

＊52　Pavković and Radan, "What Is Secession?"; Goertz, Diehl, and Balas, "Managing New

States."

＊53　Goertz, Diehl, and Balas, "Managing New States" によれば、戦後の国際社会では、脱植民地化には肯定的な規範が強く、分離独立には否定的な規範が強いという。

＊54　これらの条件はINUS条件（insufficient but necessary parts of an unnecessary but sufficient condition）と呼ばれる。詳しくは以下を参照。Goertz and Mahoney, *A Tale of Two Cultures*; Charles C. Ragin, *Redesigning Social Inquiry: Fuzzy Sets and Beyond* (Chicago ; London: University of Chicago Press, 2008).

＊55　Theda Skocpol, *States and Social Revolutions: A Comparative Analysis of France, Russia, and China* (Cambridge: Cambridge University Press, 1979), 33.

＊56　Skocpol, 35.

＊57　Carl Müller-Crepon, "Continuity or Change? (In)Direct Rule in British and French Colonial Africa," *International Organization* 74, no. 4 (2020): 707–41, https://doi.org/10.1017/S0020818320000211.

＊58　Krasner, *Sovereignty*.

＊59　Anghie, *Imperialism, Sovereignty, and the Making of International Law*.

＊60　Bull and Watson, *The Expansion of International Society*; Buzan and Little, *International Systems in World History*; Gerrit W. Gong, *The Standard of "Civilization" in International Society* (Oxford: Clarendon Press, 1984); Mayall, *Nationalism and International Society*.

＊61　Robert H. Bates, *Markets and States in Tropical Africa: The Political Basis of Agricultural Policies* (University of California Press, 1981); Centeno, *Blood and Debt*; Herbst, "War and the State in Africa"; Samuel P. Huntington, *Political Order in Changing Societies* (New Haven; London: Yale University Press, 1968); Atul Kohli, *State-Directed Development: Political Power and Industrialization in the Global Periphery* (Cambridge University Press, 2004); Joel S. Migdal, *Strong Societies and Weak States: State-Society Relations and State Capabilities in the Third World* (Princeton University Press, 1988).

＊62　Benedict R. O'G. Anderson, *Imagined Communities: Reflections on the Origin and Spread of Nationalism* (London: Verso, 1983); Ernest Gellner, *Nations and Nationalism* (Ithaca, NY; London: Cornell University Press, 1983).

＊63　Spruyt, *The Sovereign State and Its Competitors*; Tilly, *Coercion, Capital, and European States, AD 990–1990*.

＊64　Ja Ian Chong, *External Intervention and the Politics of State Formation: China, Indonesia, and Thailand, 1893–1952* (Cambridge; New York: Cambridge University Press, 2012).

＊65　Robert P. Hager and David A. Lake, "Balancing Empires: Competitive Decolonization in International Politics," *Security Studies* 9, no. 3 (2000): 108–48, https://doi.org/10.1080/09636410008429407.

＊66　Adria Lawrence, *Imperial Rule and the Politics of Nationalism: Anti-Colonial Protest in the French Empire* (New York: Cambridge University Press, 2013).

＊67　Spruyt, *Ending Empire*.

＊68　植民地支配における現地アクターの主体性については、以下を参照。Andrew Phil-

lips, "From Global Transformation to Big Bang—A Response to Buzan and Lawson," *International Studies Quarterly* 57, no. 3 (September 2013): 640–42, https://doi.org/10.1111/isqu.12089.

*69 Tilly, *Coercion, Capital, and European States, AD 990–1990*, 32.

*70 Tilly, 33.

第2章 ボルネオ島における石油と脱植民地化

*1 この地域は、マレーシア編入後、サバと呼ばれるようになった。

*2 Ranjit Singh, *Brunei, 1839–1983: The Problems of Political Survival* (Oxford University Press, 1984), 14.

*3 Joo-Jock Lim, "Brunei: Prospects for a 'Protectorate,'" *Southeast Asian Affairs*, 1976, 149.

*4 Singh, *Brunei, 1839–1983*, 3.

*5 Singh, 31.

*6 J. Thomas Lindblad, "The Outer Islands in the 19th Century: Contest for the Periphery," in *The Emergence of a National Economy: An Economic History of Indonesia*, ed. Howard Dick et al. (University of Hawaii Press, 2002), 93.

*7 Ian Black, "The 'Lastposten': Eastern Kalimantan and the Dutch in the Nineteenth and Early Twentieth Centuries," *Journal of Southeast Asian Studies* 16, no. 2 (1985): 286, https://doi.org/10.1017/S0022463400008456.

*8 Lindblad, "The Outer Islands in the 19th Century," 93.

*9 Lindblad, 83.

*10 Black, "The 'Lastposten,'" 282.

*11 Black, 281.

*12 Graham Saunders, *A History of Brunei* (Routledge, 1994), 116.

*13 Keat Gin Ooi, *Post-War Borneo, 1945–1950: Nationalism, Empire, and State-Building* (London: Routledge, 2013), 12.

*14 Singh, *Brunei, 1839–1983*, 95, 117.

*15 Amarjit Kaur, *Economic Change in East Malaysia: Sabah and Sarawak since 1850* (Macmillan; St. Martin's Press, 1998), 130.

*16 日本による占領が東南アジアの独立運動に与えた影響については、以下を参照。Abu Talib Ahmad, "The Impact of the Japanese Occupation on Colonial and Anti-Colonial Armies in Southeast Asia," in *Colonial Armies in Southeast Asia*, ed. Karl Hack and Tobias Rettig (London: Routledge, 2006), 202–26; Jost Dülffer, "The Impact of World War II on Decolonization," in *The Transformation of Southeast Asia: International Perspectives on Decolonization*, ed. Marc Frey, Ronald W. Pruessen, and Tai Yong Tan (Armonk, N.Y.; London: M. E. Sharpe, 2003), 23–34.

*17 Paul Kratoska, "Dimensions of Decolonization," in *The Transformation of Southeast Asia: International Perspectives on Decolonization*, ed. Marc Frey, Ronald W. Pruessen, and Tai Yong Tan (Armonk, N.Y.; London: M. E. Sharpe, 2003), 10–12.

＊18　Kratoska, 17.

＊19　Kratoska, 18–19.

＊20　Rothermund, *The Routledge Companion to Decolonization*, 83.

＊21　Kratoska, "Dimensions of Decolonization," 19.

＊22　Crawford Young, "Imperial Endings and Small States: Disorderly Decolonization for the Netherlands, Belgium, and Portugal," in *The Ends of European Colonial Empires: Cases and Comparisons*, ed. Miguel Bandeira Jerónimo and António Costa Pinto (London: Palgrave Macmillan UK, 2015), 104.

＊23　Rothermund, *The Routledge Companion to Decolonization*, 72–78.

＊24　冷戦の文脈におけるインドネシアの重要性については、以下を参照。Jones, *Conflict and Confrontation in South East Asia, 1961–1965*.

＊25　Mark T. Berger, "The End of Empire and the Cold War," in *Contemporary Southeast Asia*, by Mark Beeson, 2nd ed. (Basingstoke: Palgrave Macmillan, 2009), 33.

＊26　Rothermund, *The Routledge Companion to Decolonization*, 92.

＊27　Karl Hack, "Theories and Approaches to British Decolonization in Southeast Asia," in *The Transformation of Southeast Asia: International Perspectives on Decolonization*, ed. Marc Frey, Ronald W. Pruessen, and Tai Yong Tan (Armonk, N.Y.; London: M. E. Sharpe, 2003), 109.

＊28　Hack, 117.

＊29　Berger, "The End of Empire and the Cold War," 31.

＊30　B. A. Hussainmiya, *Sultan Omar Ali Saifuddin III and Britain: The Making of Brunei Darussalam* (Kuala Lumpur; Oxford: Oxford University Press, 1995), chap. 8.

＊31　鈴木陽一（2015）「スルタン・オマール・アリ・サイフディン 3 世と新連邦構想——ブルネイのマレーシア編入問題 1959–1963」『アジア・アフリカ言語文化研究』89; 57.

＊32　Hussainmiya, *Sultan Omar Ali Saifuddin III and Britain*, 253.

＊33　TNA, CO 1030/985, "Greater Malaysia," November 20, 1961.

＊34　Singh, *Brunei, 1839–1983*, 69.

＊35　Singh, 40.

＊36　B. A. Hamzah, *The Oil Sultanate: Political History of Oil in Brunei Darussalam* (Seremban, Negeri Sembilan, Malaysia: Mawaddah Enterprise, 1991), 27–36.

＊37　Saunders, *A History of Brunei*, 92.

＊38　Singh, *Brunei, 1839–1983*, 95.

＊39　Mohd. Jamil Al-Sufri, *Brunei Darussalam: The Road to Independence* (Bandar Seri Begawan: Brunei History Centre, Ministry of Culture, Youth, and Sports, 1998), 53.

＊40　A. V. M. Horton, "Introduction," in *Report on Brunei in 1904*, by M. S. H. McArthur (Athens, Ohio: Ohio University Center for International Studies, Center for Southeast Asian Studies, 1987), 31.

＊41　Horton, 32.

＊42　A. J. Stockwell, "Britain and Brunei, 1945–1963: Imperial Retreat and Royal Ascendancy,"

Modern Asian Studies 38 (2004): 787.

＊43　Hussainmiya, *Sultan Omar Ali Saifuddin III and Britain*, 25; Saunders, *A History of Brunei*, 111.

＊44　Singh, *Brunei, 1839–1983*, 114.

＊45　Ooi, *Post-War Borneo, 1945–1950*, 12.

＊46　Saunders, *A History of Brunei*, 116.

＊47　Hamzah, *The Oil Sultanate*, 98.

＊48　TNA, CO 1030/977, Goode to Allen, August 11, 1960.

＊49　三地域の合併に関する議論の詳細については、以下を参照。Hussainmiya, *Sultan Omar Ali Saifuddin III and Britain*, chap. 8.

＊50　Marie-Sybille de Vienne, *Brunei* (NUS Press, 2015), 105; Ooi, *Post-War Borneo, 1945–1950*, 110.

＊51　Hussainmiya, *Sultan Omar Ali Saifuddin III and Britain*, 226.

＊52　Hussainmiya, 223–24.

＊53　Hussainmiya, 226; Singh, *Brunei, 1839–1983*, 142–43; Stockwell, "Britain and Brunei, *1945–1963*" 789.

＊54　TNA, CO 1030/979, Moore to Selkirk, April 7, 1961.

＊55　鈴木陽一（2001）「グレーター・マレーシア 1961–1967——帝国の黄昏と東南アジア人」『国際政治』126; 135.

＊56　TNA, CO 1030/977, "The Future of the Borneo Territories."

＊57　鈴木,「グレーター・マレーシア 1961–1967」, 135.

＊58　TNA, CO 1030/979, Moore to Selkirk, April 7, 1961.

＊59　Ranjit Singh, "British Proposals for a Dominion of Southeast Asia, 1943–1957," *Journal of the Malaysian Branch of the Royal Asiatic Society* 71, no. 1 (274) (1998): 33.

＊60　TNA, CO 1030/977, "The Future of the Borneo Territories."

＊61　Muhammad Hadi bin Muhammad Melayong, *The Catalyst towards Victory* (Bandar Seri Begawan: Brunei History Centre, Ministry of Culture, Youth and Sports, 2010), 36.

＊62　TNA, DO 169/258, White to Douglas-Home, November 23, 1961.

＊63　Hussainmiya, *Sultan Omar Ali Saifuddin III and Britain*, 233.

＊64　TNA, CO 1030/977, Allen to Melville, February 5, 1960.

＊65　TNA, DO 169/258, Secretary of State for the Colonies to the Sultan of Brunei, March 9, 1962.

＊66　鈴木,「スルタン・オマール・アリ・サイフディン３世と新連邦構想」, 60.

＊67　TNA, DO 169/261, MacKintosh to Wallace, April 23, 1963.

＊68　TNA, DO 169/260, Kuala Lumpur to Jesselton, February 9, 1963.

＊69　鈴木,「スルタン・オマール・アリ・サイフディン３世と新連邦構想」, 68.

＊70　TNA, DO 169/260, Kuala Lumpur to Jesselton, March 1, 1963.

＊71　鈴木,「スルタン・オマール・アリ・サイフディン３世と新連邦構想」, 69.

＊72　TNA, DO 169/261, A. M. MacKintosh to the Secretary of State, April 5, 1963.

＊73　TNA, DO 169/261, "Brunei: Present State of Negotiations," July 3, 1963.

＊74　TNA, DO 169/260, Kuala Lumpur to Commonwealth Relations Office, February 14, 1963.

＊75　TNA, DO 169/260, Kuala Lumpur to Commonwealth Relations Office, March 4, 1963.

＊76　TNA, DO 169/260, Kuala Lumpur to Commonwealth Relations Office, February 21, 1963.

＊77　TNA, DO 169/260, Kuala Lumpur to Commonwealth Relations Office, February 28, 1963.

＊78　TNA, DO 169/260, Translation of the Text of the Letter Sent from the Tunku to the Sultan, March 4, 1963.

＊79　TNA, DO 169/260, Brunei to the Secretary of State for the Colonies, March 4, 1963.

＊80　TNA, DO 169/260, Translation of the Text of the Letter Sent from the Tunku to the Sultan, March 4, 1963.

＊81　この時期の交渉過程については鈴木,「スルタン・オマール・アリ・サイフディン3世と新連邦構想」, 69–70 を参照。

＊82　TNA, DO 169/261, Kuala Lumpur to Commonwealth Relations Office, June 21, 1963.

＊83　Melayong, *The Catalyst towards Victory*, 153–56.

＊84　たとえば以下を参照。Al-Sufri, *Brunei Darussalam*, 162–66; Mark Cleary and Shuang Yann Wong, *Oil, Economic Development and Diversification in Brunei Darussalam* (Basingstoke: New York: Macmillan, 1994), 28; Hamzah, *The Oil Sultanate*, 176; Hussainmiya, *Sultan Omar Ali Saifuddin III and Britain*, 320; Melayong, *The Catalyst towards Victory*, 139; Singh, *Brunei, 1839–1983*, 183–90; Saunders, *A History of Brunei*, 154; Stockwell, "Britain and Brunei, *1945–1963*" 812.

＊85　TNA, DO 169/261, Brunei to the Secretary of State for the Colonies, May 18, 1963.

＊86　TNA, DO 169/261, Brunei to the Secretary of State for the Colonies, May 21, 1963.

＊87　TNA, DO 169/261, Kuala Lumpur to Commonwealth Relations Office, June 21, 1963.

＊88　Hussainmiya, *Sultan Omar Ali Saifuddin III and Britain*, 306.

＊89　TNA, DO 169/259, White to Wallace, October 27, 1962.

＊90　Singh, *Brunei, 1839–1983*, 133.

＊91　Singh, 134.

＊92　Hussainmiya, *Sultan Omar Ali Saifuddin III and Britain*, 270.

＊93　Hussainmiya, 300–11.

＊94　Hamzah, *The Oil Sultanate*, 174; Hussainmiya, *Sultan Omar Ali Saifuddin III and Britain*, 166–71. フセインミーヤによれば、アザハリとイランの石油産業を国有化したモサデグのあいだに類似性を見出す研究者もいるという。

＊95　Hussainmiya, *Sultan Omar Ali Saifuddin III and Britain*, 315.

＊96　Roger Kershaw, "Challenges of Historiography: Interpreting the Decolonisation of Brunei," *Asian Affairs* 31, no. 3 (November 2000): 317, https://doi.org/10.1080/738552642; 鈴木,「スルタン・オマール・アリ・サイフディン3世と新連邦構想」, 66.

＊97　Roger Kershaw, "The Last Brunei Revolt? A Case Study of Microstate (In-)Security," *Internationales Asien Forum. International Quarterly for Asian Studies* 42, no. 1/2 (2011): 113, https://doi.org/10.11588/iaf.2011.42.103; Melayong, *The Catalyst towards Victory*, 221.

＊98　Hamzah, *The Oil Sultanate*, 177.

＊99　Saunders, *A History of Brunei*, 155; Singh, "British Proposals for a Dominion of Southeast Asia, 1943–1957," 27–40.

＊100　Hamzah, *The Oil Sultanate* は、イギリスが撤退しなかったのは、自らの石油権益と、シェルが駐留の継続を求めるロビー活動を展開したためだと主張している。

＊101　Melayong, *The Catalyst towards Victory*, 221.

＊102　Hussainmiya, *Sultan Omar Ali Saifuddin III and Britain*, 323.

＊103　Kershaw, "Challenges of Historiography," 317.

＊104　TNA, DO 169/261, Commissioner-General for Southeast Asia to the the Secretary of State for the Colonies, June 24, 1963.

＊105　TNA, DO 169/261, Kuala Lumpur to Commonwealth Relations Office, June 21, 1963.

＊106　TNA, DO 169/261, Kuala Lumpur to Commonwealth Relations Office, June 21, 1963.

＊107　TNA, DO 169/259, White to Martin, October 16, 1962.

＊108　TNA, DO 169/259, Secretary of State for the Colonies to the Commissioner General in Southeast Asia, January 2, 1963.

＊109　Stockwell, "Britain and Brunei, *1945–1963*" 794–95.

＊110　TNA, DO 169/262, Harris to Huijsman, July 23, 1963.

＊111　TNA, DO 169/262, Harris to Huijsman, July 23, 1963.

＊112　この紛争の詳細については、以下を参照。Jones, *Conflict and Confrontation in South East Asia, 1961–1965*. ジョーンズによれば、コンフロンタシは主にインドネシア国内の政治的目的のために追求された。すなわち、スカルノは反帝国主義政策を追求するインドネシア共産党（Partai Komunis Indonesia: PKI）の支持を必要としていた。PKI にとってマレーシア構想は、インドネシアに対抗する東南アジア条約機構（SEATO）の拠点を確保するものであり、東南アジアにおける欧米帝国主義の影響力を保持するための新植民地主義政策であった。このためスカルノはマレーシアを敵視するようになったのだという。

＊113　Jones, 125.

＊114　鈴木,「スルタン・オマール・アリ・サイフディン３世と新連邦構想」, 74.

＊115　Hussainmiya, *Sultan Omar Ali Saifuddin III and Britain*, 335.

＊116　鈴木,「スルタン・オマール・アリ・サイフディン３世と新連邦構想」, 74.

＊117　Hussainmiya, *Sultan Omar Ali Saifuddin III and Britain*, 360.

＊118　オマール・アリは退位後も、Paduka Seri Begawan と呼ばれ影響力を維持し続けた。

＊119　Melayong, *The Catalyst towards Victory*, 258.

＊120　Hussainmiya, *Sultan Omar Ali Saifuddin III and Britain*, 380; 鈴木,「スルタン・オマール・アリ・サイフディン３世と新連邦構想」, 74. Cleary and Wong, *Oil, Economic Development and Diversification in Byunei Darussalom*, 31 によると、イギリス植民地の資産を管理するイギリスの公企業であったクラウンエージェンツによってブルネイ政府の資産運用は担われていたが、1983年の時点で同社が運用する投資資金のうち、約90%をブルネイの資金が占めていたという。

＊121　Kershaw, “The Last Brunei Revolt? A Case Study of Microstate (In-)Securuty,” 112.

＊122　Hussainmiya, *Sultan Omar Ali Saifuddin III and Britain*, 379.

＊123　Roger Kershaw, “Partners in Realism: Britain and Brunei amid Recent Turbulence,” *Asian Affairs* 34, no. 1 (2003): 48, https://doi.org/10.1080/0306837032000054270. 現在、ブルネイには約2000人の兵士が駐在し、油田と王室を守っている。Forces Network (https://www.forces.net/services/army/british-troops-remain-brunei-another-five-years)

＊124　同じような反事実の検討例としては、以下を参照。Hamzah, *The Oil Sultanate*, 23; Naimah S. Talib, “A Resilient Monarchy: The Sultanate of Brunei and Regime Legitimacy in an Era of Democratic Nation-States,” *New Zealand Journal of Asian Studies* 4, no. 2 (2002): 134.

＊125　サラワクの行政機構は、一方が現地政府任命の職員、もう一方がイギリス本国で採用された高級官僚という二層構造であった。ブルック一族自身も、イギリス本土とサラワクを行ったり来たりする生活を送っており、そのためイギリスとのつながりはつねに保たれていたと言ってよい。しかし、北ボルネオとは異なり、大きな権限と自治権を持つ支配者がいたため、サラワクは保護領制度を有していたと本稿ではみなしている。一方で北ボルネオにはそういった支配者がいなかったため、保護領制度を有しないと考える。ブルック家とイギリス本国との関係については、以下を参照。Reece, *The Name of Brooke: The End of White Rajah Rule in Sarawak* (Kuala Lumpur: Oxford University Press, 1982).

＊126　Keat Gin Ooi, *Of Free Trade and Native Interests: The Brookes and the Economic Development of Sarawak, 1841–1941*, South-East Asian Historical Monographs (Kuala Lumpur; Oxford: Oxford University Press, 1997), 23.

＊127　Amarjit Kaur, “The Babbling Brookes: Economic Change in Sarawak 1841–1941,” *Modern Asian Studies* 29, no. 1 (1995): 66, https://doi.org/10.1017/S0026749X00012634.

＊128　Ooi, *Of Free Trade and Native Interests*, 148.

＊129　Kaur, *Economic Change in East Malaysia*, 21.

＊130　Ooi, *Of Free Trade and Native Interests*, 140.

＊131　Kaur, “The Babbling Brookes,” 80–82.

＊132　Kaur, 88.

＊133　Reece, *The Name of Brooke*, 164.

＊134　Ooi, *Post-War Borneo, 1945–1950*, 84.

＊135　田村慶子 (1988)「マレーシア連邦における国家統一――サバ、サラワクを中心として」『アジア研究』35(1); 11.

＊136　コボルド委員会については、以下を参照。Jones, *Conflict and Confrontation in South East Asia, 1961–1965*, chap. 3.

＊137　田村,「マレーシア連邦における国家統一」, 13.

＊138　Kaur, *Economic Change in East Malaysia*, 28.

＊139　Kaur, 29.

＊140　Kaur, 38.

＊141　Ooi, *Post-War Borneo, 1945–1950*, 110.

＊142　Kaur, *Economic Change in East Malaysia*, 118.

＊143　田村,「マレーシア連邦における国家統一」, 6–7.

＊144　Black, "The 'Lastposten,'" 281–82.

＊145　J. Thomas Lindblad, "Economic Aspects of the Dutch Expansion in Indonesia, 1870–1914," *Modern Asian Studies* 23 (1989): 5–7.

＊146　Lindblad, 10.

＊147　Lindblad, 15.

＊148　J. Thomas Lindblad, *Between Dayak and Dutch: The Economic History of Southeast Kalimantan 1880–1942* (Dordrecht: Foris, 1988), 124–27.

＊149　Burhan Magenda, *East Kalimantan: The Decline of a Commercial Aristocracy* (Ithaca, NY: Cornell Modern Indonesia Project, Southeast Asia Program, Cornell University, 1991), 13–19.

＊150　Lindblad, *Between Dayak and Dutch*, 127.

＊151　Ooi, *Post-War Borneo, 1945–1950*, 12.

＊152　Lindblad, *Between Dayak and Dutch*, 152.

＊153　Lindblad, 136.

＊154　Magenda, *East Kalimantan*, 39–44.

＊155　DO 169/262, Stevenson to Higham, July 10, 1963.

第3章　ペルシャ湾岸における石油と脱植民地化

＊1　これらの首長国の法的地位は、植民地時代の大半を通じて曖昧なままだった。1947年に正式に「保護国」と呼ばれ始めるまでは、たんに「イギリスと条約関係にある」と説明されていた。Rosemarie Said Zahlan, *The Making of the Modern Gulf States: Kuwait, Bahrain, Qatar, the United Arab Emirates and Oman* (London: Unwin Hyman, 1989), 20.

＊2　Zahlan, 8–11. 正確にはこれら3ヶ国の国家自体というよりも、各国の東インド会社が進出と競争の主体であった。

＊3　Jill Crystal, *Oil and Politics in the Gulf: Rulers and Merchants in Kuwait and Qatar* (Cambridge: Cambridge University Press, 1990), 15–16.

＊4　部族連合について詳しくは以下を参照。Frauke Heard-Bey, *From Trucial States to United Arab Emirates: A Society in Transition* (London: Longman, 1982), chap. 2.

＊5　James Onley, "Britain's Informal Empire in the Gulf, 1820–1971," *Journal of Social Affairs* 22, no. 87 (2005): 30.

＊6　Zahlan, *The Making of the Modern Gulf States*, 13.

＊7　Zahlan, 14.

＊8　Onley, "Britain's Informal Empire in the Gulf, 1820–1971," 31.

＊9　Shohei Sato, *Britain and the Formation of the Gulf States: Embers of Empire* (Manchester: Manchester University Press, 2016), 10.

＊10　James Onley, *Arabian Frontier of the British Raj: Merchants, Rulers and the British in the Nineteenth-Century Gulf* (Oxford: Oxford University Press, 2007), 207.

＊11　Onley, “Britain’s Informal Empire in the Gulf, 1820–1971,” 32. 現地支配者たちがこのような関係を必ずしも強制されたわけではないことには留意が必要である。イギリスと湾岸諸国の支配者とのあいだの庇護関係は、この地域における強者の保護を求める伝統に基づいていた。イギリスはこの地域で最大の勢力だったから、保護を求められたというだけのことである。James Onley and Sulayman Khalaf, “Shaikhly Authority in the Pre-Oil Gulf: An Historical-Anthropological Study,” *History and Anthropology* 17, no. 3 (2006): 200–2, https://doi.org/10.1080/02757200600813965.

＊12　植民地時代にイギリスが湾岸情勢にどのように関与したかについては、以下を参照のこと。Crystal, *Oil and Politics in the Gulf*; Peter Lienhardt, *Shaikhdoms of Eastern Arabia* (Basingstoke: Palgrave in association with St Antony’s College, Oxford, 2001).

＊13　Onley, *Arabian Frontier of the British Raj*, 36.

＊14　Lienhardt, *Shaikhdoms of Eastern Arabia*, 7.

＊15　Onley, *Arabian Frontier of the British Raj*, 34.

＊16　David Dean Commins, *The Gulf States: A Modern History* (London: I.B. Tauris, 2012), 78.

＊17　それまで沿岸部の支配者たちの主な収入源であった真珠産業は、日本の養殖真珠と世界恐慌の影響で壊滅的な打撃を受けており、当時湾岸の経済は危機的な状況にあった。湾岸における真珠産業の興亡については、以下を参照。Lienhardt, *Shaikhdoms of Eastern Arabia*, chap. 4.

＊18　Bismarck, *British Policy in the Persian Gulf*, 15.

＊19　Zahlan, *The Making of the Modern Gulf States*, 23–24.

＊20　Zahlan, 21.

＊21　Commins, *The Gulf States*, 137.

＊22　Macris, *The Politics and Security of the Gulf*, 247.

＊23　Lienhardt, *Shaikhdoms of Eastern Arabia*, 4.

＊24　Giacomo Luciani, “Oil and Political Economy in the International Relations of the Middle East,” in *International Relations of the Middle East*, ed. Louise Fawcett (Oxford University Press, 2016), 112.

＊25　Sato, *Britain and the Formation of the Gulf States*, 16.

＊26　Macris, *The Politics and Security of the Gulf*, 86.

＊27　Onley, “Britain’s Informal Empire in the Gulf, 1820–1971,” 38.

＊28　Zahlan, *The Making of the Modern Gulf States*, 20.

＊29　Zahlan, 115, 122; Heard-Bey, *From Trucial States to United Arab Emirates*, 297.
同じくシャールジャの一部とされていたカルバという地域も、1932年にイギリスの航空会社、インペリアル・エアウェイズの発着権と引き換えに、独立した首長国に格上げされた。しかし、イギリスが発着権をほとんど利用しなくなるとこの地位を失い、1952年にシャールジャに再統合されてしまう。この点については以下を参照。Commins, *The Gulf States*, 153; Heard-Bey, *From Trucial States to United Arab Emirates*, 296.

＊30　Sato, *Britain and the Formation of the Gulf States*, 13–14. その他には以下を参照。Fuad Ishaq Khuri, *Tribe and State in Bahrain: The Transformation of Social and Political Authority in an*

Arab State (Chicago: University of Chicago Press, 1980), 8; J.E. Peterson, "Sovereignty and Boundaries in the Gulf States," in *International Politics of the Persian Gulf*, ed. Mehran Kamrava (Syracuse, N.Y.: Syracuse University Press, 2011), 25.

＊31　Zahlan, *The Making of the Modern Gulf States*, 24.

＊32　Zahlan, 27.

＊33　Onley and Khalaf, "Shaikhly Authority in the Pre-Oil Gulf," 202.

＊34　Spruyt, *Ending Empire*, 4.

＊35　Darwin, *After Tamerlane*, 423.

＊36　Simon C. Smith, *Britain's Revival and Fall in the Gulf: Kuwait, Bahrain, Qatar, and the Trucial States, 1950–71* (London; New York: RoutledgeCurzon, 2004), 6.

＊37　Bismarck, *British Policy in the Persian Gulf*, 188.

＊38　Smith, *Britain's Revival and Fall in the Gulf*, 1.

＊39　Darwin, *After Tamerlane*, 402.

＊40　Macris, *The Politics and Security of the Gulf*, chap. 3.

＊41　Smith, "A Comparative Study of French and British Decolonization," 99.

＊42　F. Gregory Gause, "British and American Policies in the Persian Gulf, 1968–1973," *Review of International Studies* 11, no. 4 (1985): 249, https://doi.org/10.1017/S0260210500114172.

＊43　Darwin, *The End of the British Empire*.

＊44　Sato, *Britain and the Formation of the Gulf States*, 29–62.

＊45　Bismarck, *British Policy in the Persian Gulf*, 194.

＊46　保守党は当初、労働党の撤退決定を批判していたため、現地支配者たちは、同党が選挙で勝利すればこの決定は覆るだろうと予想していた。しかし、1970年にそれが実現すると、ヒース政権は撤退計画を続行することを決定した。Sato, *Britain and the Formation of the Gulf States*, 97–99.

＊47　Heard-Bey, *From Trucial States to United Arab Emirates*, 337; Sato, *Britain and the Formation of the Gulf States*, 1.

＊48　Bismarck, *British Policy in the Persian Gulf*, 213.

＊49　Bismarck, 213.

＊50　Macris, *The Politics and Security of the Gulf*, 155.

＊51　Macris, *The Politics and Security of the Gulf*; Sato, *Britain and the Formation of the Gulf States*.

＊52　Bismarck, *British Policy in the Persian Gulf*, 8.

＊53　たとえば、Griffiths, *Age of Secession* の proto-states のデータセットをはじめとする既存の植民地的単位のデータセットにも、湾岸南部の首長国は Trucial States としてではなく、個別に入っている。

＊54　Tilly, *Coercion, Capital, and European States, AD 990–1990*, 32.

＊55　Macris, *The Politics and Security of the Gulf*, 155.

＊56　Sato, *Britain and the Formation of the Gulf States*, 1.

＊57　TNA, FO 1016/741, Douglas-Home to Bahrain Residency, October 21, 1970.

＊58　TNA, FO 1016/741, Douglas-Home to Bahrain Residency, October 21, 1970.

＊59　Sato, *Britain and the Formation of the Gulf States*, 116.

＊60　FCO 8/14, Crawford to FO, June 6, 1968.

＊61　Waldner and Smith, "Survivorship Bias in Comparative Politics".

＊62　Griffiths, *Age of Secession*; Roeder, *Where Nation-States Come From.*

＊63　McIntyre, "The Admission of Small States to the Commonwealth"; Smith, "Failure and Success in State Formation".

＊64　Ibrahim Al Abed, "The Historical Background and Constitutional Basis," in *United Arab Emirates: A New Perspective*, ed. Ibrahim Al Abed and Peter Hellyer (London: Trident Press, 2001), 122–23.

＊65　Al Abed, 127.

＊66　Sato, *Britain and the Formation of the Gulf States*, 76.

＊67　Smith, *Britain's Revival and Fall in the Gulf*, 80.

＊68　Malcolm Peck, "Formation and Evolution of The Federation and Its Institutions," in *United Arab Emirates: A New Perspective* ed. Ibrahim Al Abed and Peter Hellyer (London Trident Press, 2001), 151.

＊69　TNA, FO 1016/745, Taylor to Budd, March 29, 1968.

＊70　TNA, FO 1016/745, Crawford to Weir, April 5, 1968.

＊71　"Nine, Eight or Seven?" *The Economist*, August 23, 1969.

＊72　ドバイでは1966年に石油が発見され、1969年に初めて輸出されたが、その量はアブダビに比べるとはるかに少なかった。Kristi Nichole Barnwell, "From Trucial States to Nation State: Decolonization and the Formation of the United Arab Emirates, 1952–1971" Unpublished PhD dissertation, University of Texas at Austin, 2011., 139.

＊73　Zahlan, *The Making of the Modern Gulf States*, 112.

＊74　Zahlan, 113.

＊75　Heard-Bey, *From Trucial States to United Arab Emirates*, 342.

＊76　Smith, *Britain's Revival and Fall in the Gulf*, 103–4.

＊77　The Economist誌は、バーレーンの「適度な富は段階的にもたらされ、相当程度の教育や、小さいながらも成長する中産階級の発展を可能にしてきた」と述べている。"Nine, Eight or Seven?" *The Economist*, August 23 1969.

＊78　Khuri, *Tribe and State in Bahrain*, 86.

＊79　Smith, *Britain's Revival and Fall in the Gulf*, 84.

＊80　Smith, 80.

＊81　TNA, FO 1016/744, Roberts to Bahlfour-Paul, March 3, 1968.

＊82　Smith, *Britain's Revival and Fall in the Gulf*, 84.

＊83　TNA, FCO 8/1562, Wight to Douglas-Home, July 26, 1971.

＊84　この時期に関する詳細は、以下を参照。Allen James Fromherz, *Qatar: A Modern History* (London: I. B. Tauris, 2012), chap. 3.

＊85　Rosemarie Said Zahlan, *The Creation of Qatar* (London: New York: Croom Helm, 1979), 46.

＊86　Zahlan, 55.

＊87　Zahlan, 59–64.

＊88　Zahlan, 73–74.

＊89　Zahlan, 76.

＊90　Fromherz, *Qatar*, 94.

＊91　Zahlan, *The Creation of Qatar*, 85–89.

＊92　Zahlan, 82–85.

＊93　Zahlan, 24.

＊94　TNA, FO 1016/749, Boyle to Crawford, October 15, 1968.

＊95　TNA, FCO 8/1294, "Discussions with Sheikh Khalifa bin Hamad al-Thani Deputy Ruler of Qatar and Prime Minister designate of the Union of Arab Emirates, during the week commencing Monday 27 July," August 7, 1970.

＊96　TNA, FO 1016/741, Luce to Weir, September 14, 1970.

＊97　TNA, FO 1016/741, Luce to Weir, September 14, 1970.

＊98　TNA, FCO 8/1562, Wright to Douglas-Home, August 2, 1971.

＊99　TNA, FO 1016/751, Henderson to Weir, May 13, 1969.

＊100　Zahlan, *The Creation of Qatar*, 104.

＊101　TNA, FO 1016/743, Boyle to Crawford, March 2, 1968.

＊102　TNA, FO 1016/743, Crawford to Lamb, March 1, 1968.

＊103　TNA, FO 1016/743, Roberts to Crawford, March 13, 1968.

＊104　TNA, FO 1016/739, Henderson to Weir, February 8, 1970.

＊105　TNA, FO 1016/741, Henderson to Crawford, July 12, 1970.

＊106　TNA, FO 1016/741, Henderson to Crawford, July 12, 1970.

＊107　TNA, FO 1016/739, Henderson to Weir, April 19, 1970.

＊108　なお、アフマド首長とハリーファ副首長は、連邦についてやや異なる意見を持っていた。前者は連合に比較的前向きで、後者は単独独立をより望んでいたと言われている。たとえばヘンダーソンは、アフマドが「カタールの独立に傾いているが、彼は最後まで連邦への希望を表明し続けるだろう」と見ているのに対し、ハリーファは「カタールは単独でやっていかなければならないと考えており、アフマドとは違って、それにとりかからなければならないという焦りで沸騰している」と評している。TNA, FCO 8/1555, Henderson to Wright, March 29, 1971.

＊109　TNA, FO 1016/739, Henderson to Weir, February 22, 1970.

＊110　TNA, FO 1016/745, Crawford to Foreign Office, April 4, 1968.

＊111　TNA, FO 1016/752, Henderson to Everard, June 17, 1969.

＊112　Bismarck, *British Policy in the Persian Gulf*, 209.

＊113　TNA, FCO 8/1554, "Policy in the Persian Gulf: Union of Arab Emirates," by Douglas-Home, March 9, 1971.

＊114　TNA, FCO 8/1555, Henderson to Wright, March 29, 1971.

＊115　TNA, FCO 8/1556, "The Gulf," FCO to Prime Minister, April 8, 1971.

＊116　TNA, FCO 8/1557, Henderson to Bahrain Residency, May 14, 1971.

* 117 TNA, FCO 8/1559, "Parliamentary Question: Notes for Supplementaries," June 23, 1971.
* 118 Smith, *Britain's Revival and Fall in the Gulf*, 78.
* 119 Bismarck, *British Policy in the Persian Gulf*, 209.
* 120 TNA, FCO 8/1559, "The Gulf," December 6, 1971.
* 121 TNA, FO 1016/747, Craig to Crawford, June 19, 1968.
* 122 TNA, FO 1016/747, Craig to Crawford, June 19, 1968.
* 123 TNA, FCO 8/1559, Douglas-Home to Amman, June 22, 1971.
* 124 交渉の詳細は以下のファイルに記録されている。TNA, FCO 8/1560.
* 125 Barnwell, "From Trucial States to Nation State," 152.
* 126 Fromherz, *Qatar*, 58.
* 127 これは湾岸南部全体に共通した点である。Lienhardt, *Shaikhdoms of Eastern Arabia*, 14–15.
* 128 Lienhardt, 14.
* 129 Roger Owen, *State, Power and Politics in the Making of the Modern Middle East* (London: Routledge, 1992), 16.
* 130 Zahlan, *The Making of the Modern Gulf States*, 61.
* 131 Peterson, "Sovereignty and Boundaries in the Gulf States," 30.
* 132 Zahlan, *The Making of the Modern Gulf States*, 59.
* 133 Khuri, *Tribe and State in Bahrain*, 26.
* 134 Zahlan, *The Making of the Modern Gulf States*, 15.
* 135 Commins, *The Gulf States*, 103.
* 136 Commins, 142.
* 137 Zahlan, *The Making of the Modern Gulf States*, 29.
* 138 Heard-Bey, *From Trucial States to United Arab Emirates*, 341.
* 139 TNA, FO 1016/749, Parsons to Crawford, November 5, 1968.
* 140 TNA, FO 1016/750, Crawford to Stewart, June 10, 1968.
* 141 TNA, FO 1016/743, Roberts to Crawford, March 6, 1968.
* 142 TNA, FO 1016/740, Henderson to Weir, May 24, 1970.
* 143 TNA, FO 1016/739, "Bahrain and the UAE," A. J. D. Stirling, April 25, 1970.
* 144 Barnwell, "From Trucial States to Nation State," 124–25.
* 145 Heard-Bey, *From Trucial States to United Arab Emirates*, 361.
* 146 TNA, FO 1016/744, Parsons to Crawford, March 9, 1968.
* 147 TNA, FO 1016/739, Stirling to Acland, April 29, 1970.
* 148 TNA, FO 1016/748, Parsons to Crawford, July 22, 1968.
* 149 "Nine, Eight or Seven?" *The Economist*, August 23, 1969.
* 150 TNA, FO 1016/747, "The Union of Arab Emirates," Crawford to Stewart, June 14, 1968.
* 151 TNA, FO 1016/739, Stirling to Crawford, March 3, 1970.
* 152 TNA, FO 1016/752, Henderson to Everard, August 11, 1969.
* 153 TNA, FO 1016/746, Parsons to Balfour-Paul, May 11, 1968.

＊154　TNA, FO 1016/750, Crawford to Stewart, June 10, 1968.

＊155　TNA, FO 1016/746, Crawford to FO, May 9, 1968.

＊156　交渉の詳細については、以下を参照。Roham Alvandi, "Muhammad Reza Pahlavi and the Bahrain Question, 1968–1970," *British Journal of Middle Eastern Studies* 37, no. 2 (August 2010): 159–77, https://doi.org/10.1080/13530191003794723.

＊157　Smith, *Britain's Revival and Fall in the Gulf*, 100.

＊158　TNA, FCO 8/1293, Crawford to FCO, April 29, 1970.

＊159　TNA, FO 1016/739, Bahrain to FCO, February 12, 1970.

＊160　Khuri, *Tribe and State in Bahrain*, 8.

＊161　Khuri, 27.

＊162　TNA, FCO 8/1561, Walker to FCO, July 21, 1971.

＊163　Sato, *Britain and the Formation of the Gulf States*, 123.

＊164　Zahlan, *The Making of the Modern Gulf States*, 120.

＊165　Sato, *Britain and the Formation of the Gulf States*, 124.

＊166　TNA, FCO 8/1569, "UAE and Gulf Islands: Record of Discussion with Permanent Under-Secretary, Ministry of Foreign Affairs on Monday, 29 November at 10.00 a.m.," December 10, 1971.

＊167　"Lonely Shaikh Saqr goes it alone" *The Times Daily*, July 20 1971.

＊168　Sato, *Britain and the Formation of the Gulf States*, 126.

＊169　TNA, FO 1016/751, Henderson to Weir, May 20, 1969.

＊170　Zahlan, *The Making of the Modern Gulf States*, 23 は、イギリスがすべての首長国と個別に関係を結んでいたことが、首長国間の差異化を助長し、石油利権の締結がそれを恒久化したと指摘する。

第4章　他地域における単独独立とその不在

＊1　James Mahoney and Gary Goertz, "The Possibility Principle: Choosing Negative Cases in Comparative Research," *American Political Science Review* 98, no. 4 (2004): 653–69, https://doi.org/10.1017/S0003055404041401.

＊2　イギリスの登場以前のクウェートの歴史については、以下を参照。Frederick F. Anscombe, *The Ottoman Gulf: The Creation of Kuwait, Saudi Arabia, and Qatar* (New York: Columbia University Press, 1997).

＊3　Smith, "The Making of a Neo-Colony? Anglo-Kuwaiti Relations in the Era of Decolonization," *Middle Eastern Studies* 37, no. 1 (January 2001): 160, https://doi.org/10.1080/714004359.

＊4　Zahlan, *The Making of the Modern Gulf States*, 39.

＊5　Crystal, *Oil and Politics in the Gulf*, 66.

＊6　Crystal, 45–48.

＊7　Smith, *Britain's Revival and Fall in the Gulf*, 16.

＊8　Macris, *The Politics and Security of the Gulf*, 124.

＊9　Nigel Ashton, "Britain and the Kuwaiti Crisis, 1961," *Diplomacy & Statecraft* 9, no. 1 (March 1998): 165, https://doi.org/10.1080/09592299808406074.

＊10　Macris, *The Politics and Security of the Gulf*, 125.

＊11　Rosemarie Said Zahlan, "Shades of the Past: The Iraq-Kuwait Dispute, 1961," *Journal of Social Affairs*, 22, no. 87 (2005); 51–52.

＊12　Macris, *The Politics and Security of the Gulf*, 125–28.

＊13　Miriam Joyce, "Preserving the Sheikhdom: London, Washington, Iraq and Kuwait, 1958–61," *Middle Eastern Studies* 31, no. 2 (1995): 281–92.

＊14　Zahlan, "Shades of the Past," 75.

＊15　Gregory Winger, "Twilight on the British Gulf: The 1961 Kuwait Crisis and the Evolution of American Strategic Thinking in the Persian Gulf," *Diplomacy & Statecraft* 23, no. 4 (December 2012): 661, https://doi.org/10.1080/09592296.2012.736332.

＊16　Ashton, "Britain and the Kuwaiti Crisis, 1961," 167.

＊17　Ashton, 164.

＊18　Helene von Bismarck, "The Kuwait Crisis of 1961 and Its Consequences for Great Britain's Persian Gulf Policy," *British Scholar Journal* 2, no. 1 (September 2009): 86, https://doi.org/10.3366/brs.2009.0105.

＊19　Smith, "The Making of a Neo-Colony? Anglo-Kuwaiti Relations in the Era of Decolonization," 161.

＊20　Bismarck, "The Kuwait Crisis of 1961 and Its Consequences for Great Britain's Persian Gulf Policy," 86.

＊21　G. J. Oostindie and Inge A. J. Klinkers, *Decolonising the Caribbean: Dutch Policies in a Comparative Perspective* (Amsterdam: Amsterdam University Press, 2003), 18.

＊22　Hugh W. Springer, "Federation in the Caribbean: An Attempt That Failed," *International Organization* 16, no. 4 (1962): 758, https://doi.org/10.1017/S0020818300011619.

＊23　William C. Gilmore, "Requiem for Associated Statehood?," *Review of International Studies* 8, no. 1 (1982): 9, https://doi.org/10.1017/S0260210500115414.

＊24　Charles H. Archibald, "The Failure of the West Indies Federation," *The World Today* 18, no. 6 (1962): 235.

＊25　Springer, "Federation in the Caribbean," 759.

＊26　Spencer Mawby, *Ordering Independence* (London: Palgrave Macmillan UK, 2012), 31.

＊27　Mawby, 32.

＊28　Elisabeth Wallace, "The West Indies Federation: Decline and Fall," *International Journal* 17, no. 3 (1962): 270.

＊29　Mawby, *Ordering Independence*, 42.

＊30　Springer, "Federation in the Caribbean," 764.

＊31　Springer, 765–66.

＊32　Springer, 767.

＊33　Mawby, *Ordering Independence*, 140–41.

*34　Mawby, 145.

*35　Springer, “Federation in the Caribbean,” 767.

*36　Mawby, *Ordering Independence*, 173.

*37　Mawby, 173–74.

*38　Mawby, 211–31.

*39　Archibald, “The Failure of the West Indies Federation,” 238.

*40　Springer, “Federation in the Caribbean,” 765.

*41　Päivi Lujala, Jan Ketil Rod, and Nadja Thieme, “Fighting over Oil: Introducing a New Dataset,” *Conflict Management and Peace Science* 24, no. 3 (2007): 239–56, https://doi.org/10.1080/07388940701468526.

*42　Hussainmiya, *Sultan Omar Ali Saifuddin III and Britain*, 31.

*43　Springer, “Federation in the Caribbean,” 765.

*44　Oostindie and Klinkers, *Decolonising the Caribbean*, 19.

*45　Vernon Egger, “Counting the Costs: The British Withdrawal from South Arabia, 1956–1967,” *Journal of Third World Studies* 8, no. 2 (1991): 146.

*46　Fred Halliday, *Arabia without Sultans* (Harmondsworth: Penguin Books, 1974), 153–54.

*47　Karl Pieragostini, *Britain, Aden and South Arabia: Abandoning Empire* (Basingstoke: Macmillan, 1991), 22.

*48　C. A. Harrington, “The Colonial Office and the Retreat from Aden: Great Britain in South Arabia, 1957–1967,” *Mediterranean Quarterly* 25, no. 3 (July 1, 2014): 16, https://doi.org/10.1215/10474552-2772235.

*49　Pieragostini, *Britain, Aden and South Arabia*, 34.

*50　Egger, “Counting the Costs,” 132.

*51　Simon C. Smith, “Revolution and Reaction: South Arabia in the Aftermath of the Yemeni Revolution,” *The Journal of Imperial and Commonwealth History* 28, no. 3 (2000): 194, https://doi.org/10.1080/03086530008583105.

*52　Smith, 196.

*53　Halliday, *Arabia without Sultans*, 171.

*54　Harrington, “The Colonial Office and the Retreat from Aden,” 12–14.

*55　Pieragostini, *Britain, Aden and South Arabia*, 29.

*56　Egger, “Counting the Costs,” 142.

*57　Pieragostini, *Britain, Aden and South Arabia*, 32.

*58　この時期のアデンの政治過程については以下を参照。Pieragostini, *Britain, Aden and South Arabia*.

*59　Pieragostini, 192.

*60　Pieragostini, 78, 133.

*61　Pieragostini, 157–58.

*62　Halliday, *Arabia without Sultans*, 172.

*63　Halliday, 172.

＊64　Halliday, 165.

＊65　Pieragostini, *Britain, Aden and South Arabia*, 124.

＊66　Pieragostini, 58.

第５章　天然資源の多様な影響

＊1　たとえば以下を参照のこと。Jerome Delli Priscoli and Aaron T. Wolf, *Managing and Transforming Water Conflicts* (Cambridge University Press, 2009).

＊2　石炭生産の政治的影響や石炭と石油の比較については、以下を参照。Mitchell, *Carbon Democracy*.

＊3　Jaak J. K. Daemen, "Coal Industry, History Of," in *Encyclopedia of Energy*, ed. Cutler J. Cleveland (New York: Elsevier, 2004), 458–59, https://doi.org/10.1016/B0-12-176480-X/00043-7.

＊4　Barbara Freese, *Coal: A Human History* (Cambridge, Mass.: Perseus, 2003), 56.

＊5　Freese, 32.

＊6　Freese, chap. 3.

＊7　Freese, 91.

＊8　Freese, 69.

＊9　Daemen, "Coal Industry, History Of," 462–70.

＊10　Daemen, 461.

＊11　Darwin, *After Tamerlane*, 180–82.

＊12　Steven Gray, *Steam Power and Sea Power: Coal, the Royal Navy, and the British Empire, c. 1870–1914* (London: Palgrave Macmillan, 2018), 1–2.

＊13　Tim Di Muzio and Matt Dow, "Uneven and Combined Confusion: On the Geopolitical Origins of Capitalism and the Rise of the West," *Cambridge Review of International Affairs* 30, no. 1 (2017): 14, https://doi.org/10.1080/09557571.2016.1256949.

＊14　石炭が安全保障と帝国主義に与えた影響については、以下を参照。Gray, *Steam Power and Sea Power*; Peter A. Shulman, *Coal & Empire: The Birth of Energy Security in Industrial America* (Baltimore: Johns Hopkins University Press, 2015).

＊15　Freese, *Coal*, 11–12.

＊16　Gray, *Steam Power and Sea Power*, 17.

＊17　Gray, 67.

＊18　Gray, 87.

＊19　Gray, 97–98.

＊20　James R. Craig and J. Donald Rimstidt, "Gold Production History of the United States," *Ore Geology Reviews* 13, no. 6 (November 1998): 408, https://doi.org/10.1016/S0169-1368(98)00009-2.

＊21　Vilar, *A History of Gold and Money, 1450 to 1920*, 26–27.

＊22　Clara Estow, "Reflections on Gold: On the Late Medieval Background of the Spanish

'Enterprise of the Indies,'" *Mediaevistik* 6 (1993): 89.

＊23 Vilar, *A History of Gold and Money, 1450 to 1920*, 32.

＊24 Vilar, 57.

＊25 Estow, "Reflections on Gold," 88.

＊26 Kendall W. Brown, *A History of Mining in Latin America: From the Colonial Era to the Present* (Albuquerque: University of New Mexico Press, 2012), 35. もちろん、15世紀後半から16世紀にかけてスペインとポルトガルが膨張政策をとった理由はこれだけではなかった。地中海と大西洋の沿岸に位置するというイベリア半島の地理的条件は、航海と商業における優位性をもたらし、レコンキスタの経験は、新たな拡大計画への準備になっていた。さらに、コンスタンティノープルの陥落を契機とするオスマン帝国の台頭は、ヨーロッパに代替貿易ルートの開拓を迫った。しかし、金の探索が遠征に重要な役割を果たした推進要因であったことは否定できない。Estow, "Reflections on Gold," 90.

＊27 Vilar, *A History of Gold and Money, 1450 to 1920*, 61.

＊28 John Jay TePaske, *A New World of Gold and Silver* (Leiden; Boston: Brill, 2010), 2.

＊29 Brown, *A History of Mining in Latin America*, 3.

＊30 Vilar, *A History of Gold and Money, 1450 to 1920*, 65.

＊31 Darwin, *After Tamerlane*, 52.

＊32 TePaske, *A New World of Gold and Silver*, 30.

＊33 Peter Bakewell, "Mining in Colonial Spanish America," in *The Cambridge History of Latin America: Volume 2: Colonial Latin America*, ed. Leslie Bethell (Cambridge: Cambridge University Press, 1984), 108, https://doi.org/10.1017/CHOL9780521245166.005.

＊34 Brown, *A History of Mining in Latin America*, 6.

＊35 A. J. R. Russell-Wood, "Colonial Brazil: The Gold Cycle, c. 1690–1750," in *The Cambridge History of Latin America: Volume 2: Colonial Latin America*, ed. Leslie Bethell (Cambridge: Cambridge University Press, 1984), 547–49, https://doi.org/10.1017/CHOL9780521245166.015.

＊36 Russell-Wood, 561.

＊37 Frédéric Mauro, "Portugal and Brazil: Political and Economic Structures of Empire, 1580–1750," in *The Cambridge History of Latin America: Volume 1: Colonial Latin America*, ed. Leslie Bethell (Cambridge: Cambridge University Press, 1984), 464–67, https://doi.org/10.1017/CHOL9780521232234.014.

＊38 TePaske, *A New World of Gold and Silver*, 27.

＊39 Nathan Wachtel, "The Indian and the Spanish Conquest," in *The Cambridge History of Latin America: Volume 1: Colonial Latin America*, ed. Leslie Bethell (Cambridge: Cambridge University Press, 1984), 246, https://doi.org/10.1017/CHOL9780521232234.009.

＊40 Brown, *A History of Mining in Latin America*, 43.

＊41 Bakewell, "Mining in Colonial Spanish America," 108.

＊42 TePaske, *A New World of Gold and Silver*, 142.

＊43 TePaske, 143.

＊44 Wachtel, "The Indian and the Spanish Conquest," 210–13.

＊45　Darwin, *After Tamerlane*, 56.

＊46　TePaske, *A New World of Gold and Silver*, 50, 105, 214.

＊47　入植者は当初、銀生産にあたって土着の知識と技能に頼っていた。しかし、技術の進歩、特にアマルガムの導入に伴い、それらは必要とされなくなっていった。Brown, *A History of Mining in Latin America*, 48–49.

＊48　Bakewell, "Mining in Colonial Spanish America," 127.

＊49　Bakewell, 123.

＊50　Wachtel, "The Indian and the Spanish Conquest," 212.

＊51　Darwin, *After Tamerlane*, 58.

＊52　Murdo J. Macleod, "Spain and America: The Atlantic Trade, 1492–1720," in *The Cambridge History of Latin America: Volume 1: Colonial Latin America*, ed. Leslie Bethell (Cambridge: Cambridge University Press, 1984), 355, https://doi.org/10.1017/CHOL9780521232234.012.

＊53　Craig and Rimstidt, "Gold Production History of the United States," 408.

＊54　Craig and Rimstidt, 437.

＊55　Darwin, *After Tamerlane*, 273.

＊56　Christopher J. Castaneda, "Natural Gas, History Of," in *Encyclopedia of Energy*, ed. Cutler J. Cleveland, vol. 4 (New York: Elsevier, 2004), 208–9, https://doi.org/10.1016/B0-12-176480-X/00042-5.

＊57　Castaneda, 210–11.

＊58　Yergin, *The Quest*, 250.

＊59　James T. Jensen, *The Development of a Global LNG Market: Is It Likely? If so, When?* (Oxford Institute for Energy Studies, 2004), 7–8.

＊60　Aspinall, "The Construction of Grievance"; Basedau and Richter, "Why Do Some Oil Exporters Experience Civil War But Others Do Not?"; Morelli and Rohner, "Resource Concentration and Civil Wars"; Hunziker and Cederman, "No Extraction without Representation"; Jason Sorens, "Mineral Production, Territory, and Ethnic Rebellion: The Role of Rebel Constituencies," *Journal of Peace Research* 48, no. 5 (2011): 571–85, https://doi.org/10.1177/0022343311411743.

＊61　Hunziker and Cederman, "No Extraction without Representation," 365.

＊62　John F. McCarthy, "The Demonstration Effect: Natural Resources, Ethnonationalism and the Aceh Conflict," *Singapore Journal of Tropical Geography* 28, no. 3 (2007): 317, https://doi.org/10.1111/j.1467-9493.2007.00304.x.

＊63　Anthony Reid, "War, Peace and the Burden of History in Aceh," *Asian Ethnicity* 5, no. 3 (2004): 301, https://doi.org/10.1080/1463136042000259761.

＊64　Reid, 301–2.

＊65　Anthony Reid, "Colonial Transformation: A Bitter Legacy," in *Verandah of Violence: The Background to the Aceh Problem*, ed. Anthony Reid (Singapore: Seattle: Singapore University Press; In Association with University of Washington Press, 2006), 96, http://www.loc.gov/catdir/toc/ecip0610/2006008589.html.

＊66　Reid, "War, Peace and the Burden," 304.

＊67　井上治（2001）「インドネシアの分離独立運動：アチェとパプアの事例」『アジア研究』47(4), 5.

＊68　Reid, “Colonial Transformation,” 105.

＊69　McCarthy, “The Demonstration Effect,” 318.

＊70　Edward Aspinall, “From Islamism to Nationalism in Aceh, Indonesia,” *Nations and Nationalism* 13, no. 2 (2007): 249, https://doi.org/10.1111/j.1469-8129.2007.00277.x.

＊71　Kirsten E. Schulze, “The Struggle for an Independent Aceh: The Ideology, Capacity, and Strategy of GAM,” *Studies in Conflict and Terrorism* 26, no. 4 (2003): 242, https://doi.org/10.1080/10576100390209304.

＊72　Aspinall, “From Islamism to Nationalism in Aceh, Indonesia,” 249.

＊73　Schulze, “The Struggle for an Independent Aceh,” 242.

＊74　McCarthy, “The Demonstration Effect,” 318.

＊75　Michael L. Ross, “Resources and Rebellion in Aceh, Indonesia,” in *Understanding Civil War: Evidence and Analysis*, ed. Paul Collier and Nicholas Sambanis (World Bank, 2005), 42, http://www.jstor.org/stable/resrep02484.6.

＊76　McCarthy, “The Demonstration Effect,” 319.

＊77　McCarthy, 321.

＊78　Aspinall, “The Construction of Grievance,” 955.

＊79　Ross, “Resources and Rebellion in Aceh, Indonesia,” 49.

＊80　Tim Kell, *The Roots of Acehnese Rebellion, 1989–1992* (New York (State): Cornell Modern Indonesia Project, Southeast Asia Program, Cornell University, 1995), 62–63, https://hdl.handle.net/2027/mdp.39015049726519.

＊81　Schulze, “The Struggle for an Independent Aceh,” 246.

＊82　なお、植民地時代に石油やガスが産出されていたとしても、アチェの単独独立は困難であっただろうと筆者は推測している。オランダ植民地時代の直接支配のため、アチェは保護領制度の条件を満たしていないためである。その独自の歴史、文化、アイデンティティは、ガス生産の開始とともに分離独立運動に至るには十分であるが、単独独立には、これまでの章で示したように別個の存在としての正式な統治制度と、宗主国による外国の脅威からの保護が必要となる。

＊83　イラクの設立過程については、以下を参照。Toby Dodge, *Inventing Iraq: The Failure of Nation-Building and a History Denied* (London: Hurst, 2003).

＊84　M.R. Izady, “Kurds and the Formation of the State of Iraq, 1917–1932,” in *The Creation of Iraq, 1914–1921*, ed. Reeva Spector Simon and Eleanor H. Tejirian (Columbia University Press, 2004), 95–109, https://doi.org/10.7312/simo13292.11; Sarah Shields, “Mosul Questions:,” in *The Creation of Iraq, 1914–1921*, ed. Reeva Spector Simon and Eleanor H. Tejirian (Columbia University Press, 2004), 50–60, https://doi.org/10.7312/simo13292.8.

＊85　Nevin Coşar and Sevtap Demirci, “The Mosul Question and the Turkish Republic: Before and after the Frontier Treaty, 1926,” *Middle Eastern Studies* 42, no. 1 (2006): 125, https://doi.org/10.1080/00263200500399611.

＊86　Commins, *The Gulf States: A Modern History*, 128.

結　論

＊1　Atzili, *Good Fences, Bad Neighbors*; Fazal, *State Death*; Zacher, "The Territorial Integrity Norm."

＊2　International Systems Dataset (Ver. 2) のデータによる。Butcher and Griffiths, "States and Their International Relations since 1816."

＊3　Christopher, "Decolonisation without Independence"; Collins, "Decolonisation and the 'Federal Moment'"; McIntyre, *British Decolonization, 1946–1997*.

＊4　Spruyt, *The Sovereign State and Its Competitors*; Tilly, *Coercion, Capital, and European States*, 1992.

＊5　Bentley Allan, *Scientific Cosmology and International Orders* (Cambridge University Press, 2018), 147; Branch, *The Cartographic State*.

＊6　Amitav Acharya and Barry Buzan, *Non-Western International Relations Theory: Perspectives on and beyond Asia* (London; New York: Routledge, 2010); Shogo Suzuki, Yongjin Zhang, and Joel Quirk, *International Orders in the Early Modern World: Before the Rise of the West*, (London: Routledge, 2014).

＊7　Sharman, *Empires of the Weak*; Ayşe Zarakol, *Before the West: The Rise and Fall of Eastern World Orders* (Cambridge: Cambridge University Press, 2022).

＊8　David C. Kang, *East Asia before the West: Five Centuries of Trade and Tribute* (New York: Columbia University Press, 2010); Iver B. Neumann and Einar Wigen, *The Steppe Tradition in International Relations: Russians, Turks and European State Building 4000 BCE–2018 CE* (Cambridge: Cambridge University Press., 2018); Andrew Phillips, *How the East Was Won: Barbarian Conquerors, Universal Conquest and the Making of Modern Asia* (Cambridge: Cambridge University Press., 2021); Andrew Phillips and J. C. Sharman, "Explaining Durable Diversity in International Systems: State, Company, and Empire in the Indian Ocean," *International Studies Quarterly* 59, no. 3 (2015): 436–48, https://doi.org/10.1111/isqu.12197; Erik Ringmar, "Performing International Systems: Two East-Asian Alternatives to the Westphalian Order," *International Organization* 66, no. 1 (2012): 1–25, https://doi.org/10.1017/S0020818312000033; Carsten-Andreas Schulz, "Territorial Sovereignty and the End of Inter-Cultural Diplomacy along the 'Southern Frontier,'" *European Journal of International Relations* 25, no. 3 (2019): 878–903, https://doi.org/10.1177/1354066118814890; Hendrik Spruyt, *The World Imagined: Collective Beliefs and Political Order in the Sinocentric, Islamic and Southeast Asian International Societies*, (Cambridge: Cambridge University Press, 2020); Shogo Suzuki, "Japan's Socialization into Janus-Faced European International Society," *European Journal of International Relations* 11, no. 1 (2005): 137–64, https://doi.org/10.1177/1354066105050139.

＊9　Suzuki, Zhang, and Quirk, *International Orders in the Early Modern World*, 1.

＊10　Baldacchino, *Island Enclaves*, 44.

＊11　G. J. Oostindie and R. Hoefte, "Upside-down Decolonization," *Hemisphere* 1 (1989): 28–31.

＊12　Godfrey Baldacchino and David Milne, “Exploring Sub-National Island Jurisdictions: An Editorial Introduction,” *Round Table* 95, no. 386 (2006): 489, https://doi.org/10.1080/00358530600929735.

＊13　Jerome L. McElroy and Courtney E. Parry, “The Long-Term Propensity for Political Affiliation in Island Microstates,” *Commonwealth & Comparative Politics* 50, no. 4 (2012): 403–21, https://doi.org/10.1080/14662043.2012.729727.

＊14　オフショア経済については、以下を参照。Ronen Palan, “Trying to Have Your Cake and Eating It: How and Why the State System Has Created Offshore,” *International Studies Quarterly* 42, no. 4 (1998): 625–43, https://doi.org/10.1111/0020-8833.00100.

＊15　Terry Lynn Karl, *The Paradox of Plenty: Oil Booms and Petro-States* (University of California Press, 1997); Jørgen J. Andersen and Michael L. Ross, “The Big Oil Change: A Closer Look at the Haber-Menaldo Analysis,” *Comparative Political Studies* 47, no. 7 (2014): 993–1021, https://doi.org/10.1177/0010414013488557.

＊16　Mukoyama, “Colonial Origins of the Resource Curse”; Mukoyama, “Colonial Oil and State-Making”; Waldner and Smith, “Survivorship Bias in Comparative Politics” を参照。

＊17　Michael Herb, “No Representation without Taxation? Rents, Development, and Democracy,” *Comparative Politics* 37, no. 3 (April 1, 2005): 305, https://doi.org/10.2307/20072891.

＊18　Yu-Ming Liou and Paul Musgrave, “Refining the Oil Curse: Country-Level Evidence from Exogenous Variations in Resource Income,” *Comparative Political Studies* 47, no. 11 (2014): 1585.

＊19　Mukoyama, “Colonial Origins of the Resource Curse,” 236.

＊20　Glaser, “How Oil Influences U.S. National Security”; Gholz and Press, “Protecting ‘The Prize’”; Eugene Gholz and Daryl G. Press, “Enduring Resilience: How Oil Markets Handle Disruptions,” *Security Studies* 22, no. 1 (January 2013): 139–47, https://doi.org/10.1080/09636412.2013.757167; Rosemary A. Kelanic, “The Petroleum Paradox: Oil, Coercive Vulnerability, and Great Power Behavior,” *Security Studies* 25, no. 2 (April 2, 2016): 181–213, https://doi.org/10.1080/09636412.2016.1171966; Michael Levi, “The Enduring Vulnerabilities of Oil Markets,” *Security Studies* 22, no. 1 (January 2013): 132–38, https://doi.org/10.1080/09636412.2013.757171; Rovner and Talmadge, “Hegemony, Force Posture, and the Provision of Public Goods.”

＊21　Colgan, *Petro-Aggression*; Jang and Smith, “Pax Petrolica?”; Shifrinson and Priebe, “A Crude Threat.”

＊22　Mukoyama, “Colonial Origins of the Resource Curse,” 235.

＊23　Mehran Kamrava, *Qatar: Small State, Big Politics* (Ithaca: Cornell University Press, 2013), 71.

＊24　Kamrava, *Qatar.*

＊25　Toby Matthiesen, *Sectarian Gulf: Bahrain, Saudi Arabia, and the Arab Spring That Wasn't* (Stanford, California: Stanford Briefs, 2013), 19.

＊26　Zahlan, *The Making of the Modern Gulf States*, 75.

＊27　Zahlan, 76.

＊28　Miriam Joyce, *Bahrain from the Twentieth Century to the Arab Spring*, (New York: Palgrave Macmillan, 2012), 117–18.

＊29　Dominik M. Müller, "Brunei Darussalam in 2016: The Sultan Is Not Amused," *Asian Survey* 57, no. 1 (February 2017): 199, https://doi.org/10.1525/as.2017.57.1.199.

＊30　Mukoyama, "Colonial Origins of the Resource Curse," 232.

＊31　"Helen Clark: 'Avoiding the Resource Curse: Managing Extractive Industries for Human Development,'" United Nations Development Programme, Oct 20, 2011.

＊32　McCarthy, "The Demonstration Effect," 317.

参考文献

井上治（2001）「インドネシアの分離独立運動——アチェとパプアの事例」『アジア研究』47(4): 4–22.

鈴木陽一（2015）「スルタン・オマール・アリ・サイフディン3世と新連邦構想——ブルネイのマレーシア編入問題 1959–1963」『アジア・アフリカ言語文化研究』89: 47–78.

鈴木陽一（2001）「グレーター・マレーシア 1961–1967 ——帝国の黄昏と東南アジア人」『国際政治』126: 132–149.

田村慶子（1988）「マレーシア連邦における国家統一——サバ、サラワクを中心として」『アジア研究』35(1): 1–44.

Acharya, Amitav, and Barry Buzan. *Non-Western International Relations Theory: Perspectives on and beyond Asia*. London; New York: Routledge, 2010.

Ahmad, Abu Talib. "The Impact of the Japanese Occupation on Colonial and Anti-Colonial Armies in Southeast Asia." In *Colonial Armies in Southeast Asia*, edited by Karl Hack and Tobias Rettig, 202–26. London: Routledge, 2006.

Al Abed, Ibrahim. "The Historical Background and Constitutional Basis." In *United Arab Emirates: A New Perspective*, edited by Ibrahim Al Abed and Peter Hellyer, 121–44. London: Trident Press, 2001.

Alesina, Alberto, and Enrico Spolaore. *The Size of Nations*. Cambridge, MA; London: MIT Press, 2003.

Alexandrowicz, Charles H. *The European-African Confrontation: A Study in Treaty Making*. Leiden: Sijthoff, 1973.

Allan, Bentley. *Scientific Cosmology and International Orders*. Cambridge: Cambridge University Press, 2018.

Al-Sufri, Mohd. Jamil. *Brunei Darussalam: The Road to Independence*. Bandar Seri Begawan: Brunei History Centre, Ministry of Culture, Youth, and Sports, 1998.

Alvandi, Roham. "Muhammad Reza Pahlavi and the Bahrain Question, 1968–1970." *British Journal of Middle Eastern Studies* 37, no. 2 (2010): 159–77. https://doi.org/10.1080/13530191003794723.

Andersen, Jørgen J., and Michael L. Ross. "The Big Oil Change: A Closer Look at the Haber-Menaldo Analysis." *Comparative Political Studies* 47, no. 7 (2014): 993–1021. https://doi.org/10.1177/0010414013488557.

Anderson, Benedict R. O'G. *Imagined Communities: Reflections on the Origin and Spread of Nationalism*. London: Verso, 1983.（ベネディクト・アンダーソン（2007）『定本 想像の共

同体――ナショナリズムの起源と流行』(白石隆・白石さや訳)書籍工房早山)

Anghie, Antony. *Imperialism, Sovereignty, and the Making of International Law*. Cambridge: Cambridge University Press, 2005.

Anscombe, Frederick F. *The Ottoman Gulf: The Creation of Kuwait, Saudi Arabia, and Qatar*. New York: Columbia University Press, 1997.

Archibald, Charles H. "The Failure of the West Indies Federation." *The World Today* 18, no. 6 (1962): 233–42.

Ashton, Nigel. "Britain and the Kuwaiti Crisis, 1961." *Diplomacy & Statecraft* 9, no. 1 (1998): 163–81. https://doi.org/10.1080/09592299808406074.

Aspinall, Edward. "From Islamism to Nationalism in Aceh, Indonesia." *Nations and Nationalism* 13, no. 2 (2007): 245–63. https://doi.org/10.1111/j.1469-8129.2007.00277.x.

Aspinall, Edward. "The Construction of Grievance." *Journal of Conflict Resolution* 51, no. 6 (2007): 950–72.

Atzili, Boaz. *Good Fences, Bad Neighbors: Border Fixity and International Conflict*. Chicago, IL; London: The University of Chicago Press, 2012.

Bakewell, Peter. "Mining in Colonial Spanish America." In *The Cambridge History of Latin America: Volume 2: Colonial Latin America*, edited by Leslie Bethell, 105–52. Cambridge: Cambridge University Press, 1984. https://doi.org/10.1017/CHOL9780521245166.005.

Baldacchino, Godfrey. *Island Enclaves: Offshoring Strategies, Creative Governance, and Subnational Island Jurisdictions*. Montreal: McGill-Queen's University Press, 2010.

Baldacchino, Godfrey, and David Milne. "Exploring Sub-National Island Jurisdictions: An Editorial Introduction." *Round Table* 95, no. 386 (2006): 487–502. https://doi.org/10.1080/00358530600929735.

Barnwell, Kristi Nichole. "From Trucial States to Nation State: Decolonization and the Formation of the United Arab Emirates, 1952–1971." Unpublished PhD dissertation, University of Texas at Austin, 2011.

Basedau, Matthias, and Thomas Richter. "Why Do Some Oil Exporters Experience Civil War But Others Do Not?: Investigating the Conditional Effects of Oil." *European Political Science Review* 6, no. 4 (2013): 549–74. https://doi.org/10.1017/S1755773913000234.

Bates, Robert H. *Markets and States in Tropical Africa: The Political Basis of Agricultural Policies*. University of California Press, 1981.

Bennett, Andrew, and Jeffrey T. Checkel. *Process Tracing: From Metaphor to Analytic Tool*. Cambridge University Press, 2014.

Berger, Mark T. "The End of Empire and the Cold War." In *Contemporary Southeast Asia*, 2nd edn, edited by Mark Beeson, 29–45. Basingstoke: Palgrave Macmillan, 2009.

Black, Ian. "The 'Lastposten': Eastern Kalimantan and the Dutch in the Nineteenth and Early Twentieth Centuries." *Journal of Southeast Asian Studies* 16, no. 2 (1985): 281–91. https://doi.org/10.1017/S0022463400008456.

Branch, Jordan. *The Cartographic State: Maps, Territory, and the Origins of Sovereignty*. Cambridge

University Press, 2014.

Brown, Kendall W. *A History of Mining in Latin America: From the Colonial Era to the Present.* Albuquerque: University of New Mexico Press, 2012.

Bull, Hedley, and Adam Watson. *The Expansion of International Society.* Oxford: Clarendon Press, 1984.

Burbank, Jane, and Frederick Cooper. *Empires in World History: Power and the Politics of Difference.* Princeton, NJ; Oxford: Princeton University Press, 2010.

Butcher, Charles R., and Ryan D. Griffiths. "States and Their International Relations since 1816: Introducing Version 2 of the International System(s) Dataset (ISD)." *International Interactions* 46, no. 2 (2020): 291–308.

Buzan, Barry, and George Lawson. *The Global Transformation: History, Modernity and the Making of International Relations.* Cambridge: Cambridge University Press, 2015.

Buzan, Barry, and Richard Little. *International Systems in World History: Remaking the Study of International Relations.* Oxford: Oxford University Press, 2000.

Cain, P. J., and A. G. Hopkins. *British Imperialism: 1688–2015.* Routledge, 2016.

Carter, David B., and H. E. Goemans. "The Making of the Territorial Order: New Borders and the Emergence of Interstate Conflict." *International Organization* 65, no. 2 (2011): 275–309. https://doi.org/10.1017/S0020818311000051.

Castaneda, Christopher J. "Natural Gas, History Of." In *Encyclopedia of Energy*, Vol. 4, edited by Cutler J. Cleveland, 207–18. New York: Elsevier, 2004. https://doi.org/10.1016/B0-12-176480-X/00042-5.

Cell, John W. "Colonial Rule." In *The Oxford History of the British Empire: Volume IV: The Twentieth Century*, edited by Judith Brown and William Roger Louis, 232–54. Oxford University Press, 1999.

Centeno, Miguel Angel. *Blood and Debt: War and the Nation-State in Latin America.* Penn State University Press, 2002.

Cheibub, Jose, Jennifer Gandhi, and James Vreeland. "Democracy and Dictatorship Revisited." *Public Choice* 143, no. 1 (2010): 67–101. https://doi.org/10.1007/s11127-009-9491-2.

Chong, Ja Ian. *External Intervention and the Politics of State Formation: China, Indonesia, and Thailand, 1893–1952.* Cambridge; New York: Cambridge University Press, 2012.

Christopher, A. J. "Decolonisation without Independence." *GeoJournal* 56, no. 3 (2002): 213–24.

Cleary, Mark, and Shuang Yann Wong. *Oil, Economic Development and Diversification in Brunei Darussalam.* New York: St. Martin's Press, 1994.

Coggins, Bridget. "Friends in High Places: International Politics and the Emergence of States from Secessionism." *International Organization* 65, no. 3 (2011): 433–67. https://doi.org/10.1017/S0020818311000105.

Colgan, Jeff D. *Petro-Aggression: When Oil Causes War.* Cambridge: Cambridge University Press, 2013.

Collins, Michael. "Decolonisation and the 'Federal Moment'." *Diplomacy and Statecraft* 24, no. 1

(2013): 21–40. https://doi.org/10.1080/09592296.2013.762881.

Commins, David Dean. *The Gulf States: A Modern History*. London: I.B. Tauris, 2012.

Cooper, Frederick. *Africa since 1940: The Past of the Present*. Cambridge University Press, 2002.

Coşar, Nevin, and Sevtap Demirci. "The Mosul Question and the Turkish Republic: Before and after the Frontier Treaty, 1926." *Middle Eastern Studies* 42, no. 1 (2006): 123–32. https://doi.org/10.1080/00263200500399611.

Craig, James R., and J. Donald Rimstidt. "Gold Production History of the United States." *Ore Geology Reviews* 13, no. 6 (1998): 407–64. https://doi.org/10.1016/S0169-1368(98)00009-2.

Crawford, James. *The Creation of States in International Law*. Oxford University Press, 2006.

Crystal, Jill. *Oil and Politics in the Gulf: Rulers and Merchants in Kuwait and Qatar*. Cambridge: Cambridge University Press, 1990.

Daemen, Jaak J. K. "Coal Industry, History Of." In *Encyclopedia of Energy*, Volume 1, edited by Cutler J. Cleveland, 457–73. New York: Elsevier, 2004. https://doi.org/10.1016/B0-12-176480-X/00043-7.

Darwin, John. *After Tamerlane: The Rise and Fall of Global Empires, 1400–2000*. London: Penguin, 2008.

Darwin, John. *The End of the British Empire: The Historical Debate*. Oxford: Basil Blackwell, 1991.

Dell, Melissa. "The Persistent Effects of Peru's Mining Mita." *Econometrica* 78, no. 6 (2010): 1863–903. https://doi.org/10.3982/ECTA8121.

Devereux, David R. "The End of Empires: Decolonization and Its Repercussions." In *A Companion to Europe since 1945*, edited by Klaus Larres, 113–32. John Wiley & Sons, Ltd, 2009. https://doi.org/10.1002/9781444308600.ch6.

Di Muzio, Tim, and Matt Dow. "Uneven and Combined Confusion: On the Geopolitical Origins of Capitalism and the Rise of the West." *Cambridge Review of International Affairs* 30, no. 1 (2017): 3–22. https://doi.org/10.1080/09557571.2016.1256949.

Dodge, Toby. *Inventing Iraq: The Failure of Nation-Building and a History Denied*. London: Hurst, 2003.

Doran, Charles F. "OPEC Structure and Cohesion: Exploring the Determinants of Cartel Policy." *The Journal of Politics* 42, no. 1 (1980): 82–101. https://doi.org/10.2307/2130016.

Doyle, Michael W. *Empires*. Cornell University Press, 1986.

Dülffer, Jost. "The Impact of World War II on Decolonization." In *The Transformation of Southeast Asia: International Perspectives on Decolonization*, edited by Marc Frey, Ronald W. Pruessen, and Tai Yong Tan, 23–34. Armonk, NY; London: M. E. Sharpe, 2003.

Egger, Vernon. "Counting the Costs: The British Withdrawal from South Arabia, 1956–1967." *Journal of Third World Studies* 8, no. 2 (1991): 127–60.

Estow, Clara. "Reflections on Gold: On the Late Medieval Background of the Spanish 'Enterprise of the Indies'." *Mediaevistik* 6 (1993): 85–120.

Fazal, Tanisha M. *State Death: The Politics and Geography of Conquest, Occupation, and Annexation*. Princeton, NJ; Oxford: Princeton University Press, 2007.

Fazal, Tanisha M., and Ryan D. Griffiths. "Membership Has Its Privileges: The Changing Benefits of Statehood." *International Studies Review* 16, no. 1 (2014): 79–106. https://doi.org/10.1111/misr.12099.

Freese, Barbara. *Coal: A Human History*. Cambridge, MA: Perseus, 2003.

Fromherz, Allen James. *Qatar: A Modern History*. London: I.B. Tauris, 2012.

Gallagher, John. *The Decline, Revival and Fall of the British Empire*. Cambridge: Cambridge University Press, 1982. https://doi.org/10.1017/CBO9780511523847.

Gallagher, John, and Ronald Robinson. "The Imperialism of Free Trade." *Economic History Review* 6, no. 1 (1953): 1–15. https://doi.org/10.1111/j.1468-0289.1953.tb01482.x.

Gately, Dermot. "A Ten-Year Retrospective: OPEC and the World Oil Market." *Journal of Economic Literature* 22, no. 3 (1984): 1100–14.

Gause, F. Gregory. "'Hegemony' Compared: Great Britain and the United States in the Middle East." *Security Studies* 28, no. 3 (2019): 565–87. https://doi.org/10.1080/09636412.2019.1604987.

Gause, F. Gregory. "British and American Policies in the Persian Gulf, 1968–1973." *Review of International Studies* 11, no. 4 (1985): 247–73. https://doi.org/10.1017/S0260210500114172.

Gellner, Ernest. *Nations and Nationalism*. Ithaca, NY; London: Cornell University Press, 1983.（アーネスト・ゲルナー（2000）『民族とナショナリズム』（加藤節監訳）岩波書店）

George, Alexander L., and Andrew Bennett. *Case Studies and Theory Development in the Social Sciences*. MIT Press, 2005.（アレキサンダー・ジョージ、アンドリュー・ベネット（2013）『社会科学のケース・スタディ――理論形成のための定性的手法』（泉川泰博訳）勁草書房）

Gerring, John, Daniel Ziblatt, Johan Van Gorp, and Julian Arevalo. "An Institutional Theory of Direct and Indirect Rule." *World Politics* 63, no. 3 (2011): 377–433.

Gholz, Eugene, and Daryl G. Press. "Enduring Resilience: How Oil Markets Handle Disruptions." *Security Studies* 22, no. 1 (2013): 139–47. https://doi.org/10.1080/09636412.2013.757167.

Gholz, Eugene, and Daryl G. Press. "Protecting 'The Prize': Oil and the U.S. National Interest." *Security Studies* 19, no. 3 (2010): 453–85. https://doi.org/10.1080/09636412.2010.505865.

Gilmore, William C. "Requiem for Associated Statehood?" *Review of International Studies* 8, no. 1 (1982): 9–25. https://doi.org/10.1017/S0260210500115414.

Glaser, Charles L. "How Oil Influences U.S. National Security." *International Security* 38, no. 2 (2013): 112–46.

Goertz, Gary, Paul F. Diehl, and Alexandru Balas. "Managing New States: Secession, Decolonization, and Peace." In *The Puzzle of Peace: The Evolution of Peace in the International System*, edited by Gary Goertz, Paul F. Diehl, and Alexandru Balas, 120–37. Oxford University Press, 2016.

Goertz, Gary, and James Mahoney. *A Tale of Two Cultures: Qualitative and Quantitative Research in the Social Sciences*. Princeton University Press, 2012.（ゲイリー・ガーツ、ジェイムズ・マホニー（2015）『社会科学のパラダイム論争――2つの文化の物語』（西川賢・今井真士訳）勁草書房）

Gong, Gerrit W. *The Standard of "Civilization" in International Society*. Oxford: Clarendon Press,

1984.
Grant, Thomas. "Regulating the Creation of States from Decolonization to Secession." *Journal of International Law and International Relations* 5, no. 2 (2009): 11–57.
Gray, Steven. *Steam Power and Sea Power: Coal, the Royal Navy, and the British Empire, c. 1870–1914*. London: Palgrave Macmillan, 2018.
Griffiths, Ryan D. *Age of Secession: The International and Domestic Determinants of State Birth*. Cambridge: Cambridge University Press, 2016.
Griffiths, Ryan D., and Charles R. Butcher. "Introducing the International System(s) Dataset (ISD), 1816–2011." *International Interactions* 39, no. 5 (2013): 748–68. https://doi.org/10.1080/03050629.2013.834259.
Hack, Karl. "Theories and Approaches to British Decolonization in Southeast Asia." In *The Transformation of Southeast Asia: International Perspectives on Decolonization*, edited by Marc Frey, Ronald W. Pruessen, and Tai Yong Tan, 105–26. Armonk, NY; London: M. E. Sharpe, 2003.
Hager, Robert P., and David A. Lake. "Balancing Empires: Competitive Decolonization in International Politics." *Security Studies* 9, no. 3 (2000): 108–48. https://doi.org/10.1080/09636410008429407.
Halliday, Fred. *Arabia without Sultans*. Harmondsworth: Penguin Books, 1974.
Hamzah, B. A. *The Oil Sultanate: Political History of Oil in Brunei Darussalam*. Seremban: Mawaddah Enterprise, 1991.
Harrington, C. A. "The Colonial Office and the Retreat from Aden: Great Britain in South Arabia, 1957–1967." *Mediterranean Quarterly* 25, no. 3 (2014): 5–26. https://doi.org/10.1215/10474552-2772235.
Heard-Bey, Frauke. *From Trucial States to United Arab Emirates: A Society in Transition*. London: Longman, 1982.
Hechter, Michael. *Containing Nationalism*. Oxford University Press, 2001. https://doi.org/10.1093/019924751X.001.0001.
Herb, Michael. "No Representation without Taxation? Rents, Development, and Democracy." *Comparative Politics* 37, no. 3 (2005): 297–316. https://doi.org/10.2307/20072891.
Herbst, Jeffrey. "War and the State in Africa." *International Security* 14, no. 4 (1990): 117–39. https://doi.org/10.2307/2538753.
Hobson, J. A. *Imperialism: A Study*. New York: Cosimo, 2005.（ジョン・アトキンソン・ホブスン（2004）『帝国主義論（上下）』（矢内原忠雄訳）岩波文庫）
Horton, A. V. M. "Introduction." In *Report on Brunei in 1904*, edited by M. S. H. McArthur. Athens, OH: Ohio University Center for International Studies, Center for Southeast Asian Studies, 1987.
Huntington, Samuel P. *Political Order in Changing Societies*. New Haven; London: Yale University Press, 1968.
Hunziker, Philipp, and Lars Erik Cederman. "No Extraction without Representation: The Ethno-Regional Oil Curse and Secessionist Conflict." *Journal of Peace Research* 54, no. 3 (2017): 365–81. https://doi.org/10.1177/0022343316687365.

Hussainmiya, B. A. *Sultan Omar Ali Saifuddin III and Britain: The Making of Brunei Darussalam*. Kuala Lumpur; Oxford: Oxford University Press, 1995.

Izady, M. R. "Kurds and the Formation of the State of Iraq, 1917–1932." In *The Creation of Iraq, 1914–1921*, edited by Reeva Spector Simon and Eleanor H. Tejirian, 95–109. Columbia University Press, 2004. https://doi.org/10.7312/simo13292.11.

Jackson, Robert H. *Quasi-States: Sovereignty, International Relations and the Third World*. Cambridge University Press, 1993.

Jang, Hye Ryeon, and Benjamin Smith. "Pax Petrolica? Rethinking the Oil–Interstate War Linkage." *Security Studies* 30, no. 2 (2021): 159–81. https://doi.org/10.1080/09636412.2021.1914718.

Jansen, Jan C., and Jurgen Osterhammel. *Decolonization: A Short History*. Princeton, NJ; Oxford: Princeton University Press, 2017.

Jensen, James T. *The Development of a Global LNG Market: Is It Likely? If So, When?*, Oxford Institute for Energy Studies, 2004.

Jones, Matthew. *Conflict and Confrontation in South East Asia, 1961–1965: Britain, the United States and the Creation of Malaysia*. Cambridge: Cambridge University Press, 2002.

Joyce, Miriam. *Bahrain from the Twentieth Century to the Arab Spring*. New York: Palgrave Macmillan, 2012.

Joyce, Miriam. "Preserving the Sheikhdom: London, Washington, Iraq and Kuwait, 1958–61." *Middle Eastern Studies* 31, no. 2 (1995): 281–92.

Kamrava, Mehran. *Qatar: Small State, Big Politics*. Ithaca, NY: Cornell University Press, 2013.

Kang, David C. *East Asia before the West: Five Centuries of Trade and Tribute*. New York: Columbia University Press, 2010.

Karl, Terry Lynn. *The Paradox of Plenty: Oil Booms and Petro-States*. University of California Press, 1997.

Katzenstein, Peter J. *Small States in World Markets: Industrial Policy in Europe*. Cornell University Press, 1985.

Kaur, Amarjit. *Economic Change in East Malaysia: Sabah and Sarawak since 1850*. St. Martin's Press, 1998.

Kaur, Amarjit. "The Babbling Brookes: Economic Change in Sarawak 1841–1941." *Modern Asian Studies* 29, no. 1 (1995): 65–109. https://doi.org/10.1017/S0026749X00012634.

Kelanic, Rosemary A. "The Petroleum Paradox: Oil, Coercive Vulnerability, and Great Power Behavior." *Security Studies* 25, no. 2 (2016): 181–213. https://doi.org/10.1080/09636412.2016.1171966.

Kell, Tim. *The Roots of Acehnese Rebellion, 1989–1992*. New York (State): Cornell Modern Indonesia Project, Southeast Asia Program, Cornell University, 1995.

Kershaw, Roger. "The Last Brunei Revolt? A Case Study of Microstate (In-)Security." *Internationales Asien Forum. International Quarterly for Asian Studies* 42, no. 1/2 (2011): 107–34, 212, 214–15. https://doi.org/10.11588/iaf.2011.42.103.

Kershaw, Roger. "Partners in Realism: Britain and Brunei amid Recent Turbulence." *Asian Affairs* 34,

no. 1 (2003): 46–53. https://doi.org/10.1080/0306837032000054270.

Kershaw, Roger. "Challenges of Historiography: Interpreting the Decolonisation of Brunei." *Asian Affairs* 31, no. 3 (2000): 314–23. https://doi.org/10.1080/738552642.

Khuri, Fuad Ishaq. *Tribe and State in Bahrain: The Transformation of Social and Political Authority in an Arab State*. Chicago: University of Chicago Press, 1980.

Kim, Inwook. "A Crude Bargain: Great Powers, Oil States, and Petro-Alignment." *Security Studies* 28, no. 5 (2019): 833–69. https://doi.org/10.1080/09636412.2019.1662478.

Kohli, Atul. *State-Directed Development: Political Power and Industrialization in the Global Periphery*. Cambridge University Press, 2004.

Krasner, Stephen. *Problematic Sovereignty: Contested Rules and Political Possibilities*. New York: Columbia University Press, 2001.

Krasner, Stephen. *Sovereignty: Organized Hypocrisy*. Princeton University Press, 1999.

Kratoska, Paul. "Dimensions of Decolonization." In *The Transformation of Southeast Asia: International Perspectives on Decolonization*, edited by Marc Frey, Ronald W. Pruessen, and Tai Yong Tan, 3–22. Armonk, NY; London: M. E. Sharpe, 2003.

Lake, David A. *Hierarchy in International Relations*. Ithaca, NY; London: Cornell University Press, 2009.

Lake, David A., and Angela O'Mahony. "The Incredible Shrinking State: Explaining Change in the Territorial Size of Countries." *Journal of Conflict Resolution* 48, no. 5 (2004): 699–722. https://doi.org/10.1177/0022002704267766.

Lawrence, Adria. *Imperial Rule and the Politics of Nationalism: Anti-Colonial Protest in the French Empire*. New York: Cambridge University Press, 2013.

Le Billon, Philippe. *Wars of Plunder: Conflicts, Profits and the Politics of Resources*. London: Hurst & Co., 2012.

Levi, Michael. "The Enduring Vulnerabilities of Oil Markets." *Security Studies* 22, no. 1 (2013): 132–38. https://doi.org/10.1080/09636412.2013.757171.

Levy, Jack S. "Counterfactuals and Case Studies." In *The Oxford Handbook of Political Methodology*, Vol. 1, edited by Janet M. Box-Steffensmeier, Henry E. Brady, and David Collier, 627–44. Oxford University Press, 2008.

Lienhardt, Peter. *Shaikhdoms of Eastern Arabia*. Basingstoke: Palgrave in Association with St Antony's College, Oxford, 2001.

Lim, Joo-Jock. "Brunei: Prospects for a 'Protectorate'." *Southeast Asian Affairs* (1976): 149–64.

Lindblad, J. Thomas. "The Outer Islands in the 19th Century: Contest for the Periphery." In *The Emergence of a National Economy: An Economic History of Indonesia*, edited by Howard Dick, Vincent J. H. Houben, J. Thomas Lindblad, and Thee Kian Wie, 82–101. University of Hawaii Press, 2002.

Lindblad, J. Thomas. "Economic Aspects of the Dutch Expansion in Indonesia, 1870–1914." *Modern Asian Studies* 23 (1989): 1–24.

Lindblad, J. Thomas. *Between Dayak and Dutch: The Economic History of Southeast Kalimantan 1880–*

1942. Dordrecht: Foris, 1988.

Lindley, M. F. *The Acquisition and Government of Backward Territory in International Law: Being a Treatise on the Law and Practice Relating to Colonial Expansion*. London: Longmans, Green and Co, 1926.

Liou, Yu-Ming, and Paul Musgrave. "Refining the Oil Curse: Country-Level Evidence from Exogenous Variations in Resource Income." *Comparative Political Studies* 47, no. 11 (2014): 1584–610.

Long, Tom. *A Small State's Guide to Influence in World Politics*. Bridging the Gap. Oxford, NY: Oxford University Press, 2022.

Louis, William Roger. "Introduction." In *The Oxford History of the British Empire: Volume IV: The Twentieth Century*, edited by Judith M. Brown and William Roger Louis, 1–46. Oxford University Press, 1999.

Louis, W. M. Roger, and Ronald Robinson. "The Imperialism of Decolonization." *The Journal of Imperial and Commonwealth History* 22, no. 3 (1994): 462–511. https://doi.org/10.1080/03086539408582936.

Luciani, Giacomo. "Oil and Political Economy in the International Relations of the Middle East." In *International Relations of the Middle East*, edited by Louise Fawcett, 105–30. Oxford University Press, 2016.

Lujala, Päivi, Jan Ketil Rod, and Nadja Thieme. "Fighting over Oil: Introducing a New Dataset." *Conflict Management and Peace Science* 24, no. 3 (2007): 239–56. https://doi.org/10.1080/07388940701468526.

Macleod, Murdo J. "Spain and America: The Atlantic Trade, 1492–1720." In *The Cambridge History of Latin America: Volume 1: Colonial Latin America*, edited by Leslie Bethell, 341–88. Cambridge: Cambridge University Press, 1984. https://doi.org/10.1017/CHOL9780521232234.012.

Macris, Jeffrey R. *The Politics and Security of the Gulf: Anglo-American Hegemony and the Shaping of a Region*. London; New York: Routledge, 2010.

Magenda, Burhan. *East Kalimantan: The Decline of a Commercial Aristocracy*. Ithaca, NY: Cornell Modern Indonesia Project, Southeast Asia Program, Cornell University, 1991.

Mahoney, James, and Gary Goertz. "The Possibility Principle: Choosing Negative Cases in Comparative Research." *American Political Science Review* 98, no. 4 (2004): 653–69. https://doi.org/10.1017/S0003055404041401.

Mahoney, James, and Dietrich Rueschemeyer. *Comparative Historical Analysis in the Social Sciences*. Cambridge University Press, 2003.

Matthiesen, Toby. *Sectarian Gulf: Bahrain, Saudi Arabia, and the Arab Spring That Wasn't*. Stanford, CA: Stanford Briefs, 2013.

Mauro, Frédéric. "Portugal and Brazil: Political and Economic Structures of Empire, 1580–1750." In *The Cambridge History of Latin America: Volume 1: Colonial Latin America*, edited by Leslie Bethell, 441–68. Cambridge: Cambridge University Press, 1984. https://doi.org/10.1017/CHOL9780521232234.014.

Mawby, Spencer. *Ordering Independence*. London: Palgrave Macmillan UK, 2012.
Mayall, James. *Nationalism and International Society*. Cambridge: Cambridge University Press, 1990.
McCarthy, John F. "The Demonstration Effect: Natural Resources, Ethnonationalism and the Aceh Conflict." *Singapore Journal of Tropical Geography* 28, no. 3 (2007): 314–33. https://doi.org/10.1111/j.1467-9493.2007.00304.x.
McElroy, Jerome L., and Courtney E. Parry. "The Long-Term Propensity for Political Affiliation in Island Microstates." *Commonwealth & Comparative Politics* 50, no. 4 (2012): 403–21. https://doi.org/10.1080/14662043.2012.729727.
McIntyre, W. David. *British Decolonization, 1946–1997: When, Why and How Did the British Empire Fall?* Springer, 1998.
McIntyre, W. David. "The Admission of Small States to the Commonwealth." *Journal of Imperial and Commonwealth History* 24, no. 2 (1996): 244–77. https://doi.org/10.1080/03086539608582978.
Meierding, Emily L. *The Oil Wars Myth: Petroleum and the Causes of International Conflict*. Cornell University Press, 2020.
Melayong, Muhammad Hadi bin Muhammad. *The Catalyst towards Victory*. Bandar Seri Begawan: Brunei History Centre, Ministry of Culture, Youth and Sports, 2010.
Migdal, Joel S. *Strong Societies and Weak States: State-Society Relations and State Capabilities in the Third World*. Princeton University Press, 1988.
Mitchell, Timothy. *Carbon Democracy: Political Power in the Age of Oil*. Verso Books, 2011.
Morelli, Massimo, and Dominic Rohner. "Resource Concentration and Civil Wars." *Journal of Development Economics* 117 (2015): 32–47. https://doi.org/10.1016/j.jdeveco.2015.06.003.
Mukoyama, Naosuke. "Colonial Oil and State-Making: The Separate Independence of Qatar and Bahrain." *Comparative Politics* 55, no. 4 (2023): 573–95. https://doi.org/10.5129/001041523X16801041950603.
Mukoyama, Naosuke. "The Eastern Cousins of European Sovereign States? The Development of Linear Borders in Early Modern Japan." *European Journal of International Relations* 29, no. 2 (2023): 255–82. https://doi.org/10.1177/13540661221133206.
Mukoyama, Naosuke. "Colonial Origins of the Resource Curse: Endogenous Sovereignty and Authoritarianism in Brunei." *Democratization* 27, no. 2 (2020): 224–42. https://doi.org/10.1080/13510347.2019.1678591.
Müller, Dominik M. "Brunei Darussalam in 2016: The Sultan Is Not Amused." *Asian Survey* 57, no. 1 (2017): 199–205. https://doi.org/10.1525/as.2017.57.1.199.
Müller-Crepon, Carl. "Continuity or Change? (In)Direct Rule in British and French Colonial Africa." *International Organization* 74, no. 4 (2020): 707–41. https://doi.org/10.1017/S0020818320000211.
Naseemullah, Adnan, and Paul Staniland. "Indirect Rule and Varieties of Governance." *Governance* 29, no. 1 (2016): 13–30. https://doi.org/10.1111/gove.12129.
Neumann, Iver B., and Einar Wigen. *The Steppe Tradition in International Relations: Russians, Turks and European State Building 4000 BCE–2018 CE*. Cambridge: Cambridge University Press, 2018.

Newbury, C. W. *Patrons, Clients and Empire: Chieftaincy and Over-Rule in Asia, Africa and the Pacific.* Oxford: Oxford University Press, 2003.

Onley, James. *Arabian Frontier of the British Raj: Merchants, Rulers and the British in the Nineteenth-Century Gulf.* Oxford: Oxford University Press, 2007.

Onley, James, and Sulayman Khalaf. "Shaikhly Authority in the Pre-Oil Gulf: An Historical-Anthropological Study." *History and Anthropology* 17, no. 3 (2006): 189–208. https://doi.org/10.1080/02757200600813965.

Onley, James. "Britain's Informal Empire in the Gulf, 1820–1971." *Journal of Social Affairs* 22, no. 87 (2005): 1820–971.

Ooi, Keat Gin. *Post-War Borneo, 1945–1950: Nationalism, Empire, and State-Building.* London: Routledge, 2013.

Ooi, Keat Gin. *Of Free Trade and Native Interests: The Brookes and the Economic Development of Sarawak, 1841–1941.* Kuala Lumpur; Oxford: Oxford University Press, 1997.

Oostindie, G. J., and R. Hoefte. "Upside-Down Decolonization." *Hemisphere* 1 (1989): 28–31.

Oostindie, G. J., and Inge A. J. Klinkers. *Decolonising the Caribbean: Dutch Policies in a Comparative Perspective.* Amsterdam: Amsterdam University Press, 2003.

Owen, Roger. *State, Power and Politics in the Making of the Modern Middle East.* London: Routledge, 1992.

Palan, Ronen. "Trying to Have Your Cake and Eating It: How and Why the State System Has Created Offshore." *International Studies Quarterly* 42, no. 4 (1998): 625–43. https://doi.org/10.1111/0020-8833.00100.

Pavković, Aleksandar, and Peter Radan. "What Is Secession?" In *Creating New States: Theory and Practice of Secession*, edited by Aleksandar Pavković and Peter Radan, 5–30. Aldershot: Ashgate, 2007.

Peck, Malcolm. "Formation and Evolution of The Federation and Its Institutions." In *United Arab Emirates: A New Perspective*, edited by Ibrahim Al Abed and Peter Hellyer, 145–60. London: Trident Press, 2001.

Peterson, J. E. "Sovereignty and Boundaries in the Gulf States." In *International Politics of the Persian Gulf*, edited by Mehran Kamrava, 21–49. Syracuse, NY: Syracuse University Press, 2011.

Phillips, Andrew. *How the East Was Won: Barbarian Conquerors, Universal Conquest and the Making of Modern Asia.* Cambridge: Cambridge University Press, 2021.

Phillips, Andrew. "From Global Transformation to Big Bang – A Response to Buzan and Lawson." *International Studies Quarterly* 57, no. 3 (September 2013): 640–42. https://doi.org/10.1111/isqu.12089.

Phillips, Andrew, and J. C. Sharman. "Explaining Durable Diversity in International Systems: State, Company, and Empire in the Indian Ocean." *International Studies Quarterly* 59, no. 3 (2015): 436–48. https://doi.org/10.1111/isqu.12197.

Pieragostini, Karl. *Britain, Aden and South Arabia: Abandoning Empire.* Basingstoke: Macmillan, 1991.

Priscoli, Jerome Delli, and Aaron T. Wolf. *Managing and Transforming Water Conflicts*. Cambridge: Cambridge University Press, 2009.

Ragin, Charles C. *Redesigning Social Inquiry: Fuzzy Sets and Beyond*. Chicago; London: University of Chicago Press, 2008.

Rector, Chad. *Federations: The Political Dynamics of Cooperation*. Ithaca, NY; London: Cornell University Press, 2009.

Reece, Bob. *The Name of Brooke: The End of White Rajah Rule in Sarawak*. Kuala Lumpur: Oxford University Press, 1982.

Reid, Anthony. "Colonial Transformation: A Bitter Legacy." In *Verandah of Violence: The Background to the Aceh Problem*, edited by Anthony Reid, 96–108. Singapore; Seattle: Singapore University Press; In Association with University of Washington Press, 2006.

Reid, Anthony. "War, Peace and the Burden of History in Aceh." *Asian Ethnicity* 5, no. 3 (2004): 301–14. https://doi.org/10.1080/1463136042000259761.

Reus-Smit, Christian. "Struggles for Individual Rights and the Expansion of the International System." *International Organization* 65, no. 2 (2011): 207–42. https://doi.org/10.1017/S0020818311000038.

Riker, William H. *The Development of American Federalism*. Boston, MA; Lancaster: Kluwer, 1987.

Ringmar, Erik. "Performing International Systems: Two East-Asian Alternatives to the Westphalian Order." *International Organization* 66, no. 1 (2012): 1–25. https://doi.org/10.1017/S0020818312000033.

Roeder, Philip G. *Where Nation-States Come From: Institutional Change in the Age of Nationalism*. Princeton, NJ; Woodstock: Princeton University Press, 2007.

Ross, Michael L. "Resources and Rebellion in Aceh, Indonesia." In *Understanding Civil War: Evidence and Analysis*, edited by Paul Collier and Nicholas Sambanis, 35–58. World Bank, 2005.

Ross, Michael, and Paasha Mahdavi. "Oil and Gas Data, 1932–2014." *Harvard Dataverse*, 2015. https://doi.org/10.7910/DVN/ZTPW0Y.

Rothermund, Dietmar. *The Routledge Companion to Decolonization*. London; New York: Routledge, 2006.

Rovner, Joshua, and Caitlin Talmadge. "Hegemony, Force Posture, and the Provision of Public Goods: The Once and Future Role of Outside Powers in Securing Persian Gulf Oil." *Security Studies* 23, no. 3 (2014): 548–81. https://doi.org/10.1080/15325024.2014.935224.

Russell-Wood, A. J. R. "Colonial Brazil: The Gold Cycle, c. 1690–1750." In *The Cambridge History of Latin America: Volume 2: Colonial Latin America*, edited by Leslie Bethell, 547–600. Cambridge: Cambridge University Press, 1984. https://doi.org/10.1017/CHOL9780521245166.015.

Sato, Shohei. *Britain and the Formation of the Gulf States: Embers of Empire*. Manchester: Manchester University Press, 2016.

Saunders, Graham. *A History of Brunei*. Routledge, 1994.

Schulz, Carsten-Andreas. "Territorial Sovereignty and the End of Inter-Cultural Diplomacy along the 'Southern Frontier'." *European Journal of International Relations* 25, no. 3 (2019): 878–903.

https://doi.org/10.1177/1354066118814890.

Schulze, Kirsten E. "The Struggle for an Independent Aceh: The Ideology, Capacity, and Strategy of GAM." *Studies in Conflict and Terrorism* 26, no. 4 (2003): 241–71. https://doi.org/10.1080/10576100390209304.

Scott, James C. *Weapons of the Weak: Everyday Forms of Peasant Resistance*. Yale University Press, 1985.

Sharman, J. C. *Empires of the Weak: The Real Story of European Expansion and the Creation of the New World Order*. Princeton, NJ; Oxford: Princeton University Press, 2019.（ジェイソン・C・シャーマン（2021）『〈弱者〉の帝国――ヨーロッパ拡大の実態と新世界秩序の創造』（矢吹啓訳）中央公論新社）

Shields, Sarah. "Mosul Questions:" In *The Creation of Iraq, 1914–1921*, edited by Reeva Spector Simon and Eleanor H. Tejirian, 50–60. Columbia University Press, 2004. https://doi.org/10.7312/simo13292.8.

Shifrinson, Joshua R. Itzkowitz, and Miranda Priebe. "A Crude Threat: The Limits of an Iranian Missile Campaign against Saudi Arabian Oil." *International Security* 36, no. 1 (2011): 167–201.

Shulman, Peter A. *Coal & Empire: The Birth of Energy Security in Industrial America*. Baltimore: Johns Hopkins University Press, 2015.

Singh, Ranjit. "British Proposals for a Dominion of Southeast Asia, 1943–1957." *Journal of the Malaysian Branch of the Royal Asiatic Society* 71, no. 1 (274) (1998): 27–40.

Singh, Ranjit. *Brunei, 1839–1983: The Problems of Political Survival*. Oxford University Press, 1984.

Skocpol, Theda. *States and Social Revolutions: A Comparative Analysis of France, Russia, and China*. Cambridge: Cambridge University Press, 1979.

Slater, Dan, and Daniel Ziblatt. "The Enduring Indispensability of the Controlled Comparison." *Comparative Political Studies* 46, no. 10 (2013): 1301–27.

Smith, Simon C. "Failure and Success in State Formation: British Policy towards the Federation of South Arabia and the United Arab Emirates." *Middle Eastern Studies* 53, no. 1 (2017): 84–97. https://doi.org/10.1080/00263206.2016.1196667.

Smith, Simon C. *Britain's Revival and Fall in the Gulf: Kuwait, Bahrain, Qatar, and the Trucial States, 1950–71*. London; New York: Routledge Curzon, 2004.

Smith, Simon C. "The Making of a Neo-Colony? Anglo-Kuwaiti Relations in the Era of Decolonization." *Middle Eastern Studies* 37, no. 1 (2001): 159–72. https://doi.org/10.1080/714004359.

Smith, Simon C. "Revolution and Reaction: South Arabia in the Aftermath of the Yemeni Revolution." *The Journal of Imperial and Commonwealth History* 28, no. 3 (2000): 193–208. https://doi.org/10.1080/03086530008583105.

Smith, Tony. "A Comparative Study of French and British Decolonization." *Comparative Studies in Society and History* 20, no. 1 (1978): 70–102. https://doi.org/10.1017/S0010417500008835.

Soares de Oliveira, Ricardo. *Magnificent and Beggar Land: Angola since the Civil War*. London: Hurst, 2013.

Sorens, Jason. "Mineral Production, Territory, and Ethnic Rebellion: The Role of Rebel Constituencies." *Journal of Peace Research* 48, no. 5 (2011): 571–85. https://doi.org/10.1177/002234331141

1743.
Spolaore, Enrico, and Alberto Alesina. "War, Peace, and the Size of Countries." *Journal of Public Economics* 89, no. 7 (2005): 1333–54. https://doi.org/10.1016/j.jpubeco.2003.07.013.
Springer, Hugh W. "Federation in the Caribbean: An Attempt That Failed." *International Organization* 16, no. 4 (1962): 758–75. https://doi.org/10.1017/S0020818300011619.
Spruyt, Hendrik. *The World Imagined: Collective Beliefs and Political Order in the Sinocentric, Islamic and Southeast Asian International Societies*. Cambridge: Cambridge University Press, 2020.
Spruyt, Hendrik. *Ending Empire: Contested Sovereignty and Territorial Partition*. Cornell University Press, 2005.
Spruyt, Hendrik. *The Sovereign State and Its Competitors: An Analysis of Systems Change*. Princeton University Press, 1994.
Steinmetz, George. "The Sociology of Empires, Colonies, and Postcolonialism." *Annual Review of Sociology* 40, no. 1 (2014): 77–103. https://doi.org/10.1146/annurev-soc-071913-043131.
Stern, Roger J. "Oil Scarcity Ideology in US Foreign Policy, 1908–97." *Security Studies* 25, no. 2 (2016): 214–57. https://doi.org/10.1080/09636412.2016.1171967.
Stockwell, A. J. "Britain and Brunei, 1945–1963: Imperial Retreat and Royal Ascendancy." *Modern Asian Studies* 38 (2004): 785–819.
Suzuki, Shogo, Yongjin Zhang, and Joel Quirk. *International Orders in the Early Modern World: Before the Rise of the West*. London: Routledge, 2014.
Suzuki, Shogo. "Japan's Socialization into Janus-Faced European International Society." *European Journal of International Relations* 11, no. 1 (2005): 137–64. https://doi.org/10.1177/1354066105050139.
Talib, Naimah S. "A Resilient Monarchy: The Sultanate of Brunei and Regime Legitimacy in an Era of Democratic Nation-States." *New Zealand Journal of Asian Studies* 4, no. 2 (2002): 134–47.
Tate, Merze. "Nauru, Phosphate, and the Nauruans." *Australian Journal of Politics & History* 14, no. 2 (1968): 177–92. https://doi.org/10.1111/j.1467-8497.1968.tb00703.x.
TePaske, John Jay. *A New World of Gold and Silver*. Leiden; Boston: Brill, 2010.
Tetlock, Philip E., and Aaron Belkin. *Counterfactual Thought Experiments in World Politics: Logical, Methodological, and Psychological Perspectives*. Princeton University Press, 1996.
Thongchai, Winichakul. *Siam Mapped: A History of the Geo-Body of a Nation*. Honolulu: University of Hawaii Press, 1994.（トンチャイ・ウィニッチャクン（2003）『地図がつくったタイ：国民国家誕生の歴史』（石井米雄訳）明石書店）
Tilly, Charles. *Coercion, Capital, and European States, AD 990–1990*. Oxford: Blackwell, 1992.
Vienne, Marie-Sybille de. *Brunei*. NUS Press, 2015.
Vilar, Pierre. *A History of Gold and Money, 1450 to 1920*. London: Verso, 1991.
von Bismarck, Helene. *British Policy in the Persian Gulf, 1961–1968: Conceptions of Informal Empire*. Basingstoke: Palgrave Macmillan, 2013.
von Bismarck, Helene. "The Kuwait Crisis of 1961 and Its Consequences for Great Britain's Persian Gulf Policy." *British Scholar Journal* 2, no. 1 (2009): 75–96. https://doi.org/10.3366/

brs.2009.0105.

Wachtel, Nathan. "The Indian and the Spanish Conquest." In *The Cambridge History of Latin America: Volume 1: Colonial Latin America*, edited by Leslie Bethell, 207–48. Cambridge: Cambridge University Press, 1984. https://doi.org/10.1017/CHOL9780521232234.009.

Waldner, David, and Benjamin Smith. "Survivorship Bias in Comparative Politics: Endogenous Sovereignty and the Resource Curse." *Perspectives on Politics* 19, no. 3 (2021): 890–905. https://doi.org/10.1017/S1537592720003497.

Wallace, Elisabeth. "The West Indies Federation: Decline and Fall." *International Journal* 17, no. 3 (1962): 269–88.

Winger, Gregory. "Twilight on the British Gulf: The 1961 Kuwait Crisis and the Evolution of American Strategic Thinking in the Persian Gulf." *Diplomacy & Statecraft* 23, no. 4 (2012): 660–78. https://doi.org/10.1080/09592296.2012.736332.

Yergin, Daniel. *The Quest: Energy, Security and the Remaking of the Modern World*. London: Allen Lane, 2011.（ダニエル・ヤーギン（2015）『探求――エネルギーの世紀（上下）』（伏見威蕃訳）日本経済新聞出版社）

Yergin, Daniel. *The Prize: The Epic Quest for Oil, Money, and Power*. New York; London: Simon & Schuster, 1991.（ダニエル・ヤーギン（1991）『石油の世紀――支配者たちの興亡（上下）』（日高義樹・持田直武訳）NHK 出版）

Young, Crawford. "Imperial Endings and Small States: Disorderly Decolonization for the Netherlands, Belgium, and Portugal." In *The Ends of European Colonial Empires: Cases and Comparisons*, edited by Miguel Bandeira Jeronimo and Antonio Costa Pinto, 101–25. London: Palgrave Macmillan UK, 2015.

Zacher, Mark W. "The Territorial Integrity Norm: International Boundaries and the Use of Force." *International Organization* 55, no. 2 (2001): 215–50. https://doi.org/10.1162/00208180151140568.

Zahlan, Rosemarie Said. "Shades of the Past: The Iraq-Kuwait Dispute, 1961." *Journal of Social Affairs* 22, no. 87 (2005): 47–80.

Zahlan, Rosemarie Said. *The Making of the Modern Gulf States: Kuwait, Bahrain, Qatar, the United Arab Emirates and Oman*. London: Unwin Hyman, 1989.

Zahlan, Rosemarie Said. *The Creation of Qatar*. London; New York: Croom Helm, 1979.

Zarakol, Ayşe. *Before the West: The Rise and Fall of Eastern World. Orders* Cambridge: Cambridge University Press, 2022.

Ziblatt, Daniel. *Structuring the State: The Formation of Italy and Germany and the Puzzle of Federalism*. Princeton, NJ; Oxford: Princeton University Press, 2006.